Über dieses Buch

Margaret Mead, deren Feldstudien in primitiven Gesellschaften der Südsee zu den Standardwerken der modernen Anthropologie gehören, teilt in dieser 1930 veröffentlichten Arbeit die Ergebnisse ihrer Forschungen bei den Bewohnern von Manus mit. Die vor der Hauptinsel der Admiralitätsinseln nordöstlich von Neuguinea lebenden Melanesier sind auf den Warenaustausch im gesamten Gebiet des Bismarck-Archipels spezialisiert. Ihre Tätigkeit und Verhaltensnormen sind einander in charakteristischer Weise angepaßt. In ihrer Arbeit untersucht die Autorin, auf welche Weise und mit welchen Mitteln die Kinder und Heranwachsenden auf die ihnen zugewiesenen sozialen Rollen vorbereitet werden. Sie schildert die Persönlichkeitsentwicklung des Kindes, dessen Anlagen den gesellschaftlichen Bedingungen gemäß geformt werden. Diese sozialen Faktoren sind definiert in den Tabus der zwischenmenschlichen Beziehungen, der komplizierten Familienstrukturen und allgemein anerkannten Idealvorstellungen, die sich wiederum in Kult, Mythen und sozialen Institutionen niederschlagen. Margaret Meads Beobachtungen zeigen, daß viele Verhaltensnormen »zivilisierter« Gesellschaften nur scheinbar natürlichen Ursprungs sind.

Margaret Mead,

geboren 1901 in Philadelphia, gehört zu den Begründern einer Richtung in der Ethnologie, die als Sozialanthropologie bezeichnet wird. In den Jahren 1925–1933 hielt sie sich mit Unterbrechungen bei Eingeborenen in der Südsee auf. Die Ergebnisse ihrer Forschungen veröffentlichte sie in ihren inzwischen berühmten Studien unter den Titeln ›Coming of Age in Samoa‹, ›Growing up in New Guinea‹ und ›Sex and Temperament‹.

Margaret Mead:
Jugend und Sexualität
in primitiven Gesellschaften

Band 2: Kindheit und Jugend
in Neuguinea

Deutscher
Taschenbuch
Verlag

Die drei Bände ›Jugend und Sexualität in primitiven Gesellschaften‹ (dtv 4032–4034) erschienen 1965 in einem Band unter
dem Titel ›Leben in der Südsee‹ im Szczesny Verlag, München.

Ungekürzte Ausgabe
1. Auflage Januar 1970
2. Auflage April 1971: 16. bis 25. Tausend
Alle deutschen Rechte bei:
Deutscher Taschenbuch Verlag GmbH & Co. KG,
München
© 1930 Margaret Mead
Die Originalausgabe ist unter dem Titel
›Growing up in New Guinea‹ im Verlag
William Morrow & Co., Inc., New York, erschienen
Übertragung: G. Carnegie
Umschlaggestaltung: Celestino Piatti
Gesamtherstellung: C. H. Beck'sche Buchdruckerei,
Nördlingen
Printed in Germany · ISBN 3-423-04033-5

Inhalt

Dieses Buch – Ergebnis meiner zweiten Reise zu den pazifischen Inseln – wurde 1929 geschrieben und 1930 veröffentlicht. Als ich 1953 gerade im Begriff stand, diese Menschen wieder aufzusuchen, die fünfundzwanzig Jahre vorher Gegenstand meiner Studien gewesen waren, wurde ich gebeten, eine Vorrede zu einer neuen Auflage zu schreiben. Ich schrieb damals unter anderem:

»Dieses Buch mit seinem Bericht über ein Dorf und seine Bewohner, die – namentlich aufgeführt, identifiziert und beschrieben – in diesen Blättern weiterleben, unterscheidet sich von den meisten anthropologischen Abhandlungen, in denen eine Menschengruppe unveränderlich weiterlebt, weil über ihr Leben und das ihrer direkten Nachkommen nichts mehr bekannt geworden ist. Die kleinen Mädchen aus ›Kindheit und Jugend in Samoa‹, die Kinder von Alitoa aus ›Geschlecht und Temperament‹ führen in der Vorstellung des Lesers eine zeitlose Existenz im Buch des Anthropologen, der durch puren Zufall seine Arbeit gerade in ihrem Dorf aufnahm. Aber von der Geschichte der Manus im Dorf Peri erleben wir statt dessen den ersten Akt eines Theaterstücks, das zwar in der Geschichte bereits abgerollt, aber noch nicht niedergeschrieben worden war. Aus den glücklichen, eigensinnigen Kindern von gestern in ihrem nahezu unberührt primitiven Leben sind zielbewußte, energische Erwachsene geworden, wie sie sich vor fünfundzwanzig Jahren weder Anthropologen noch Primitive hätten vorstellen können. An den Veränderungen, die sie durchgemacht haben, lassen sich die Veränderungen ablesen, die auch wir erlebten.

Bei der Lektüre dieses Buches über die Manus kann sich der Leser der fünfziger Jahre ganz anders einstellen, nicht aus Fernweh oder Entzücken über eine fremdartige Lebensweise, sondern mit der ständigen Frage nach der Fortsetzung: was tat Pomitchon oder Kilipak, als die Mission kam, als er schreiben lernen sollte, als der Krieg nach Manus kam? Wenn wir Berichte von Kindern lesen, die in unserer Gesellschaft wirklich gelebt haben, so ist das Ende meistens bekannt; aus diesen Kindern wurde Beethoven oder Keats oder Churchill... Bei den Manus-Kindern ist der Zusammenhang anders. Im Buch werden auch

7

die Erwachsenen beschrieben, denen sie einmal gleichen würden; wir wissen, was aus den Kindern geworden sein könnte. Ich weiß, daß sie leben und daß die Organisation des Dorfes noch intakt ist, aber ich weiß nicht – noch nicht –, was aus ihnen geworden *ist*.

Beim Wiederlesen der Originaleinleitung fällt mir eine Stelle auf, die heute vielleicht irreführen könnte. Ich legte großes Gewicht auf die Notwendigkeit einer Tradition unter den Erwachsenen, in der die Kinder aufwachsen können; ich hob hervor, wie unfähig Erwachsene ohne Tradition darin sind, Kinder aufzuziehen, die vielleicht alle Merkmale einer reichen und segensvollen Tradition aufweisen könnten. Im Gegensatz zu dem übertriebenen Enthusiasmus für fortschrittliche Erziehung Ende der zwanziger Jahre hob ich weniger hervor, als ich es heute tun würde..., wie eng die Charakterstruktur der Manus-Kinder mit der Art, *in der sie ihre Kultur erlernten*, in Verbindung gesetzt werden konnte. 1930 wußten wir noch sehr wenig über die Unterschiede der Erziehung bei den verschiedenen Völkern; noch weniger wußten wir von der Bedeutung der Charakterbildung oder davon, wie der Zustand, den ich hier ›Ein erwachsener Manus sein‹ oder noch allgemeiner ›Manus-Kultur‹ nenne, ausgedrückt werden muß, wenn er den exakten Lernerfahrungen des Kleinst- und Kleinkindes entsprechen sollte. Würde ich dieses Buch heute schreiben..., so höbe ich hervor, daß die Art ihrer Erziehung ihnen Änderungsmöglichkeiten gab, die auf andere Weise erzogenen Menschen fehlen. So wie die Dinge liegen, wird der Leser, der klüger geworden ist, als ich damals war, ... diese Interpretationen selbst vornehmen müssen.«

Darauf packte ich meine Sachen und reiste zu den Admiralitätsinseln, um zu sehen, was nun wirklich geschehen war. Ein paar Wochen später landete ich mit meinen Gefährten, zwei jungen Anthropologen, im Dunkeln an der Küste, nach ungemütlicher Kanufahrt im Sturm durchnäßt, und fand Hunderte von Händen vor, die die unseren schütteln wollten. Die Jungen von vor fünfundzwanzig Jahren begrüßten uns jetzt als große, stolze Männer. Minuten später waren unsere Kisten ausgepackt, Lampen angezündet, Betten aufgeschlagen; ein Tisch wurde gedeckt. In meine Hand wurde eine Notiz gedrängt in der Lautschrift jener Sprache, die wir damals Pidgin-Englisch nannten und die jetzt Neumelanesisch heißt – in Anlehnung an das Volk, das sie zu seiner eigenen gemacht hat. Die Adresse lautete »Missus Makrit Mit«, und unterschrieben hatte ein Mann, der, als ich damals abreiste, ein kleines Bübchen war und mich nun bat, ihm zu helfen, seine Kinder zu unterrichten. Ich hatte geglaubt zu wissen, wie wichtig es ist, lesen und schreiben zu können; ich hatte unter Analphabeten gearbeitet. Aber jetzt, als ich diesen kleinen Zettel in der Hand hielt, den ein Mensch geschrieben hatte, den ich nie des Schreibens fähig gehalten hätte, wurde mir die Bedeutung des Schrittes vom Analphabetentum zum Lesen- und Schreiben-Können richtig bewußt.

Während der nun folgenden Monate hatte ich Gelegenheit, die dazwischenliegenden Jahre zu rekonstruieren und zu erfahren, wie die Menschen in den Manus-Dörfern ihre neue Lebensform geplant und durchgeführt haben. Im Zweiten Weltkrieg waren die jungen Männer zum Arbeiten fortgegangen und in Neuguinea, auf anderen Inseln, festgehalten worden; dort hatten sie von einer anderen Art Leben geträumt als dem, das sie zu erwarten hatten. Die Menschen zu Hause waren von der amerikanischen Armee mit Achtung und Interesse behandelt worden; sie fühlten den Wunsch, die Amerikaner nachzuahmen und hielten sich dazu für fähig. In Rabaul, hinter den japanischen Linien, entwarf ein Mann namens Paliau von der Nachbarinsel Baluan (während meines ersten Aufenthalts war er zum Arbeiten fortgewesen) Pläne für eine Umgestaltung aller Völker der Admiralitätsinseln zu einer kleinen modernen Gesellschaft.

Nach dem Krieg begann die Umgestaltung. Die Lagunendörfer wurden auf das Land verlegt; eine Reihe von neuen Institutionen wurde geschaffen. Die alten Bräuche wurden Stück für Stück analysiert, und alles, was mit dem zwanzigsten Jahrhundert – wie die Manus es verstanden – unvereinbar war, wurde über Bord geworfen, das übrige beibehalten. Jetzt konnte ich ihren Stolz auf ihr neues Leben teilen, den Gegensatz zwischen dem Früheren und dem Heutigen nachempfinden. Wir konnten miteinander über die alten Tänze lachen, die ihre Väter in phallischer Herausforderung ihrer Gläubiger vorgeführt hatten. Wir freuten uns gemeinsam über ihre Befreiung aus dem Zwang der alten Zwangs-Heiraten und der lästigen Meidevorschriften und Tabus. »Erinnerst du dich, Piyap«, fragten sie, »wie es früher war?« Jedes kleine Detail von damals wurde rekonstruiert. »Ich glaube nicht, daß ich an dieser Stelle schon einmal war«, meinte ich. »Nein, nur einmal warst du auf der anderen Seite des Flusses.«

Ein paar der dazwischenliegenden Jahre – die Jahre, in denen sie zum Christentum bekehrt wurden, ein bißchen mehr über das britische Rechtswesen lernten, mit neuen ethischen Ideen kämpften – waren in ihrer Erinnerung etwas vage und verworren. Aber das alte und das neue Leben waren klar. Die Temperamente der Menschen, die ich am besten gekannt hatte, als sie noch Kinder waren, hatten sich nicht verändert. Popoli war tot. Ponkob war nicht ganz so groß, wie ich erwartet hatte. Pomat, den wir im Spaß »Butler« genannt hatten, weil er so tadellos und etwas wichtigtuerisch war, fungierte jetzt als Richter des Ortes und nahm sich noch ebenso wichtig wie früher. Die Wohnstätten der Leute hatten unter dem neuen System andere Namen, aber die zwischen ihnen bestehenden Beziehungen spiegelten ihre Kindheit wider. Sie bewiesen, daß Kinder, die dazu erzogen wurden, intelligent, wißbegierig und freigebig zu sein, eine Gesellschaft zwar nicht von innen heraus umgestalten, aber doch Gewinn schöpfen können aus dem, was in der weiter entfernten Welt vorgeht. Aus eigenen Kräften und ohne Opposition und Lächerlichkeit zu scheuen, hatten die Manus einen Riesenschritt in die moderne Welt gewagt. Das alles ist beschrieben in dem Buch ›New Lives for Old: Cultural Transformation – Manus, 1928–1953‹.

Kürzlich erhielt ich Briefe – jetzt teils auf Neumelanesisch, teils auf Englisch geschrieben –, die vom Bau einer Überlandstraße nach Lorengau erzählen. Das Volk der Manus, einst ein unbekannter kleiner Stamm von Lagunenbewohnern, ist ein Teil der engverbundenen Gemeinschaft auf unserem Planeten geworden. Sie teilen jetzt unser Schicksal, und wir teilen das ihre.

American Museum of Natural History   Margaret Mead
Mai 1962

Danksagung

Ich unternahm diese Arbeit als Mitglied des Social Science Research Council und möchte dieser Institution meinen wärmsten Dank für ihre großmütige Unterstützung aussprechen. Für die Ausbildung, die mich für diese Forschungsreise vorbereitete, habe ich Professor Franz Boas und Dr. Ruth F. Benedict zu danken. Professor A. R. Radcliffe-Brown von der Universität Sydney, der meine Reise durch Einflußnahme bei australischen Forschungs- und Regierungsstellen förderte und mir viel Rat und Hilfe zuteil werden ließ, bin ich ebenfalls zu großem Dank verpflichtet.

Ich habe ferner meinem Mann, Reo Fortune, für die Hilfe bei der Formulierung meines Problems, für die langen Monate gemeinschaftlicher Bemühungen an Ort und Stelle, für einen großen Teil des ethnographischen und textlichen Materials, das dieser Arbeit zugrunde liegt, sowie auch für die geduldige Kritik an meinen Ergebnissen zu danken.

Dem Department of Home and Territories of the Commonwealth of Australia und der Administration of the Mandated Territory of New Guinea bin ich für die Förderung meiner Untersuchungen aufrichtig verbunden; insbesondere habe ich zu danken His Honour Judge J. M. Phillips und Mr. E. P. W. Chinnery, Regierungsanthropologe. Für ihre Gastfreundschaft und gütige Unterstützung möchte ich danken Mr. J. Kramer und Mr. und Mrs. Burrows von Lorengau; Mr. F. W. Mantle und Mr. und Mrs. Frank MacDonnel, Mrs. C. P. Parkinson von Sumsum und Mr. und Mrs. James Twycross von Rabaul.

Dem Amerikanischen Museum für Naturgeschichte bin ich dafür verpflichtet, daß ich mein Material dort bearbeiten durfte. Dr. Benedict, Miss Eichelberger, Mrs. Stapelfeldt und Miss Josephson habe ich zu danken für ihre Unterstützung bei der langen, mühsamen Arbeit der Vorbereitungen zum Druck und des Korrekturenlesens.

I
Einleitung

Eine der faszinierendsten Studien, die ein wißbegieriger Geist machen kann, ist die Entwicklung eines Kindes zu einem erwachsenen Menschen, zu einem Menschen, der das Gepräge seiner Gesellschaft und seines Jahrhunderts trägt. Ob man die gewundenen Pfade nachzeichnet, auf denen das ungeformte Kind, das man selbst auch einmal war, sich zur Persönlichkeit entwickkelte, ob man in die Zukunft eines Kindes zu blicken versucht, das noch Lätzchen trägt, ob man eine Schule leitet oder über die Zukunft der Vereinigten Staaten philosophiert – im Vordergrund stehen immer die gleichen Fragen: Was bringt ein Kind bei seiner Geburt mit? Was in seiner Entwicklung ist gesetzmäßig? Wie weit und in welcher Form hängt es von frühzeitiger Ausbildung, von der Persönlichkeit der Eltern, der Lehrer, der Spielgefährten, vom Zeitalter ab, in das es geboren wurde? Ist die Natur des Menschen so starr, daß sie zerbricht, wenn sie starken Anforderungen unterworfen wird? Bis zu welchem Grad paßt sie sich beweglich an? Ist es möglich, den Konflikt zwischen Jugend und Alter so umzugestalten, daß er weniger heftig ist und zu besseren Ergebnissen führt? Solche Fragen stecken unausgesprochen in fast allen sozialen Entscheidungen – in der Entscheidung der Mutter, ob sie ihr Kind aus der Flasche trinken lassen oder lieber mit dem Löffel füttern soll, in der Bewilligung von einer Million Dollar für den Bau einer neuen Fachschule, in den Propagandaplänen der Anti-Alkohol-Liga oder der Kommunistischen Partei. Trotzdem ist es ein Gebiet, über das wir wenig wissen und dem wir uns gerade mit neuen Methoden zu nähern versuchen.

Wenn die Geschichte der Menschheit sich wirklich so entwickelt hat, wie sie in der Legende von der Sprachverwirrung und der Zerstreuung der Völker nach dem Turmbau zu Babel symbolisiert ist, so haben die Erforscher der menschlichen Natur ein weites Feld für ihre Studien. In allen Teilen der Welt, im dichtesten Dschungel und auf den kleinen Inseln des Meeres, haben Menschengruppen, nach Sprache und Art verschieden, Versuche angestellt mit dem Ziel, sich weiterzuhelfen. In rastloser Tätigkeit wurden je nach den historischen Gegebenheiten neue Werkzeuge erfunden, neue Regierungsformen, neue Auffassungen des Problems von Gut und Böse, neue Ansichten über die Rolle des Menschen im Universum entwickelt. Von dem einen Volk wurde die Rangordnung mit allen ihren Konventionen und Übertreibungen erprobt, von einem andern, in großem Maßstab, die sozialen Folgen menschlichen Opfers, von einem dritten die Ergebnisse einer lockeren, unschematischen Demokratie. Während ein Volk sich bis an die Grenzen zeremonieller Zügellosigkeit wagte, forderte ein anderes von allen seinen Angehörigen Enthaltsamkeit während einer Jahreszeit oder eines ganzen Jahres. Während ein Volk aus seinen Toten Götter machte, ließ ein anderes seine Toten unbeachtet und entwickelte eine Lebensphilosophie, in der der Mensch dem Gras gleich ist, das am Morgen wächst und am Abend gemäht wird.

Innerhalb der weiten Grenzen menschlicher Denk- und Verhaltensweisen, die unser gemeinsames Erbteil bilden, haben zahllose Generationen mit den Möglichkeiten des menschlichen Geistes experimentiert. Und der forschende Geist, der den Wert dieser Experimente kennt, braucht nur noch aus den Lebensformen der verschiedenen Völker die Antworten abzulesen. Leider sind wir jedoch mit diesen unschätzbaren Daten verschwenderisch und achtlos umgegangen. Wir haben es zugelassen, daß die letzten Zeugen solcher Experimente, die sich über Tausende von Jahren erstreckt haben und unwiederholbar sind, ausgelöscht wurden, sei es durch Feuerwaffen oder Alkohol, durch das Christentum oder Tuberkulose. Ein primitives Volk nach dem anderen ist auf diese Weise verschwunden, ohne Spuren zu hinterlassen.

Wenn hundert Jahre hindurch unermüdliche Biologen Meerschweinchen und Fruchtfliegen gezüchtet und die Ergebnisse aufgezeichnet haben, und ein achtloser Ignorant verbrennt die Unterlagen und tötet die Überlebenden, so kennt unser Zorn über diesen Verlust der Wissenschaft keine Grenzen. Wenn uns jedoch die Geschichte, scheinbar ohne besonderen Zweck, die Ergebnisse nicht eines hundertjährigen Meerschweinchenexperiments, sondern eines tausendjährigen Experiments mit menschlichen Wesen geschenkt hat, so lassen wir die Vernichtung dieser Überlieferungen protestlos zu.

Und doch – mögen auch die meisten dieser verletzlichen Kulturen, die nicht in schriftlichen Aufzeichnungen, sondern nur im Gedächtnis einiger hundert Menschen weiterleben, für uns verloren sein, so sind doch einige wenige erhalten geblieben. Isoliert auf kleinen Inseln im Stillen Ozean, im dichten afrikanischen Urwald oder in asiatischen Wüsten sind noch unberührte Gesellschaften erhalten, die ihre Lebensprobleme anders gelöst haben als wir und die uns wertvollen Aufschluß über die Formbarkeit der menschlichen Natur geben können.

Ein solch unberührtes Volk sind die braunen, mitten im Meer lebenden Bewohner von Manus, der größten der Admiralitätsinseln nördlich von Neuguinea[1]. In ihren gewölbten, strohgedeckten Häusern, die auf Pfählen im olivgrünen Wasser der Lagune stehen, spielt sich das Leben noch heute nahezu genauso ab, wie es sich von eh und je abgespielt hat. Kein Missionar ist gekommen, um ihnen einen unbekannten Glauben zu bringen, kein Händler hat ihnen ihr Land entrissen und sie der Armut ausgeliefert. Die Krankheiten des weißen Mannes, die bis zu ihnen drangen, waren an Zahl so gering, daß sie sich zwanglos in den Glauben der Manus, Krankheit sei die Strafe für böse Taten, einfügen ließen. Sie kaufen Eisen, Stoffe und Perlen von Händlern; sie haben gelernt, den Tabak des weißen Mannes zu rauchen, sein Geld zu verwenden, und gelegentlich wird ein Streit vor dem District Officer ausgetragen. Seit 1912 ist der Krieg so gut wie abgeschafft, eine willkommene, wenn auch erzwungene Änderung für ein handeltreibendes, seefahrendes Volk. Die jungen Männer gehen für drei oder vier Jahre zum Arbeiten in die Pflanzungen des weißen Mannes, kehren aber kaum verändert in ihr Dorf zurück. Es ist im wesentlichen eine primitive Gesellschaft, die sich ohne schriftliche Überlieferung, wirtschaftlich von der weißen Kultur unabhängig, ihre eigenen Gesetze und ihre eigene Lebensweise erhalten hat.

Die Art, wie die Kinder, die in diese am Wasser lebenden Gemeinschaften hineingeboren werden, schrittweise die Tradition, die Verbote, die Werte der Älteren in sich aufnehmen und ihrerseits die aktiven Träger der Manus-Kultur werden, gewährt uns einen vielfältigen Einblick in die Erziehungsprobleme der Manus. Unsere eigene Gesellschaft ist so komplex, so differenziert, daß ein ernsthafter Forscher bestenfalls hoffen kann, einen Teil des Erziehungsprozesses zu erfassen. Konzentriert er sich darauf, wie das Kind in einer bestimmten Hinsicht reagiert, so muß er zwangsläufig anderes zurückstellen. Jedoch in einer einfachen

Gesellschaft, mit geringer Bevölkerungszahl, die keine Arbeitsteilung, keine schriftliche Überlieferung kennt, wird die gesamte, mündlich überlieferte Tradition von einigen wenigen weitergetragen. Mit Hilfe von schriftlichen Notizen und Analysen kann der Forscher in wenigen Monaten den größten Teil der Überlieferungen zusammenstellen, die der Eingeborene in Jahren erlernen muß.

Die genaue Kenntnis des kulturellen Hintergrunds, die uns unser überlegener Standpunkt verschafft, erlaubt uns, den Erziehungsvorgang zu untersuchen und Lösungen der Erziehungsprobleme anzuregen, die wir niemals mit Hilfe von Experimenten an unseren eigenen Kindern studieren könnten. Aber Manus hat das Experiment für uns durchgeführt, wir brauchen nur noch die Antwort abzulesen.

Ich habe die Erziehung der Manus nicht studiert, um eine These zu beweisen oder vorgefaßte Theorien zu unterstützen. Viele der Ergebnisse haben mich selbst überrascht[2]. Ich möchte aber mit meiner Beschreibung der Art, in der ein einfaches Volk, das in der seichten Lagune einer weit entfernten Südseeinsel lebt, seine Kinder fürs Leben vorbereitet, dem Leser ein Bild menschlicher Erziehung im kleinen geben. Interessant für den modernen Erzieher ist daran zunächst, daß es sich um eine so einfache Überlieferung handelt, in der alle Elemente leicht erfaßt und verstanden werden können; gewissermaßen wird hier ein komplexer Vorgang – den wir uns normalerweise nur vorstellen können, als wäre er auf eine so große Leinwand gemalt, daß er unmöglich mit einem einzigen Blick erfaßt werden kann – wie durch das Verkleinerungsglas des Malers gesehen. Außerdem wirken sich gewisse Anschauungen über Disziplin oder Freiheit, gewisse Verhaltensweisen der Eltern weit drastischer aus als in unserer Gesellschaft. Und schließlich sind die Ziele und Methoden der Manus-Gesellschaft, wenn auch primitiv, unseren gegenwärtigen Zielen und Methoden nicht unähnlich.

Wir werden sehen, wie gut es den Manus gelingt, das kleinste Kind Achtung vor dem Gesetz zu lehren, oder wie erstaunlich die körperliche Anpassung ist, die den kleinsten Kindern beigebracht wird. Die strenge Disziplin sowie die mit ihr verbundene unermüdliche Sorge, die diesen beiden augenfälligen Erfolgen zugrunde liegen, widersprechen gleichermaßen der Auffassung, daß ein Kind geschützt und behütet, und jener, daß es ins Wasser der Erfahrung geworfen werden müsse, um »unterzugehen oder zu schwimmen«. Die Manus-Welt, ein leichter Bau aus schmalen Brettern über den wechselnden Gezeiten der Lagune, ist ein zu gefährlicher Ort, als daß man ein so großes Risiko eingehen könnte. Die glückliche Art, wie Kinder auf Manus an ihr gefährliches Leben gewöhnt werden, könnte für unsere Eltern ein Vorbild sein, die sich bei der wachsenden Zahl von Unfallgefahren vor immer größere Probleme gestellt sehen.

Ebensoviel kann man aber vielleicht auch aus den Fehlern lernen, die die Manus machen; denn ihrer Begabung, aus den Kindern geschickte kleine Athleten zu machen und ihnen Respekt gegenüber Besitz einzuflößen, steht ihre Unfähigkeit in anderen Bereichen der Erziehung gegenüber. Die Kinder dürfen ihren Gefühlen freien Lauf lassen; sie brauchen weder ihre Zungen noch ihr Temperament zu zügeln. Es wird ihnen kein Respekt vor den Eltern beigebracht, kein Stolz auf Tradition. Augenfällig ist das Fehlen jeglicher Anleitung, zwanglos die Tradition, stolz die Rolle der Erwachsenen zu übernehmen. Auf ihren wirklich idealen Spielplätzen dürfen sie sich tummeln, ohne sich darum zu kümmern, welch unermüdliche Arbeit ihnen diese langen Jahre des Spiels ermöglicht, und ohne Dank für die Älteren, die diese Arbeit für sie tun.

Man hört oft die Meinung, alle Kinder seien von Natur aus schöpferisch und phantasiebegabt, so daß ihnen nur die Freiheit geschenkt zu werden brauche, damit sie sich selbst eine reiche und reizvolle Lebensart schaffen können; doch im Verhalten der Manus-Kinder wird diese Auffassung nicht bestätigt. Hier sind alle Kinder von Arbeit befreit und erhalten nur den allernötigsten Unterricht – in einer Gesellschaft, in der nur körperliche Leistung, Achtung des Besitzes und Einhaltung einiger Tabus wichtig sind. Bei einer Säuglingssterblichkeit von 50 Prozent gibt es nur gesunde Kinder; denn nur die widerstandsfähigsten bleiben am Leben. Es sind intelligente Kinder – nur vier oder fünf unter ihnen sind dumm. Ihre körperliche Verfassung ist ausgezeichnet, ihre Sinne sind scharf, ihr Wahrnehmungsvermögen ist rasch und genau. Den Eltern gegenüber gibt es kaum Minderwertigkeits- und Unsicherheitsgefühle. Diese Kinder dürfen den lieben langen Tag spielen, aber – bedauerlich für den Theoretiker – ihr Spiel gleicht dem junger Hunde oder Katzen. Ihr abwechslungsloses Kinderleben empfängt keine Anregungen aus einer bewunderten Erwachsenentradition wie bei uns; vergnügt tollen sie herum, bis sie müde sind, liegen dann ermattet und atemlos da, bis sie sich wieder ausgeruht haben und von neuem umhertollen.

Auch das Bild der Manus-Familie ist eigenartig. Der Vater ist der zärtliche, besorgte, nachsichtige Wächter und spielt die Hauptrolle, während die Mutter in der Liebe des Kindes an zweiter Stelle steht. Für uns, die wir gewohnt sind, im Vater das strenge, ein wenig distanzierte Oberhaupt und in der Mutter die Fürsprecherin und Beschützerin zu sehen, ist eine Gesellschaft, in der Vater und Mutter die Rollen getauscht haben, fast aufreizend. Die Psychiater haben auf die Schwierigkeiten hingewiesen, die sich für einen Knaben ergeben, wenn der Vater die Rolle des Patriarchen und die Mutter die einer Madonna spielt. Manus veranschaulicht die schöpferische Rolle, die ein liebender, zärtlicher Vater bei der positiven Formung der Persönlichkeit des Sohnes spielt, und läßt erkennen, daß ein ideales Familienleben vielleicht nicht damit erreicht werden kann, daß die Eltern gar keine Rolle übernehmen, wie manche Extremisten fordern, sondern damit, daß ihre Rollen anders verteilt sind.

Abgesehen davon besteht eine merkwürdige Parallele zwischen der Manus-Gesellschaft und der amerikanischen Gesellschaft. Auf Manus wie in Amerika wird das Verdienen des Lebensunterhalts und nicht die Kunst der Lebensführung am höchsten bewertet. Wie in Amerika wird hier die Arbeit respektiert; der Mann wird an seinem Fleiß und seinem wirtschaftlichen Erfolg gemessen. Der Träumer, der beim Fischen und Handeltreiben abseits steht und nichts zum nächsten Fest beizutragen hat, wird als Schwächling verachtet. Sie haben keine Künstler, aber – wie die Amerikaner – reicher als ihre Nachbarn, kaufen sie deren handwerkliche Erzeugnisse. Künste der Muße, wie Konversation, Erzählen, Musik und Tanz, finden bei ihnen wenig Anerkennung. Die Konversation ist zweckbetont, Erzählungen werden kurz gefaßt, auf Stil wird kein Wert gelegt. Singen ist für Stunden der Langeweile da, getanzt wird, wenn geschäftliche Vereinbarungen zu feiern sind. Freundschaft dient dem Handel, und intensivere Liebesangelegenheiten sind so gut wie unbekannt. Der ideale Manus-Mann kennt keine Muße; er ist immer hinter seinen Geschäften her, um fünf Ketten Muschelgeld in zehn umzusetzen.

Mit der starken Betonung der Arbeit, des Anhäufens von immer mehr Besitz, des Suchens nach festen Handelsbündnissen verbindet sich ihre Forderung nach Sittlichkeit. So wie sie Fleiß bewundern, so achten sie auch Aufrichtigkeit beim Geschäft. Sie hassen das Schuldenmachen, und unerledigte geschäftliche Verbindlichkeiten bereiten ihnen größtes Unbehagen. Diplomatie und Takt werden niedrig bewertet; geräuschvolle Zuverlässigkeit gilt ihnen als größere Tugend. In früheren Zeiten gestattete ihre doppelbödige Moral äußerst grausame Prostitution; aber an die Tugend der Manus-Frauen werden heute noch die strengsten Forderungen gestellt. In ihrer Religion ist echte Ethik zu finden; sie ist ein spiritualistischer Kult der vor kurzem Verstorbenen, die eifersüchtig das wirtschaftliche und sexuelle Leben ihrer Nachkommen verfolgen, wobei die Tugendhaften und Fleißigen gesegnet werden, während den Übertretern der sexuellen Vorschriften und den Faulen, die das Familienkapital nicht weise anlegen, Krankheit und Unglück zuteil wird. In gewisser Hinsicht ist das Ideal der Manus unserem historischen Puritanismus sehr ähnlich; in beiden Fällen wird vom Mann Fleiß, Klugheit, Sparsamkeit und Enthaltsamkeit gegenüber weltlichem Vergnügen gefordert mit der Aussicht, daß Gott dem tugendhaften Mann Wohlstand schenkt.

Von den Kindern wird nicht verlangt, daß sie an dieser strengen Arbeitswelt der Erwachsenen teilnehmen. Die Eltern, die von ihnen oft tyrannisiert und wegen ihrer Freigebigkeit geringgeschätzt werden, lassen ihnen Jahre unbehinderter Freiheit. Wir bieten unseren Kindern oft das gleiche Bild. Unsere Gesellschaft, in der die Kinder Seide tragen, während die Mütter in Kattunkleidern zur Arbeit gehen, findet vielleicht interessante Züge in der Entwicklung dieser primitiven jungen Menschen; ihre Welt wirkt manchmal wie eine unheimliche Karikatur der unsrigen, eine Welt, deren Zahlungsmittel aus Muschelgeld und Hundezähnen besteht, die ihren Reichtum in Heiraten investiert anstatt in Aktien und ihren Überseehandel mit Kanus betreibt, in der aber Besitz, Moral und Sicherheit für die nächste Generation die Hauptsorgen sind.

Dieser Bericht ist das Ergebnis sechs Monate langer ununterbrochener, konzentrierter Arbeit an Ort und Stelle. Als Gast in einem strohgedeckten Haus auf Pfählen, das im Mittelpunkt des Manus-Dorfes Peri stand, lernte ich die Sprache der Eingeborenen, die Spiele der Kinder, die verwickelte gesellschaftliche Organisation, die wirtschaftlichen Bräuche, den religiösen Glauben und dessen Ausübung kennen, diesen ganzen gesellschaftlichen Rahmen, in dem das Kind aufwächst. In meinem großen Wohnraum, auf den breiten Veranden, auf dem winzigen Inselchen neben den Häusern, in der nahen Lagune spielten die Kinder den ganzen Tag, und ich beobachtete sie, einmal aus der Mitte einer Spielgruppe heraus, ein anderes Mal hinter Strohwänden verborgen. Ich fuhr in ihren Kanus, wohnte ihren Festen bei, saß mit ernster Miene in Trauerhäusern, während die Medien mit den Geistern der Toten redeten. Ich sah den Kindern zu, wenn sie unter sich waren, und beobachtete ihr Verhalten gegenüber den Eltern. In einer gesellschaftlichen Szenerie, die ich so gut kennenlernte, daß ich nicht gegen die Hunderte von Namen-Tabus verstieß, betrachtete ich den Manus-Säugling, das Manus-Kind, die Manus-Jugend und versuchte zu erkennen, auf welche Art diese Wesen sich in Manus-Erwachsene entwickelten.

II
Schilderungen aus dem Leben der Manus

1

Für den Manus-Eingeborenen ist die Welt, von seinem flachen
Lagunendorf aus gesehen, dessen Pfahlhäuser ruhig und unberührt von den Gezeiten wie langbeinige Vögel dastehen, eine
rundum hochgebogene große Schüssel. Ein langer Teil dieses
Schüsselrandes ist das Festland, das aus einem Kranz von Man-
grovesümpfen in übereinandergelagerten Falten von rotem Ton
steil emporsteigt. Der Weg zum Festland führt eine halbe Meile
weit durch die Lagune; dann folgt das Kanu einem Pfad durch
das Dickicht schaumbedeckter Meergewächse und arbeitet sich
auf schmalen, gewundenen Flüssen, die träge ihren Lauf durch
dunkle, unheimliche Moraste nehmen, langsam aufwärts. Auf
dem Festland leben die Usiai, schüchterne, spindelbeinige Busch-
männer, mit denen die Manus-Leute sich jeden Tag zu bestimmten Stunden an den Flußmündungen treffen. Hier handeln die
Fischer von Manus, die landlosen Beherrscher der Lagunen und
Riffe, von den Usiai Taro, Sago, Yams, Bauholz, Betelnüsse sowie dicke Bretter für den Rumpf ihrer großen Auslegerkanus
und allen übrigen Lebensbedarf gegen ihre Fische ein. Hierher
kommen die Leute von Peri auch, um ein paar kleine Sagofelder
zu bearbeiten, die sie vor langer Zeit von den Usiai eingehandelt
oder gestohlen haben; hierher kommen die Kinder, um im Süß-
wasser zu schwimmen, und die Frauen, um Brennholz zu sammeln und Wasser zu schöpfen. Im Sumpf hausen auch düster-
blickende Usiai, feindliche Dämonen und Süßwasserungeheuer.
Ihretwegen haben die Manus eine Abneigung gegen die Flüsse
und das Land und geben sich Mühe, niemals in stillstehende Ge-
wässer zu schauen, damit nicht ein Teil ihrer Seele dort zurück-
bleibt.

Auf der andern Seite der Schüssel liegt das Riff, dahinter die
offene See mit den übrigen Inseln des Archipels, auf denen sie
Kokosnüsse, Öl, geschnitzte Holzschüsseln und geschnitzte
Bettladen einhandeln. Darüber, noch höher an der Schüssel-
wand, liegt Rabaul, die Hauptstadt der Regierung des weißen
Mannes im Territorium von Neuguinea, und ganz hoch oben
am Rand liegt Sydney, der entfernteste Punkt ihrer Welt. Rechts

und links entlang liegen weitere Dörfer der Manus, zusammengedrängt in braunen Lagunen, und weit entfernt an den beiden Enden der Schüssel sieht man die sanfte Neigung der Hochsee, die die Kanus hinauffahren müßten – wenn sie dorthin wollten.

Um die dicken Pfähle der Häuser herum bewegen sich Flut und Ebbe, einmal ist der Grund der Lagune von Wasser entblößt, bis ein Teil des Dorfes hoch und trocken im Schlamm steht, dann wieder nähert sich die Flut sanft, aber stetig – fast bis zu den Bodenplatten der Häuser. Da und dort um das Dorf herum liegen kleine, steile Inseln oder flaches Land, ungeeignet für Pflanzungen. Die Frauen breiten hier Blätter für ihre Flechtarbeiten zum Trocknen aus, die Kinder klettern vorsichtig von Fels zu Fels. Auf den entfernteren Inseln bleichen die weißen Knochen der Toten.

Diese kleine Welt von Wasserwohnstätten, in der die Familien ihre Häuser Seite an Seite bauen und am Ufer der kleinen Insel, die sie von ihren Vätern geerbt haben, Sago ausstreuen, beherbergt nicht nur die Lebenden, sondern auch die Geister der Toten. Diese wohnen, vor Wind und Regen geschützt, unter dem Strohdach des Hauses. Wenn sie von ihren Nachkommen verstoßen werden, flattern sie ruhelos um die Ufer der kleinen Inseln aus Korallenabfall, die sich in der Mitte des Dorfes befinden und als Dorfanger, als Plätze für Zusammenkünfte und Festlichkeiten dienen.

Innerhalb der Dorfgrenzen spielen die Kinder. Bei Ebbe streifen sie in Gruppen durch die seichten Stellen, spießen Elritzen auf oder bewerfen sich gegenseitig mit Seetang. Wenn das Wasser steigt, werden die kleineren Kinder auf die Inselchen oder in die Häuser getrieben, die größeren waten jedoch weiter mit ihren Segelschiffchen herum, bis die steigende Flut sie in ihre kleinen Kanus treibt, mit denen sie vergnügt um die Wette rudern. In das Dorf wagen sich die Haie aus dem offenen Meer nicht herein, und auch die Krokodile vom Festland sind keine Gefahr für die Kinder. Es ist deshalb nicht nötig, sich die Gesichter zu bemalen wie die Väter, die sich damit auf ihren Fahrten auf das offene Meer vor bösen Geistern schützen. Nackt, nur mit Gürteln oder Armbändern aus Perlen oder Halsketten aus Hundezähnen, spielen sie den ganzen Tag, fischen, schwimmen, rudern und üben sich damit schon in den Künsten, mit denen sich ihre landlosen Väter eine sichere Position als beherrschendes Volk des Archipels aufgebaut haben. Draußen, am Rand dieser Welt, lauern Gefahren, aber hier in den abgeschlossenen Gründen spielen die Kinder sicher unter den Augen der Geister ihrer Vorfahren.

2

In der Mitte eines langen Hauses haben sich einige Frauen versammelt. Zwei von ihnen kochen Sago und Kokosnuß in flachen, zersprungenen irdenen Gefäßen, eine andere reiht Perlen auf. Eine alte Frau – an ihrem geflochtenen Gürtel und den schwarzen, gummiartigen Brustbändern erkennt man, daß sie Witwe ist – zerschneidet Blätter und flicht daraus neue Grasröcke, von denen schon eine lange Reihe über ihrem Kopf hängt. Das Strohdach ist von dem dicken Holzrauch geschwärzt, der ständig vom Feuer aufsteigt, das immerzu brennend gehalten wird. Über dem Feuer hängen Borde, auf denen Fische geräuchert werden. Ein Säugling von etwa vier Wochen liegt auf der Blättermatte; mehrere andere Kinder spielen, saugen an der Brust der Mutter, kriechen weg und kommen nach Milch schreiend wieder zurück. Im Haus ist es dunkel und heiß. Der einzige Luftzug dringt durch die Bodenbretter und durch die Falltüren an den Schmalseiten des Hauses. Die Frauen haben ihre langen dunklen Baumwollmäntel abgelegt, die sie sonst immer tragen müssen, um ihre Gesichter vor den Männern der angeheirateten Sippe zu verbergen. Schweißtropfen glitzern auf ihren glänzenden Köpfen, die bei der Verheiratung kahl geschoren worden sind. Ihre Grasröcke – eigentlich nur zwei Stücke, die vorn und hinten getragen werden und die Oberschenkel unbedeckt lassen – sind verwelkt und von der Arbeit beschmutzt.

Eine Frau erhebt sich, um ihre Perlen zusammenzusuchen: »Komm her, Alupwa«, sagt sie zu ihrer dreijährigen Tochter.

»Ich will nicht.« Das dicke kleine Mädchen windet sich und schmollt.

»Doch, komm, ich muß nach Hause gehen. Ich war lang genug hier zum Perlenfassen. Komm!«

»Ich will aber nicht!«

»Doch, komm, der Vater ist schon vom Markt zurück und hungrig, wenn er die ganze Nacht gefischt hat.«

»Nein, ich will nicht!« Alupwa verzieht den Mund in herausforderndem Trotz.

»Aber komm doch, mein Töchterchen, wir müssen jetzt gehen!«

»Ich will nicht!«

»Wenn du jetzt nicht kommst, muß ich dich nachher holen, und was ist dann, wenn meine Schwägerin, die Frau des Bruders meines Mannes, das Kanu nimmt? Du würdest weinen, und wer soll dich dann heimbringen?«

»Der Vater!« antwortet das Kind ungezogen.

»Der Vater wird mich schimpfen, wenn du nicht zu Hause bist. Er mag es nicht, daß du so lang bei meinen Leuten bleibst!« antwortet die Mutter mit einem Blick auf die Schale, in der Großvaters Schädel von der Decke hängt.

»Macht nichts!« Das Kind entschlüpft den Händen der Mutter, die es festhalten will, dreht sich um und schlägt ihr mitten ins Gesicht. Alle lachen. Nun meint die Schwester der Mutter: »Alupwa, du mußt jetzt mit deiner Mutter heimgehen!«, worauf das Kind auch nach ihr schlägt. Die Mutter gibt den Kampf auf und fängt wieder an, ihre Perlen aufzureihen, während Alupwa zur Haustür hinaus stolziert und mit einer kleinen grünen Frucht wiederkommt, aus der die größeren Kinder Kreisel machen. Mit einem listigen Blick auf die Mutter beginnt sie zu essen.

»Iß das nicht, Alupwa, das ist schlecht!« Alupwa beißt herausfordernd in die Rinde. »Iß das nicht! Hörst du nicht?« Die Mutter ergreift die Hand des Kindes und versucht, ihm die Frucht wegzunehmen. Alupwa beginnt sogleich, wütend zu brüllen. Die Mutter läßt die Hand mit hoffnungslosem Achselzucken los. Aber da schaltet sich eine der älteren Frauen ein.

»Es ist schlecht für sie, das Ding zu essen. Es wird ihr übel davon!«

»Gut, dann nimm du es ihr weg. Wenn ich es tue, wird sie mich nicht mehr mögen!« Die ältere Frau packt das schreiende Kind am Handgelenk und entwindet ihm die Frucht.

»Tochter des Kea!« Beim Ton der Stimme ihres Mannes springt die Frau auf und legt ihren Mantel an. Die übrigen Frauen greifen ebenfalls hastig nach ihren Mänteln, um sie bei der Hand zu haben, falls der Schwager ins Haus tritt. Aber Alupwa vergißt ihre Tränen, springt zur Falltür, klettert die Stufen hinunter zur Veranda, läuft über die Auslegerstangen auf die Kanurampe und das schmale Dollbord des Kanus entlang und schmiegt sich glücklich an das Bein des Vaters. Seine Hand spielt liebevoll mit ihrem Haar, während er finster zu seiner Frau hinüberblickt, die mürrisch die Leiter hinuntersteigt.

Es ist Nacht in Peri. Kein Herdfeuer scheint aus den fensterlosen Häusern mit ihren versperrten Eingängen. Hier und da fällt ein Regen glühender Asche in den See und verrät, daß in den schweigenden Häusern noch Menschen wach sind. Unter einem Haus am andern Ende des Dorfes wird gegen das Licht, das eine fächerförmige Fackel aus Palmblättern wirft, eine dunkle Gestalt sichtbar. Es ist ein Mann, der den Rumpf seines vom Wasser stark mitgenommenen Kanus mit Feuer trocknet. Draußen in den Untiefen nahe der brausenden Riffsee sind die verstreuten Fackeln der Fischer sichtbar. Ein Kanu gleitet den mittleren Wasserweg hinunter und hält lautlos unter der Veranda eines Hauses. Der Mann im Kanu richtet sich auf, stützt sich auf seine lange Ruderstange und horcht. Aus dem Innern des Hauses dringt ein leises, zischendes Pfeifen. Der Eigentümer des Hauses hält eine Sitzung ab, und durch das Pfeifen des Geistes, der sich durch den Mund eines Mediums bemerkbar macht, steht er mit den Geistern der Verstorbenen in Verbindung.

Das Pfeifen hört auf, und die Stimme einer Frau ruft: »Pokus ist da, du darfst ihn fragen!«

Der Lauschende versteht den Namen Pokus, obgleich die Stimme seiner Mutter, des Mediums, gepreßt und verstellt klingt. Seine Lippen bilden die Worte: »Die Frau des Pokanas leitet die Sitzung.«

Der Besitzer des Hauses spricht nun rasch im Befehlston: »Sag mir, Pokus, warum ist mein Kind krank, den ganzen Tag ist es krank. Ist es darum, weil ich die Töpfe verkauft habe, die ich für die Aussteuer meiner Tochter hätte bewahren sollen? Sprich jetzt, sag es mir!«

Wieder ertönt das Pfeifen. Dann sagt die Frauenstimme schläfrig: »Er sagt, er weiß es nicht.«

»Dann soll er Selanbelot, meines Vaters Bruder, fragen. Ich habe seinem Schädel einen Platz unter meinem Dach gegeben. Pokus soll ihn fragen, warum mein Kind krank ist.«

Wieder pfeift es. Dann sagt die Frauenstimme leise: »Er sagt, er wird ihn fragen.«

Aus dem Nebenhaus ertönt das schrille, zornige Weinen eines Kindes. Der Fußboden über dem Kopf des Lauschers kracht, und das Medium sagt mit seiner gewöhnlichen Stimme: »Höre, Pokanas, wach auf. Das Kind weint. Schläfst du? Höre doch, das Kind weint, geh schnell!«

Ein schwerer Mann steigt die Leiter hinunter und erblickt den Mann im Kanu: »Wer ist da? Bist du es, Saot?«

»Laß mich schnell in dein Kanu! Das Kind ist aufgewacht und hat Angst!« Während der junge Mann den Vater zu seinem Kind hinüberrudert, setzt wieder das Pfeifen ein.

4

Am Pfosten seiner Veranda lehnt ein Mann. Er hat die ganze Nacht gefischt und war den Morgen über auf dem Markt – nun ist er sehr müde. Sein Haar ist steif als Beutel nach hinten gekämmt. Um den Hals trägt er eine Kette von Hundezähnen. Von seinen abstehenden Ohrläppchen baumeln kleine eingekerbte Ringe aus Kokosnußschalen, durch die Scheidewand der Nase ist ein langer, schlanker Halbmond aus Perlmutter gezogen. Sein Lendenschurz wird von einem gelb und braun gemusterten gewebten Gürtel gehalten. An seinen Oberarmen trägt er breite geflochtene Armspangen, die mit einem schwarzen, gummiartigen Überzug versehen sind; Stücke aus den Rippen des verstorbenen Vaters sind hineingesteckt. Auf den rauhen Bodenbrettern liegt eine kleine Grastasche, aus der eine blankgeriebene Kürbisflasche herausschaut, in die komplizierte Muster eingebrannt sind. In die Flaschenöffnung ist ein hölzerner Spatel gezwängt, dessen Ende geschnitzt ist und ein Krokodil darstellt, das einen Mann frißt. Der geschnitzte Kopf blickt mit auffallender Gleichgültigkeit aus dem verzierten Maul des Krokodils heraus. Der müde Mann bewegt sich und zieht den Kürbis, ein Büschel helle grüne Betelnüsse und einige Pfefferblätter aus der Tasche. Er steckt die Betelnüsse in den Mund, rollt ein Pfefferblatt zu einem langen Trichter, beißt das Ende davon ab, fügt mit dem Spatel pulverisierten Limonensaft aus der Kürbisflasche zu der Mischung und kaut kräftig.

Der Landesteg erzittert, als ein Kanu einen der Pfosten berührt. Der Mann rafft eilig die Pfefferblätter und Betelnüsse zusammen, um sie vor einem etwaigen Besucher zu verbergen. Aber er ist nicht schnell genug. Ein kleiner Kopf erscheint über dem Rand der Veranda, und sein sechsjähriger Sohn Popoli klettert triefend herauf. Sein Haar ist lang und in Strähnen mit rotem Schlamm zusammengebacken; ehe das Haar abgeschnitten werden kann, muß der Vater ein großes Fest geben. Das Kind hat den Schatz erspäht, und an der Veranda hängend ruft es in klagendem Ton, den alle Manus-Eingeborenen anwenden, wenn sie um Betelnuß bitten: »Ein bißchen Betel!« Der Vater wirft dem Jungen eine Nuß zu. Dieser zieht die Schale mit den Zähnen herunter und beißt gierig hinein.

»Noch eine!« Die Stimme des Jungen wird noch höher. Der Vater wirft ihm eine weitere Nuß zu, und dieser umklammert sie fest mit seiner kleinen nassen Hand, ohne zu danken. »Ein Pfefferblatt!«

Der Vater blickt düster. »Ich habe nur ganz wenig, Popoli.«

»Ich will ein Pfefferblatt.« Der Vater reißt ein Stück von einem Blatt ab und wirft es ihm hin.

Das Kind macht ein verdrießliches Gesicht. »Das ist zu wenig. Mehr! Mehr! Mehr!« Seine Stimme steigert sich zu Wutgeheul.

»Ich habe nicht viel, Popoli. Ich gehe erst morgen zum Markt. Heute nachmittag gehe ich nach Patusi und muß mir etwas für die Fahrt aufheben.« Der Vater stopft resolut die Blätter tiefer in die Tasche; dabei rutscht sein Messer heraus und fällt durch eine Ritze ins Wasser.

»Holst du mirs heraus, Popoli?«

Aber das Kind starrt ihn nur böse an. »Nein, ich will nicht, du Geizhals, du versteckst dein Pfefferblatt vor mir.« Und das Kind läßt sich ins Wasser fallen und schwimmt davon, dem Vater das Heraufholen des Messers überlassend.

5

Auf einer schattigen Veranda spielt eine Gruppe von Kindern.

»Molung muß sterben!« sagt ein kleines Mädchen, von ihrem Flechtspiel aufblickend.

»Wer sagt das?« fragt ein kleiner Junge, während er sich bückt, um seine Zigarette an einem glühenden Stückchen Holz anzuzünden, das auf dem Boden liegt.

»Meine Mutter. Molung hat eine Schlange im Bauch.«

Die anderen Kinder beachten diese Mitteilung nicht, aber eine kleine Vierjährige sagt nach kurzem Nachdenken: »Sie hat ein Kind in ihrem Bauch gehabt!«

»Ja, aber das Kind ist herausgekommen. Es wohnt jetzt bei uns hinten im Haus. Meine Großmutter paßt auf es auf!«

»Wenn Molung stirbt, kannst du das Kind behalten«, sagt ein kleiner Junge. »Horch!«

Aus dem Haus dringt über das Wasser ein hoher, durchdringender Heulton vieler Stimmen, die alle im Chor schreien:

»Meine Mutter, meine Mutter, meine Mutter, oh, was ist geschehen?«

»Ist sie schon tot?« fragt ein kleiner Junge und rutscht zum Rand der Veranda. Niemand antwortet ihm. »Schaut!« Von der Hinterseite des Hauses der Kranken gleitet ein großes, mit Kochtöpfen beladenes Kanu fort. Eine alte Frau mit hagerem Gesicht und in der Eile unbedecktem Kopf stakt das Kanu vorwärts.

»Das ist Ndrantche, die Mutter von Molung«, sagt das erste kleine Mädchen.

»Schau her, da fährt Ndrantche mit einem Kanu voller Töpfe!« rufen die Kinder.

Zwei Frauen kommen an die Tür des Hauses und schauen hinaus. »Oho«, sagt die eine. »Sie bringt die Töpfe weg, damit sie, wenn die Trauerer kommen, nicht zerbrochen werden!«

»Wann stirbt Molung?« fragt die kleine Itong, ohne eine Antwort abzuwarten. »Kommt zum Schwimmen!« fügt sie hinzu und springt von der Veranda ins Wasser.

III
Frühe Erziehung

Das Manus-Kind wird von den ersten Jahren seines Lebens an ans Wasser gewöhnt. Auf dem gedielten Boden liegend, sieht es das Sonnenlicht auf der Oberfläche der Lagune schimmern und Ebbe und Flut unter dem Hause wechseln. Wenn es neun oder zehn Monate alt ist, sitzt oft der Vater oder die Mutter mit ihm in der Abendkühle auf der kleinen Veranda, und die Augen des Kindes gewöhnen sich an den Anblick des vorübergleitenden Kanus und an das in die See gebaute Dorf. Mit etwa einem Jahr hat es gelernt, die Mutter fest um den Hals zu fassen, so daß es sicher auf ihrem Rücken reiten kann. Die Mutter trägt das Kleine an der Seite des langen Hauses, die durch das weit herunterhängende Dach geschützt ist, hin und her und klettert mit ihm die wurmstichigen Leitern, die von dem Haus hinunter zur Ladeveranda führen, auf und ab. Die bestimmte ärgerliche Bewegung, mit der das Kind auf dem Nacken der Mutter wieder zurechtgerückt wird, hat es gelehrt, wachsam und griffsicher zu sein. Bringt ein plötzlich aufkommender Wind die Lagune in Unruhe oder verfängt das Boot sich an einem Felsen, so kentert das Kanu vielleicht, und die Mutter fällt mit dem Kleinen ins Meer. Das Wasser ist kalt und dunkel, es schmeckt scharf und entsetzlich salzig; aber bei dem plötzlichen Sturz bewährt sich das zu Hause geübte Training. Das Kind klammert sich fest, während die Mutter das Kanu aufrichtet und aus dem Wasser klettert.

Gelegentlich macht das Kind auch in noch früherem Alter Bekanntschaft mit dem Wasser. Der Hausboden besteht aus Dielenbrettern, die etwa so wie Jalousien zusammengesetzt werden. Manchmal verbiegen sie sich oder brechen durch und verrutschen, so daß große Zwischenräume entstehen. Wenn der Vater den Schaden nicht gleich behebt und ein unvorsichtiges Kind über eine solche Spalte kriecht, kann es in das kalte, unfreundliche Wasser fallen. Aber die Mutter ist niemals weit weg, sie behält das Kind immer im Auge. Im Nu ist sie zur Tür hinaus, die Leiter hinunter und im Wasser; das Kleine wird herausgefischt, am Feuer gewärmt und getröstet. Obgleich Kinder häufig durch die Bodenbretter rutschen, habe ich nie gehört, daß eines ertrunken wäre. Spätere Vertrautheit mit dem Wasser

scheint alle Spuren des Schocks auszulöschen, denn Wasser-
scheue gibt es hier nicht. Trotz dieser frühen Erlebnisse lockt
das Meer die Manus-Kinder ebenso, wie grüne Wiesen unsere
Kinder zu Entdeckungsreisen locken.

Einige Monate, nachdem das Kind angefangen hat, die Mutter ins Dorf zu begleiten, reitet es ruhig auf den Schultern der
Mutter oder sitzt im Bug des Kanus, während die Mutter im
Heck, etwa zehn Meter entfernt, stakt. Das Kind sitzt ruhig,
durch frühere Erfahrungen geschult. Es gibt keine Gurte, keine
Halteriemen, die es festhalten. Aber auch, wenn es über Bord
fallen würde, wäre es nicht schlimm. Der Sturz ins Wasser tut
nicht weh. Vater und Mutter sind da, um es herauszuholen.
Kinder unter zweieinhalb oder drei Jahren werden niemals älteren Kindern, ja nicht einmal Jugendlichen anvertraut. Die Eltern
fordern von dem Kind zwar rasche körperliche Anpassung, setzen es jedoch niemals unnötig Gefahren aus. Es darf nie die
Grenzen des Sicheren überschreiten und wird nie aus der Obhut
der Erwachsenen entlassen.

So macht das Kind Bekanntschaft mit dem kalten Wasser und
mit schlammigem Tang, aber es geschieht niemals ein Unfall,
der seinen Glauben an die fundamentale Sicherheit dieser Welt
zerstören würde. Wenn es selbst auch noch nicht die Technik
beherrscht, sich im Wasser zu bewegen, so beherrschen doch die
Eltern diese Technik. Durch lebenslanges Wohnen auf dem
Wasser sind sie vollkommen mit ihm vertraut. Sie sind tritt-
sicher, ihre Augen sind klar, ihre Hände immer griffbereit. Ein
Kind wird niemals fallengelassen; die Mutter läßt es niemals aus
den Armen gleiten oder seinen Kopf gegen einen Türpfosten
oder ein Brett stoßen. Ihr Leben lang ist sie auf zentimeterbrei-
ten Kanurändern balanciert, hat den Raum zwischen den Haus-
pfosten berechnet, an denen sie das Kanu festmachen muß, ohne
die Ausleger zu beschädigen, und versteht es, die großen zer-
brechlichen Wassertöpfe vom schwankenden Kanu auf wurmstichige Leitern zu heben. Bei der Sorge für das körperliche
Wohlergehen des Kindes unterläuft ihr keine Ungeschicklichkeit. Jede ihrer Bewegungen gibt dem Kind das Gefühl von
Sicherheit und nimmt ihm alle Furcht, die es infolge seiner noch
fehlenden Gewandtheit vielleicht empfindet. Die Manus-Kinder
vertrauen ihren Eltern so stark, daß sie blindlings von jeder
Höhe in die ausgestreckten Arme eines Erwachsenen hinunter-
springen, in vollkommenem Vertrauen darauf, aufgefangen zu
werden.

Trotz der Sorge und Wachsamkeit der Eltern wird das Kind aber von vornherein daran gewöhnt, sich selbst so viel wie möglich zu bemühen und körperliche Geschicklichkeit zu entwikkeln. Jeder Fortschritt des Kindes wird vermerkt, und unerbittlich muß es seinen Rekord halten. Es kommt niemals vor, daß ein Kind ein paar Schritte watschelt, fällt, sich die Nase aufschlägt und sich dann drei Monate lang weigert, es noch einmal zu versuchen. Das nicht ungefährliche Leben verlangt von dem Kind, sich so früh wie möglich selbst zu helfen. Ehe ein Kind nicht versteht, seinen Körper zu beherrschen, ist es weder im Haus noch im Kanu, noch auf den kleinen Inseln sicher. Die Mutter oder Tante hat in dieser Zeit die Funktion einer Sklavin, die das Kind nicht eine Minute lang aus den Augen lassen darf und jeden Schritt verfolgen muß. Daher wird jede neuerworbene Fertigkeit gelobt und immer wieder geübt. Ganze Gruppen von eifrigen Männern und Frauen scharen sich um das Kind, das seine ersten Schritte tut, aber es findet sich kein Publikum, das über den ersten Fall in Mitleid ausbricht. Das Kind wird liebevoll, aber energisch wieder auf die Füße gestellt, damit es sich von neuem versucht. Die einzige Möglichkeit für das Kind, das Interesse der bewundernden Zuschauer wachzuhalten, ist, es noch einmal zu wagen. So lernt es, das Selbstmitleid zu unterdrücken und einen neuen Vorstoß zu probieren.

Sobald das Kind ein wenig umhertappen kann, wird es bei Ebbe ins Wasser gesetzt, wenn der Boden teils frei, teils noch mit Wasser bedeckt ist. Hier sitzt es und spielt im Wasser oder macht ein paar zögernde Schritte in den nachgebenden weichen Schlamm. Die Mutter geht nicht von seiner Seite, läßt es aber auch nicht so lange dort, daß es ermüdet. Das etwas ältere Kind darf bei Ebbe herumwaten. Die Eltern achten sorgfältig darauf, daß es nicht in tiefes Wasser geht, ehe es schwimmen kann. Aber die Überwachung geschieht ohne Zwang. Die Mutter ist immer da, wenn das Kind in Schwierigkeiten gerät, quält es aber nicht ständig mit Ermahnungen wie »Das darfst du nicht!« Seine ganze Spielwelt ist so eingerichtet, daß es kleine Fehler machen darf, aus denen es an Urteil und Umsicht gewinnt; es darf jedoch niemals so schwerwiegende Fehler machen, daß es einen bleibenden Schrecken davonträgt und seine Aktivität behindert wird. Es ist wie ein Seiltänzer und lernt Kunststücke, die uns viel zu schwierig für ein kleines Kind vorkommen würden, aber unter dem Seil ist ein Netz sachverständiger elterlicher Fürsorge gespannt. Wenn wir entsetzt sind, ein kleines Kind an der Spitze des Kanus allein sitzen zu sehen, wo nichts es daran hindert, über Bord zu gehen, so wären die Manus ebenso erstaunt darüber, daß die amerikanische Mutter ein zehnjähriges Kind davor warnen muß, seine Finger unter einen Schaukelstuhl zu legen oder sich aus dem Wagen zu lehnen. Und abstoßend wäre für sie der Versuch, Kinder dadurch ans Wasser zu gewöhnen, daß man sie einfach untertaucht. Die Vorstellung, daß ein Erwachsener ein Kind freiwillig in eine unangenehme Situation bringt – d. h. seine überlegene Stärke ausnützt, um das Kind zu etwas zu zwingen –, würde sie mit großer Empörung erfüllen. Für uns könnte es vielleicht auch nach Zwang aussehen, wenn man Kinder mit drei Jahren schwimmen und noch früher wie junge Affen in den Bäumen herumklettern läßt, daß sie alle Energie und Kraft, die sie besitzen, gebrauchen lernen. Tatsächlich aber handelt es sich dabei um eine gemessene Forderung.

Schwimmen wird nicht gelehrt: die kleinen Wasserplantscher machen es ihren etwas größeren Geschwistern nach, und nach einigem Herumzappeln im seichten Wasser, das ihnen bis zur Hüfte reicht, fangen sie an, auf eigene Faust loszugehen. Standfestigkeit auf dem Land und Schwimmen fallen zeitlich etwa zusammen, so daß ein Zauberspruch für eine Frau, die eben entbunden hat, lautet: »Du sollst kein weiteres Kind bekommen, ehe dieses hier laufen und schwimmen kann.« Sobald die Kinder ein wenig schwimmen können, ohne jeglichen Stil zwar, jedoch sehr schnell, bekommen sie eigene kleine Kanus. Diese Kanus sind eineinhalb bis zwei Meter lang, meist ohne Ausleger, nichts anderes als hohle Tröge, die schwer zu lenken sind und leicht kentern. Mit anderen Kindern, die etwa ein Jahr älter sind, spielen die kleinen Neulinge den ganzen Tag im seichten Wasser, paddeln, staken, veranstalten Wettrudern, hängen mehrere Kanus zusammen, bringen sie zum Kentern, schöpfen sie wieder aus und kreischen dabei vor Begeisterung und Vergnügen. Die heißeste Sonne treibt sie nicht ins Haus, und der heftigste Regen verwandelt nur ihren Spielplatz in neue und ungewohnte Möglichkeiten, die sie mit Entzücken wahrnehmen. Mehr als die Hälfte ihres Tages verbringen sie im Wasser und lernen so, sich darin zu Hause zu fühlen.

Nachdem sie nun ein wenig schwimmen können, klettern sie ungehindert auf den großen Kanus herum, springen vom Bug ins Wasser, klettern hinten wieder hinein oder klettern über den Ausleger hinaus und schwimmen neben dem Kanu her, sich mit einer Hand an dem beweglichen Auslegerteil festhaltend. Die

Eltern haben niemals so große Eile, daß sie dieses nützliche Spiel verbieten müßten.

Die nächste Phase der Beherrschung des Wassers ist erreicht, wenn das Kind anfängt, ein großes Kanu zu staken. Frühmorgens wimmelt es im Dorf von Kanus, die Eltern sitzen in der Mitte des Bootes, während Dreijährige die Kanus staken, die drei oder viermal so lang sind wie sie selbst. Auf den ersten Blick könnte man diese Prozession für eine plumpe Schaustellung oder eine besonders augenfällige Form der Ausnützung von Kindern halten. Der Vater, einen Meter achtzig oder neunzig groß und hundertfünfzig Pfund schwer, sitzt lässig da. Das Kanu, ein Einbaum aus festem Holz, ist lang und schwer, der unhandliche Ausleger macht das Steuern schwierig. Am Ende des langen Fahrzeuges, unsicher auf dem schmalen Bord stehend, den es mit den winzigen Zehen umklammert, kämpft ein kleines braunes Wesen tapfer mit der langen Ruderstange. Es ist so klein, daß man es eher für eine Heckverzierung halten könnte als für den Führer des schwerfälligen Bootes. Mit großer Kraftanstrengung, aber im Schneckentempo wird das Kanu durch das Dorf getrieben, zusammen mit anderen ähnlich bemannten Booten. Der ganze Aufwand ist ein Teil des Systems, das die Kinder dazu bringt, körperlich ihr Bestes zu leisten. Der Vater hat es eilig. Es erwartet ihn viel Arbeit. Er hat vielleicht eine weite Fahrt vor oder muß ein wichtiges Fest vorbereiten. Ein Kanu auf der Lagune zu rudern oder zu staken ist für ihn die einfachste Sache der Welt, leichter als das Gehen. Aber damit sein kleines Kind sich wichtig fühlen kann und lernt, des harten Lebens auf dem Wasser Herr zu werden, sitzt er untätig im Boot und läßt den kleinen Bootsmann arbeiten. Und auch hier gibt es keine unfreundlichen Worte, wenn das Kind ungeschickt steuert, nur völliges Unbeteiligtsein. Aber der erste sichere, geschickte Ruderschlag, der das Kanu wieder auf den richtigen Weg bringt, wird laut gelobt.

Den Beweis für die Richtigkeit dieses Trainings liefert der Erfolg. Die Manus-Kinder sind im Wasser völlkommen zu Hause. Weder fürchten sie es, noch bietet es ihnen besondere Schwierigkeiten oder Gefahren. Die Anforderungen haben sie scharfsichtig, findig und körperlich geschickt gemacht wie die Eltern. Jedes Kind kann mit fünf Jahren gut schwimmen. Ein Manus-Kind, das nicht schwimmen kann, wäre genauso unnormal wie ein amerikanisches Kind, das mit fünf Jahren noch nicht laufen kann. Ehe ich nach Manus ging, überlegte ich mir, wie ich wohl die kleinen Kinder zusammenholen könnte. Ich stellte mir eine Art von Sammelkanu vor, das jeden Morgen herumfahren und sie holen würde. Ich hätte mich nicht zu sorgen brauchen. Es gibt für die Kinder keine Schwierigkeiten, von Haus zu Haus zu gelangen: sie nehmen ein kleines oder großes Kanu, oder sie schwimmen an ihr Ziel mit einem Messer zwischen den Zähnen.

Nach der gleichen Methode lernen die Kinder auch in anderer Beziehung, sich ihrer Umwelt anzupassen. Jeder Fortschritt, jeder ehrgeizige Versuch wird mit Beifall belohnt; allzu ehrgeizige Pläne werden sanft unterdrückt; über kleine Fehler wird hinweggesehen, auf schwerere jedoch folgt Strafe. So wird ein Kind, das schon laufen kann, nicht mitleidig hochgenommen und getröstet, wenn es gefallen ist und sich den Kopf angeschlagen hat – wodurch nur eine fatale Verbindung zwischen körperlichem Schmerz und Extraliebkosung entstehen würde –, sondern der kleine Tolpatsch wird wegen seiner Ungeschicklichkeit ausgezankt, und wenn er sich sehr dumm angestellt hat, obendrein noch ordentlich verhauen. Wenn das Mißgeschick sich im Kanu oder auf der Veranda ereignet hat, wird er einfach von dem ärgerlichen Erwachsenen verächtlich ins Wasser gesetzt, wo er über seinen Fehler nachdenken kann. Wenn das Kind das nächste Mal fällt, wird es nicht erwartungsvoll herumblicken, wer es in seinem Kummer trösten wird, wie es so oft bei unseren Kindern der Fall ist, sondern es hofft, daß niemand seinen Ausrutscher bemerkt hat. Diese Erziehungsmethode, so streng und mitleidlos sie auf den ersten Blick auch aussieht, bewirkt, daß die Kinder sich motorisch vollkommen gleich entwickeln. Ein vierzehnjähriges Kind mit geringerer Begabung unterscheidet sich nicht von den übrigen, es sei denn durch eine besondere Fertigkeit wie z. B. Speerwerfen. In den alltäglichen Beschäftigungen, wie Schwimmen, Paddeln, Rudern, Klettern, ist das Leistungsniveau allgemein sehr hoch. Ungeschicklichkeit, körperliche Unsicherheit, Unausgeglichenheit sind unter den Erwachsenen unbekannt. Die Manus haben wohl einen starken Sinn für Unterschiede in Können und Wissen und sind gleich bei der Hand, jemanden als dumm oder langsam beim Lernen oder vergeßlich zu bezeichnen. Aber sie haben keinen Ausdruck für Ungeschicklichkeit. Geringere Leistungen bei einem Kind werden einfach mit den Worten: »Es versteht es *noch* nicht!« vermerkt. Daß es die Kunst, mit seinem Körper oder seinem Kanu umzugehen, nicht schon sehr früh oder überhaupt nicht erlernen könnte, ist für sie undenkbar.

In manchen Gesellschaften bedeutet es für die Erwachsenen mehr Arbeit, wenn ein Kind laufen kann. Sobald das Kind läuft, stellt es eine ständige Bedrohung der Dinge dar: es zerbricht Teller, verschüttet die Suppe, zerreißt Bücher, bringt die Strickwolle durcheinander. Auf Manus dagegen, wo Besitz als heilig gilt und man um verlorene Dinge jammert wie um einen Toten, wird den Kindern Respekt vor dem Besitz von den ersten Jahren an beigebracht. Ehe sie noch laufen können, werden sie getadelt und bestraft, wenn sie irgend etwas anfassen, was ihnen nicht gehört. Es war manchmal ermüdend, den Müttern zuzuhören, wenn sie den zwischen unseren für sie neuen und fremdartigen Besitztümern herumtappenden Kindern ständig zuriefen: »Das gehört nicht dir, laß es liegen! Stells wieder hin! Das gehört Piyap. Das gehört Piyap. Das gehört Piyap. Laß es liegen!« Aber wir ernteten den Lohn für diese endlosen Bemühungen: Alle unsere Sachen, faszinierende rote und gelbe Konservendosen, photographisches Material, Bücher – alles war sicher vor diesen Zwei- und Dreijährigen, die in den meisten andern Gesellschaften mit solcher Beute wie ungezähmte Vandalen umgegangen wären. Wie bei der Leibeserziehung wird es auch sonst niemals dem Kind leicht gemacht, weniger von sich zu verlangen, als es geben kann. Nie werden Dinge, die das Kind nichts angehen, aus seiner Reichweite genommen. Die Mutter breitet ihre kleinen, hellschimmernden Perlen neben dem herumkriechenden Kind auf einer Matte, in einer flachen Schale oder auf dem Boden aus, und dem Kind wird beigebracht, sie nicht zu berühren. Wenn sogar Hunde so gut abgerichtet sind, daß Fische eine Stunde lang ungefährdet auf dem Boden liegengelassen werden können, gibt es auch für die kleinen Menschenwesen keine Entschuldigung. Ein Kleinkind ist brav, wenn es niemals etwas anfaßt; ein größeres Kind ist brav, wenn es niemals etwas anfaßt und niemals etwas verlangt, das ihm nicht gehört. Das ist das einzige, was an sittlichem Verhalten von den Kindern gefordert wird. Und ebenso wie die körperliche Zuverlässigkeit der Kinder es erlaubt, sie allein zu lassen, so macht es ihre anerzogene Haltung gegenüber dem Besitz auch möglich, einen Haufen tobender Kinder in einem Haus voller Gegenstände allein zu lassen. Den Töpfen geschieht nichts, kein Räucherfisch wird von den Brettern heruntergeholt, keine Muschelgeldkette wird zum Tauziehen benutzt oder ins Wasser fallengelassen. Auch der geringste Bruchschaden wird erbarmungslos bestraft. Einmal lag ein Kanu eines andern Dorfes in der Nähe einer der kleinen Inseln vor Anker. Drei achtjährige Mädchen kletterten in das Boot und warfen einen Topf ins Wasser, der auf einen Stein aufschlug und zerbrach. Die ganze Nacht hindurch erklangen im Dorf Trommelwirbel und erregte Ansprachen, in denen die unachtsamen Kinder beschuldigt, ihr Tun mißbilligt und der Schaden bedauert wurde. Die Väter zeigten sich von zorniger Scham erfüllt und beschrieben, wie sie die kleinen Bösewichter verhauen hatten. Die Spielgefährten der Kinder, weit davon entfernt, eine so kühne Untat zu bewundern, zogen sich in hochmütiger Mißbilligung von ihnen zurück und verspotteten sie im Chor.

Jedes Zerbrechen von Sachen, jede Unachtsamkeit wird bestraft. Die Eltern gehen nicht das eine Mal über das Zerbrechen eines Topfes hinweg, weil er bereits einen Sprung gehabt hat, und bekommen das andere Mal einen Wutanfall, weil ein unbeschädigter Topf zerbrochen wurde – so wie amerikanische Eltern dem Kind erlauben, einen Kalender oder das Telefonbuch zu zerreißen, und sich dann wundern, warum es nicht versteht, daß es die Familienbibel nicht zerreißen darf. Einen Fischschwanz, ein Stückchen Taro, eine halbverfaulte Betelnuß darf man sich ebensowenig ungestraft aneignen wie eine Schüssel Festmahlzeit. Mit gleicher Unerbittlichkeit werden Diebstähle untersucht. Von der kleinen zwölfjährigen Mentun hieß es, sie sei eine Diebin, und manchmal wurde sie deshalb von anderen Kindern verhöhnt. Warum? Sie war dabei beobachtet worden, wie sie auf dem Wasser schwimmende Gegenstände, etwas Eßbares, eine Banane, an sich nahm, die offenbar aus einem der nahegelegenen Häuser heruntergefallen waren. Solche Beute sich anzueignen, ohne vorher die Runde bei den etwaigen Eigentümern zu machen, wird als Diebstahl angesehen. Mentun mußte in den folgenden Monaten die größte Vorsicht walten lassen, wenn ihr nicht in aller Zukunft jedes Verschwinden einer Sache zur Last gelegt werden sollte. Ich hörte nie auf, mich über die Kinder zu wundern, die mir jedes Stückchen des von ihnen heißbegehrten Papiers brachten, das sie neben der Veranda oder auf dem Inselchen nahe dem Haus gefunden hatten, und fragten: »Piyap, ist das gut oder nicht gut?«, ehe sie die zerknitterten Überreste mitnahmen.

Die Kenntnisse, die die kleinen Kinder sich aneignen müssen, sind »Das Haus verstehen«, »Das Kanu verstehen« und »Die See verstehen«.

Zu »Das Haus verstehen« gehört, daß man vorsichtig über

schadhafte Böden geht, daß man die Leiter oder an den gekerbten Pfosten von der Veranda zum Haus hinaufsteigen kann, daß man daran denkt, ein Bodenbrett wegzuheben, wenn man ausspucken oder urinieren muß oder Abfälle wegwerfen will, daß man alle auf dem Boden liegenden Sachen respektiert, daß man nicht auf Gestelle oder Hausteile klettert, die unter dem Gewicht nachgeben könnten, daß man keinen Schmutz und Plunder ins Haus bringt.

An den beiden Seitenwänden des Hauses gegen die Mitte zu befinden sich je zwei Feuerstellen; mindestens in einer davon brennt dauernd Feuer. Sie bestehen aus einer dicken Schicht feiner Holzasche auf einer Unterlage von schweren Matten, die von großen Hartholzklötzen begrenzt sind. Jede Feuerstelle mißt etwa einen Quadratmeter. In der Mitte befinden sich drei oder vier große Steine, die als Unterlage für die Kochtöpfe dienen. Gekocht wird mit kleinem Holz, das Feuer wird mit größeren Klötzen in Gang gehalten. Niedrige Gestelle mit ordentlich geschichtetem Holz rahmen die Feuerstelle ein. Über dem Feuer hängen die Bretter, auf denen die Fische geräuchert werden. »Verstehen des Feuers« bedeutet zu wissen, daß Feuer die Haut oder das Dach oder dünnes Holz oder Stroh verbrennt, daß glimmende Asche aufflammt, wenn man hineinbläst, daß Asche, wenn man sie entfernt, mit großer Sorgfalt getragen werden muß, ohne daß man ausgleitet oder sie in Berührung mit anderen Gegenständen bringt, daß Wasser das Feuer auslöscht. »Das Feuer verstehen« schließt jedoch nicht das Feuermachen ein, eine Kunst, die die Knaben erst mit zwölf oder dreizehn Jahren lernen. (Feuer wird nie von Frauen angemacht, sie dürfen nur dadurch helfen, daß sie die glimmende Asche mit den Händen abschirmen.)

»Das Kanu und das Meer verstehen« kommt bald nach dem Verstehen von Haus und Feuer, die beide einen Teil der kindlichen Umwelt von der Geburt an bilden. Die Kenntnis eines Kindes vom Kanu wird als ausreichend angesehen, wenn es folgende Fertigkeiten beherrscht: auf zwei schmalen Leisten stehend das Gleichgewicht zu halten; das Kanu mit Sorgfalt zu staken; so gut zu paddeln, daß man mit einer leichten Brise fertig wird; das Kanu unter ein Haus zu bringen, ohne mit den Auslegern anzustoßen; ein Kanu aus einer Flotte von Kanus herauszumanövrieren, die dicht zusammengedrängt neben der Plattform eines Hauses oder am Ufer einer der kleinen Inseln liegen, ein Kanu leer zu schöpfen, indem man mit einer geschickten Vorwärts- und Rückwärtsbewegung abwechselnd Bug und Heck nach oben bringt. Kenntnis des Segelns gehört nicht dazu. »Die See verstehen« bedeutet schwimmen, tauchen, unter Wasser schwimmen können und wissen, wie man Wasser aus Nase und Hals wieder herausbekommt, nämlich indem man den Kopf nach vorn beugt und auf das Genick schlägt. Diese vier Fertigkeiten beherrschen schon Fünf- bis Sechsjährige.

Die Kinder lernen dadurch sprechen, daß die Männer und älteren Knaben so gern mit ihnen spielen. Man hält es nicht für nötig, daß ein Kind richtigen Unterricht bekommt; es lernt nur durch das Spielen mit den Erwachsenen. Eine Hilfe dabei ist z. B. die Freude am Wiederholen. Die melanesischen Sprachen gebrauchen sehr oft die Wiederholung, um die Rede zu intensivieren. »Weit gehen« wird ausgedrückt durch »gehen, gehen, gehen«, »sehr groß« durch »groß, groß, groß«. Eine gewöhnliche Erzählung lautet etwa so: »Der Mann ging, ging, ging. Nach einer Weile war es dunkle, dunkle Nacht. Er schlief, schlief, schlief, schlief, schlief. Am Morgen wachte er auf. Seine Kehle war trocken, trocken, trocken. Er schaute, schaute nach Wasser, fand aber keines. Dann wurde sein Bauch böse, böse«, usw. Genau genommen, haben diese Wiederholungen die Funktion, Dauer oder Intensität auszudrücken, aber oft läuft die Gewohnheit mit dem Erzähler davon, so daß er dann sagt: »Nun traf er eine Frau. Ihr Name war Sain, Sain, Sain«, oder sogar eine Präposition oder andere Partikel wiederholt. Auch wenn mehrere Leute zusammen sind, neigen sie dazu, einen Satz aufzugreifen und ihn zu wiederholen oder einen kleinen monotonen Gesang daraus zu machen. Dies besonders dann, wenn jemand zufällig einen Satz in singendem Tonfall oder in einem von der übrigen Konversation abweichenden Ton oder auch zu sich selbst spricht. Die gleichgültigsten Sätze wie »Ich verstehe nicht!« oder »Wo ist mein Kanu?« werden dann auf diese Art in einen Singsang verwandelt, den die Gruppe minutenlang mit größter Befriedigung wiederholt. Besonderheiten der Aussprache und des Akzents werden ebenfalls festgehalten und auf die gleiche Weise nachgeahmt.

Diese Liebe für Zufallswiederholungen schafft eine vorzügliche Grundlage für das Kind, das so Leichtigkeit der Rede erlernt. Niemals langweilen sich die Erwachsenen bei den wenigen mangelhaften Wörtern des kleinen Kindes. Gerade dieses tastende Sprechen bildet einen willkommenen Vorwand, der eigenen Vorliebe für das Wiederholen nachzugeben. Sagt das

Kind »mir«, so sagt auch der Erwachsene »mir« und so fort im gleichen Ton. Ich habe bis zu sechzig Wiederholungen des gleichen einsilbigen Wortes gehört – eines richtigen Wortes oder irgendeines erfundenen. Auch nach der sechzigsten Wiederholung war weder das Kind noch der Erwachsene müde. Das Kind mit seinem Repertoire von zehn Wörtern verbindet ein Wort wie *mir* oder *Haus* mit der Person, die mit ihm dieses Spiel gespielt hat, und wenn dieser Onkel oder diese Tante in einem Kanu vorüberfährt, ruft es voller Hoffnung »mir« oder »Haus« hinüber. Und nie wird es enttäuscht: der liebevolle Erwachsene ist genauso erfreut wie das Kind und ruft »mir« oder »Haus« zurück, bis das Kanu außer Hörweite ist. Kleine Mädchen werden von den Erwachsenen gewöhnlich mit »Ina«, kleine Jungen mit »Ina« oder »Papu« angesprochen; das Kind erwidert »Ina« oder »Papu«, wodurch zwei Gegenstücke hergestellt werden, die im formellen Verwandtschaftssystem nicht vorhanden sind.

Was für die Rede gilt, gilt ebenso für die Gesten. Die Erwachsenen machen den Kindern Gesten vor, bis das Kind selbst die Gewohnheit entwickelt, sie nachzumachen, was auf den ersten Blick zwanghaft aussieht. Dies gilt besonders für den Gesichtsausdruck, für Gähnen, Augenschließen und Mundbewegungen. Sogar einer meiner Bleistifte, der an einem Ende einen menschlichen Kopf und Oberkörper hatte, regte die Kinder zu dieser Nachahmung an. Die kleine Figur hatte eine vorgewölbte Brust, und die dünnen Lippen erschienen den Eingeborenen zusammengepreßt. Fast jedes Kind, das den Bleistift zum erstenmal sah, wölbte die Brust heraus und preßte die Lippen zusammen. Ich zeigte den Kindern auch eine der tanzenden Papierpuppen, die mit unglaublicher Leichtigkeit vibrieren, wenn man sie an einem Bindfaden aufhängt. Ehe die Kinder anfingen, das seltsame Spielzeug zu bewundern, zappelten sie mit ihren Armen und Beinen ebenso herum wie die Puppe.

Diese Angewohnheit des Nachahmens ist jedoch nicht auf einen Zwang zurückzuführen; denn das Imitieren hört sofort auf, wenn es zum Bewußtsein gebracht wird. Fordert man ein Kind, das sklavisch alle Bewegungen nachgeahmt hat, auf, eine bestimmte Bewegung nachzuahmen, so zögert es, denkt nach und weigert sich in den meisten Fällen. Es handelt sich wohl um eine reine Gewohnheit, eine ursprüngliche menschliche Neigung, die in der frühen Kindheit sehr stark begünstigt wird und in dem gleichförmigen Reden und Singen der Erwachsenen erhalten bleibt. Am deutlichsten tritt sie bei den Ein- bis Vierjährigen in Erscheinung; ihr frühzeitiger Verlust steht in gewisser Beziehung mit Frühreife auf anderen Gebieten.

Die Erwachsenen und die älteren Kinder interessieren sich sehr für die Sprechversuche der Kleinen und stellen die verschiedenen Grade der Begabung fest. Auch die Sprechfreudigkeit der verschiedenen kleinen Kinder bildet oft den Gegenstand von Unterhaltungen. »Der da redet die ganze Zeit. Nichts kann er tun, ohne zu sagen, daß er es tut.« Oder: »Die da spricht fast gar nicht, nicht einmal, wenn man mit ihr redet, aber die Augen passen auf alles auf.« Trotz der großen Mühe, die man darauf verwendet, gibt es viele Kinder, die nicht sprechen wollen; aber das dürfte eher eine Frage des Temperaments als der Intelligenz sein. Wenn ruhige Kinder dann zu sprechen anfangen, ist ihr Wortschatz ebenso groß wie der der schwatzhaften, und sehr oft ist ihr Wissen von der Umwelt größer.

Kinder, die zur Schwatzhaftigkeit ermuntert werden, nehmen diese Gewohnheit oft mit in ihr Erwachsenenleben hinüber. Man ist versucht, einen Vergleich zu ziehen zwischen dem Kind, das sich auf seinem neuen Instrument, der Sprache, ständig übt (»Das ist mein Boot. Komm mit. Steig in mein Boot. Mein Boot ist jetzt im Wasser. Ganz im Wasser. Die andern Boote sind auch im Wasser. Nimm das Ruder. Ich nehme das Ruder. Ich will paddeln. Nein, ich will nicht paddeln. Ich will staken. Das ist meine Stakstange. Meine Stange. Staken.« usw.), und dem Mann, der seine paar Brocken Eingeborenen-Englisch pflegen will und sie in ununterbrochenem Redestrom von sich gibt: »Gib ihm Hammer. Gut. Hau drauf. Hau drauf. Hau auf Nagel. Hammer gut auf Nagel. Gut. Ich geben ihm. Er gleich drin. Okay.« Diese Begleitung der Arbeit durch Reden findet man unter den intelligenteren Männern nicht.

Die Wiederholung ist ein sehr nützliches Mittel, um den jüngeren Kindern dieses Pidgin-Englisch beizubringen. Junge Männer, die fort gewesen waren, um für den weißen Mann zu arbeiten, lehren es die größeren Jungen, die ihr Wissen dann an die Kleinen weitergeben. Beim Lernen des Pidgin besteht ein gewisser Kastengeist; denn die Frauen, die nicht zum Arbeiten fortgehen, können es nicht erlernen. Aber oft sieht man zwei oder drei vierzehnjährige Jungen um einen kleinen Drei- oder Vierjährigen herumstehen und ihn »unterrichten«. Ein älterer Junge gibt die Stichworte: »Ich glaube, er kann.« »Ich nicht glaube, er kann.« »Ich mögen *kai kai* (essen).« »Ich mögen *kai*

kai Fisch.« Und das Kind wiederholt diese Sätze mit seiner piepsenden Stimme, ohne etwas von ihrem Sinn zu verstehen. Aber da das System so gut zu dem Spiel des Wiederholens nur um des Wiederholens willen paßt, wird weder der Lehrer noch der Schüler müde, mit dem Ergebnis, daß der Dreizehn- und Vierzehnjährige perfekt Pidgin spricht, ohne jemals sein isoliertes Dorf verlassen zu haben. Für die kleinen Eingeborenen ist das Erlernen der Pidginsprache eine Tat wie für unsere Kinder das Erlernen der französischen Sprache durch ähnliche Methoden. Es bedeutet ein großes neues Vokabular, neue Redewendungen, das Aussprechen einiger ungewohnter Laute. In dieser Atmosphäre der Freude am Wiederholen und Nachahmen wird eine neue Sprache mühelos von einer Altersgruppe an eine andere weitergegeben. Nicht nur die Bereitschaft zu lehren und der Spaß an der Unterrichtsstunde sind das Wesentliche daran, sondern eben auch das ununterbrochene Üben bei den kleinen Kindern. So wie das Kleinkind seine ersten Manus-Worte unermüdlich durch hundertfache Wiederholung einer Silbe geübt hat, so sagt der Sechsjährige lange Passagen auf Pidgin-Englisch in vollkommener Aussprache und Betonung her, ohne allerdings mehr als ein Zehntel davon zu verstehen.

Die Mädchen sind oft bei solchen Unterrichtsstunden anwesend, und sie hören zu, wenn die Männer mit den Jungen Pidgin reden. Wenn die Männer ärgerlich sind, sprechen sie auch mit den Mädchen und Frauen Pidgin; aber über deren Lippen kommt niemals ein Pidginwort, mit Ausnahme von zwei Gelegenheiten: Delirierende Frauen sprechen ausgezeichnet Pidgin, was die Eingeborenen damit erklären, daß der Mund der Frau vom Geist eines früheren jungen Arbeiters besessen ist. Die andere Ausnahme ist noch bezeichnender: Kleine Mädchen lehren in Nachahmung ihrer Brüder die kleineren Kinder die Sprache, die sie sich sonst zu sprechen weigern, ja nicht einmal verstehen wollen. Der Wunsch, den Unterricht nachzuahmen, ist stärker als die Konvention, die sie daran hindert, ihre Kenntnis der fremden Sprache preiszugeben. Beide Beispiele sind interessant, weil sie zeigen, daß man lernen kann, ohne jemals laut zu üben. Man kann sie mit den Fällen vergleichen, in denen Kinder, deren Sprechfähigkeit sich besorgniserregend verzögert, dann plötzlich in ganzen Sätzen zu sprechen anfangen.

Noch etwas anderes wird durch Nachahmung erlernt: Tanzen und Trommeln. Die kleinen Mädchen lernen tanzen, indem sie ihren Müttern und Schwestern beim Schildkrötentanz zuschauen, der veranstaltet wird, um den Staub eines Sterbehauses abzuschütteln. Gelegentlich wird ein Kind auch zu Hause zum Tanzen angeregt, während die Mutter den Takt auf dem Fußboden schlägt. Die Sechs- und Siebenjährigen kennen bereits den einfachen Tanzschritt: Füße zusammengestellt, ein rascher Sprung zur Seite und zurück in die alte Position zum Takt der Trommel. Der Tanz der Männer ist schwieriger. Das gewöhnliche Lendentuch wird abgelegt und durch eine weiße Seemuschel zum Bedecken der Genitalien ersetzt. Der Tanz besteht aus ziemlich raschen Bein- und Körperbewegungen, die gymnastische phallische Schaustellung bezwecken. Inhaltlich ist es ein Tanz zeremonieller prahlerischer Herausforderung und zeremonieller Beleidigung, der meistens dann aufgeführt wird, wenn anläßlich einer Zahlung zwischen zwei verschwägerten Familiengruppen großer Wohlstand zur Schau gestellt werden soll. Die Partei, die ihre Zahlungen in Hundezahn- und Muschelwährung leistet, tanzt und fordert die andere Partei auf, genug Öl und Schweine zur Gegenleistung zusammenzubringen. Die Herausgeforderten zeigen nun mit ihrem Tanz, daß sie die Verpflichtung unbedenklich übernehmen. Alle kleineren Kinder sind bei der Zeremonie anwesend und beobachten die athletischen Heldentaten der Männer. Vier- und fünfjährige Knaben fangen an zu üben, und der Tag, an dem sie die Kunst beherrschen, den Penis zwischen den Beinen zu fangen und dann heftig nach vorn und von einer Seite zur andern zu schleudern, ist ein so stolzer Tag, daß sie wochenlang den Tanz bei jeder Gelegenheit zur großen Belustigung der Erwachsenen aufführen. Etwas ältere Knaben von zehn und zwölf Jahren tragen eine aus Nußkernen nachgemachte Muschel als Bedeckung und üben in Gruppen.

Bei jedem Tanz gibt es ein Orchester, bestehend aus geschlitzten Trommeln aller Größen, die von den besten Trommlern des Dorfes geschlagen werden. Die vier- und fünfjährigen Jungen setzen sich neben kleine hohle Holzblöcke oder Bambusstücke und trommeln unermüdlich im Takt des Orchesters. Dieser Zeit der unbefangenen Nachahmung folgt dann eine Zeit der Befangenheit, in der ein Zehn- oder Zwölfjähriger sich nicht dazu bewegen läßt, in der Öffentlichkeit eine Trommel anzurühren; nur zu Hause, in Gegenwart von wenigen älteren Knaben übt er und bildet die bei früherem Üben erworbene Beweglichkeit der Handgelenke und seinen Sinn für Rhythmus weiter aus. Die Mädchen üben weniger; denn ihnen fällt nur ein einziger Trommelschlag im späteren Leben zu: das Todestrommeln.

Die Kinder verstehen die Trommelsprache, machen jedoch keinen Versuch, sie anzuwenden. Sie besteht aus einer Reihe von feststehenden Sätzen, die bedeuten »Komm nach Hause«, oder »Ich gebe jetzt an, in wievielen Tagen ich etwas tun werde« usw. Auf den ersten Satz folgt eine bestimmte Kombination von Schlägen, die jeweils für einen bestimmten Haushalt und alle seine Mitglieder gilt. Dem zweiten folgen langsame, von einem bestimmten Zwischenraumschlag unterbrochene Schläge. Jeder im Dorf hört auf zu arbeiten oder zu spielen, um diese Schläge zu zählen; aber nur, wer weiß, wer der Trommler ist und was er in nächster Zukunft vorhat, kann die Ankündigung richtig interpretieren. Die Kinder halten im Spiel inne, um zu hören, was für ein Hausruf auf die Einleitung folgt; wenn es nicht derjenige ihres eigenen Hauses ist, setzen sie ihr Spiel fort. Selten kümmern sie sich weiter um den Trommelruf. Wird ein Datum angekündigt, so zählen sie mechanisch die Tage und versuchen vielleicht zu erraten, wer trommelt. Dann hört ihr Interesse auf. Jede Zeremonie gleicht zu sehr allen anderen, als daß sie noch interessant wäre. Nur bei drei Trommelrufen ist dies anders: bei der Ankündigung, daß jemand im Sterben liegt, daß jemand gestorben ist, und bei dem Trommelschlag, der »Verdruß« bedeutet – Diebstahl oder Ehebruch. Dann wird das Spiel unterbrochen und vielleicht ein kleiner Junge ausgesandt, um Erkundigungen einzuziehen. Der Trommelschlag bei Tod ist so einfach, daß auch Kinder ihn ausführen können, und manchmal, wenn es sich um den Tod einer weniger wichtigen Person handelt, wird er auch einem Kind überlassen.

Auch das Singen lernen die jüngeren Kinder durch Nachahmen der älteren. Der Gesang ist monoton und besteht aus ganz einfachen Sätzen, die mehr oder weniger Beziehung zueinander haben. Mehrere Kinder drängen sich auf dem Fußboden zusammen und leiern diesen eintönigen Singsang stundenlang vor sich hin, ohne irgendwelche Anzeichen von Langeweile und Überdruß. Auch wenn sie frieren oder traurig sind oder sich nachts fürchten, singen sie.

Ebenso wird auch die Kriegskunst durch spielerische Nachahmung erlernt. Die Männer benutzen Speere aus Bambusschäften mit pfeilförmigen Spitzen aus Obsidian. Die Kinder machen sich kleine Holzspeere von etwa dreiviertel Meter Länge und befestigen daran als Spitze Schilfrohr. Je ein Junge stellt sich auf eine der kleinen Inseln, jeder mit einer Handvoll Speere, und gleichzeitig schleudern sie ihre Speere aufeinander. Das Ausweichen wird als ebenso große Geschicklichkeit gewertet wie das Werfen; denn die Manus benutzen keine Schilde, und dem Regen der feindlichen Speere kann man nur durch Ausweichen begegnen. Diese Kunst erfordert frühes Training, und die zehn- und zwölfjährigen Jungen sind schon große Könner mit ihren leichten Waffen. Die älteren Männer und Knaben, die auf der Insel an Kanus bauen oder vorüberpaddeln, halten inne, um einen guten Speerwurf mit Beifall zu bedenken. Auch hier werden die Kinder durch Lob gefördert, aber niemals ausgelacht oder verspottet.

Auch das Fischen wird frühzeitig gelernt. Die älteren Männer machen Pfeile und Bogen und kleine spitze Fischspeere für die Knaben. Mit diesen gehen die Kinder bei Ebbe in Gruppen durch die Lagune, umwandern die kleinen felsigen Inseln, bahnen sich ihren Weg durch die üppige Meeresflora und erlegen mit ihren Speeren kleine Fische. Ihr Fang ist nicht groß genug, um gegessen zu werden, es sei denn, sie fangen in ihren Spinnwebnetzen einen Schwarm Elritzen. Mit diesem Fischfangspielen beschäftigen sich Kinder vom dritten bis zum fünfzehnten Jahr ziemlich planlos. Die größeren unternehmen selbständig Ausflüge oder schließen sich jungen Männern zum Schildkröten-, Dugong- und Sonnenfischfang an.

Kleine Kinder werden manchmal auch von ihren Vätern zum Fischen mitgenommen. Fast noch Säuglinge, schauen sie schon bei diesen Arbeiten zu, die sie erst auszuführen haben, wenn sie erwachsen sind. Manchmal hört man in der Morgendämmerung ein Kind zornig durchs ganze Dorf schreien; es hat entdeckt, daß der Vater zum Fischen weggefahren ist, ohne es mitzunehmen. Das geschieht jedoch nur bei Jungen unter sechs oder sieben Jahren. Die größeren ziehen die Gesellschaft anderer Kinder und Halberwachsener vor und meiden die Erwachsenen. Ein Vierzehn- und Fünfzehnjähriger begleitet niemals seine Eltern zu ihren gewöhnlichen Arbeiten, es sei denn, er hat sich mit seinen Spielkameraden verzankt. Die ersten Tage nach einem solchen Streit heftet er sich an die Fersen der Eltern und zeigt sich betont hilfsbereit, wird ihnen aber sofort wieder untreu, sobald die Freundschaft wiederhergestellt ist.

Die kleinen Mädchen gehen wenig zum Fischen. Solange sie noch ganz klein sind, nimmt der Vater sie manchmal mit, aber zu dieser Art von Fischerei werden sie als erwachsene Frauen niemals herangezogen. Das Fischen der Frauen ist auf das Riff beschränkt, wo sie mit Handnetzen, Schöpfkörben und mit glockenförmigen Körben fischen, die oben eine Öffnung für die Hand haben. Junge Mädchen fangen mit dieser Art von Fischerei erst etwa im Entwicklungsalter an.

Von handwerklicher Technik lernen die Jungen nur wenig. Sie wissen, wie man die Wände der Kanus mit Seetangsaft weißt, sie können eine Schnur aus Schilf so knoten, daß sie hält, sie haben elementare Kenntnisse von einfachem Schnitzen, aber nicht von komplizierteren Schnitzarbeiten, und sie verstehen, einen einfachen Auslegerschwimmer wieder zu befestigen. Sie wissen, wie man die Wände eines Kanus mit Fackeln aus Kokospalmenblättern abbrennt und wie man rohe Bambusfackeln für nächtliche Ausflüge anfertigt. Sie verstehen nichts von Zimmerei, mit Ausnahme dessen, was ihnen aus frühester Kindheit in Verbindung mit dem Vater noch in Erinnerung ist.

Aber alle haben sie die körperliche Geschicklichkeit entwickkelt, die sie für ihr Leben brauchen. Sie können ganz gerade werfen, auffangen, was man ihnen zuwirft, beim Springen und Tauchen Entfernungen schätzen, überall hinaufklettern, auf dem schmalsten und unsichersten Untergrund das Gleichgewicht halten und sich zu Land und zu Wasser mit Haltung, Geschick und Ruhe behaupten. Ihre Körper sind für die Tanzschritte der Erwachsenen trainiert, Auge und Hand sind im Fischfang mit dem Speer geübt, ihre Stimmen sind an Gesangsrhythmen gewöhnt, ihre Handgelenke sind durch das Wirbeln mit Trommelstöcken gelenkig, ihre Arme an Paddeln und Staken gewöhnt. Durch zielbewußtes, unermüdliches Training und große Wachsamkeit erhält das kleine Kind die nötige körperliche Gewandtheit, auf der es dann durch jahrelange Nachahmung der älteren Kinder und der Erwachsenen aufbaut. Der beschwerlichste Teil der körperlichen Ausbildung ist vorüber, wenn das Kind das dritte Jahr erreicht hat. Was dann kommt, ist nur Spiel, für das nun alle körperlichen Voraussetzungen sowie ein gefahrloser und angenehmer Tummelplatz und eine lustige Schar von Gefährten jeden Alters und beiderlei Geschlechts vorhanden sind. Das Kind wächst zu einem körperlich prächtig beschaffenen, geschickten, gewandten, furchtlosen Erwachsenen heran, der sich in schwierigen Lagen zu helfen weiß und auf den immer Verlaß sein wird.

Die Vorstellung der Manus von gesellschaftlicher Disziplin

ist jedoch so locker, wie ihre Begriffe von körperlicher Ausbildung streng sind. Sie verlangen nichts, was über physische Tüchtigkeit und Achtung des Besitzes hinausgeht, abgesehen von der Einhaltung der Regeln der Scham. Fast gleichzeitig mit dem Laufen lernen die Kinder, ihre Bedürfnisse nicht vor den Augen anderer zu verrichten. Dies wird ihnen nicht durch Strenge und Strafe beigebracht, sondern durch Gefühlsäußerungen der Eltern. Das Entsetzen der Eltern, ihr körperliches Zurückschaudern, ihr Abscheu übertragen sich auf das unbekümmerte Kind. Die Reaktion der Erwachsenen ist so stark, daß sie sich dem Kind mitteilt, wie sich Panik von einem Menschen auf den andern überträgt. Ein Mann zieht sich nicht in Gegenwart eines anderen aus, erwachsenen Mädchen wird erklärt, daß die Geister sie bestrafen, wenn sie im Beisein einer anderen Frau ihre Grasröcke abnehmen. Das Schamgefühl wird niemals der Bequemlichkeit geopfert; selbst auf vielstündigen Seefahrten wird die strengste Konvention beobachtet, wenn Männer und Frauen zusammen sind.

Diese Regeln der Prüderie werden den Kindern frühzeitig beigebracht. Man hüllt sie in den heißen, kratzenden Mantel mit ein, bis die Gefahr des Gesehenwerdens für den Erwachsenen vorbei ist. Aber damit hört die Disziplin auch auf. Die Kinder lernen weder Gehorsam noch Achtung vor den Wünschen der Eltern. Ein zweijähriges Kind darf sich dem bescheidenen Wunsch der Mutter, es möge mit nach Hause kommen, widersetzen. Abends sollen die Kinder bei Einbruch der Dunkelheit zu Hause sein, was aber nicht bedeutet, daß sie kommen, wenn sie gerufen werden. Solange nicht der Hunger sie heimtreibt, müssen die Eltern sie – oftmals mit Gewalt – herbeiholen. Ein Verbot, bis zum andern Ende des Dorfes zum Spielen zu gehen, wirkt nur solange, wie der Verbietende dabei ist; kaum hat er den Rücken gewendet, schwimmt das Kind unter Wasser davon, bis es außer Reichweite ist.

Das Essenbereiten auf Manus ist mühsam und umständlich. Der Sago wird in einem flachen Topf über dem Feuer trockengekocht. Er muß ständig gerührt werden und schmeckt nur gut, wenn er nicht länger als etwa zwanzig Minuten nach dem Zubereiten steht. Trotzdem kann man nicht erwarten, daß die Kinder zur Essenszeit heimkommen. Sie laufen morgens vor dem Frühstück weg und kommen nach einer Stunde hungrig zurück. Zehnjährige stehen dann in der Mitte des Hauses und schreien monoton nach Essen, bis jemand seine Arbeit unterbricht und ihnen etwas kocht. Es kann geschehen, daß eine Frau, die eine Verwandte aufgesucht hat, um dort bei einer Arbeit zu helfen oder den Plan für eine Feier festzulegen, von ihrem sechsjährigen Kind überfallen wird, das solange schreit, an der Mutter zerrt, sich an ihrem Arm hängt, stößt und kratzt, bis sie mit ihm nach Hause geht und ihm zu essen gibt.

Die Eltern, die dem Kind mit so viel Bestimmtheit die ersten Schritte beigebracht haben, werden in den Händen der jungen Rebellen zu Wachs, wenn es sich um die Disziplin handelt. Die Kinder essen, wann sie wollen, spielen, wann sie wollen, schlafen, wann es ihnen paßt. Eine respektvolle Sprache gegenüber den Eltern gibt es für sie nicht, ja sogar im Gebrauch von Obszönitäten genießen sie mehr Freiheit als die Erwachsenen. Der kleinste Bengel kann sich dem ältesten Mann des Dorfes gegenüber Frechheiten erlauben. Niemals wird von Kindern verlangt, zugunsten der Eltern auf etwas zu verzichten; sie haben ein göttliches Recht auf die besten Stücke beim Essen. Durch einen Schrei können sie die ergebenen Eltern herbeirufen und sie sich gefügig machen. Sie verrichten keinerlei Arbeiten. Elf- oder zwölfjährige Mädchen helfen etwas im Haushalt, die Knaben tun fast nie etwas, bis sie verheiratet sind. Die Gemeinschaft fordert nichts von ihnen mit Ausnahme von Achtung für Besitz und Einhaltung von Sittenregeln.

Zweifellos erhöht diese außerordentliche Freiheit ihre körperliche Tüchtigkeit. Auf der Grundlage körperlicher Geschicklichkeit baut sich ein vollkommenes Selbstvertrauen auf. Das Kind auf Manus ist Herr der Welt; undiszipliniert und ungezügelt, ohne Ehrerbietung gegenüber den Eltern, lebt es in einer Freiheit, die nur durch die wenigen Sittenregeln eingeengt ist. Weitere Anforderungen an Selbstbeherrschung und Opferfreudigkeit werden nicht gestellt. Seine psychische Struktur ist die des verwöhnten Kindes. Manus-Kinder fordern, aber geben niemals. Nur von einem kleinen Mädchen im Dorf verlangte man Liebesdienste, weil sein Vater blind war, aber es war auch ein liebes, freigebiges Kind. Von allen anderen wurde nichts gefordert und nichts gegeben.

Den ihnen demütig dienenden Eltern gegenüber fühlen sich die Kinder als Besitzer. Sie halten sie in fast infantiler Abhängigkeit, kümmern sich sonst aber kaum um sie. Ihre Egozentrik ist die natürliche Ergänzung der ängstlichen Nachgiebigkeit der Eltern, einer Willfährigkeit, die durch das Fehlen kultureller Ideale möglich wird.

IV
Das Leben der Familie

Die Familie eines Manus-Kindes unterscheidet sich stark von der des amerikanischen Kindes, obwohl sie sich aus den gleichen Elementen zusammensetzt: Vater, Mutter, ein oder zwei Schwestern oder Brüder, manchmal eine Großmutter, seltener ein Großvater. Abends werden die Türen sorgfältig versperrt, und die Eltern bestehen darauf, daß die Kinder bei Sonnenuntergang nach Hause kommen, ausgenommen in Mondscheinnächten. Nach der Abendmahlzeit werden die Kinder zum Schlafen auf Matten gelegt, oder sie dürfen in den Armen der Eltern einschlafen und werden dann sanft auf die Matte gebettet, Bündel von Kokosnußblättern beleuchten die dunklen Ecken des Hauses. Auf den ersten Blick sieht das wie ein glückliches, behagliches, unserem Ideal entsprechendes Familienleben aus, in dem die wenigen, in Liebe verbundenen Menschen ums Feuer gedrängt zusammensitzen und Fremde keinen Platz haben.

Bekommt man jedoch einen näheren Einblick, so entdeckt man viele Unterschiede. Junge Männer haben kein eigenes Haus, sondern wohnen im rückwärtigen Teil des Hauses ihrer älteren Brüder oder eines jungen Onkels. Leben zwei Familien auf solche Weise zusammen, so muß die Frau des jüngeren Mannes den älteren Mann meiden. Niemals betritt sie während seiner Anwesenheit seinen Teil des Hauses, der durch hängende Matten vom vorderen Teil getrennt ist. Die Kinder dürfen zwar ungehindert zwischen den beiden Familien hin und her laufen, aber das ständige Ausdemweggehen, das Vermeiden aller persönlichen Namen und der Umstand, daß der jüngere Mann vom älteren abhängt, führt zu Spannungen zwischen den beiden kleinen Haushalten. Bei den Manus gilt vorwiegend das Vaterrecht: der Mann erbt meist von seinem Vater oder Bruder, die Frau zieht fast immer in den Haushalt des Mannes.

Obgleich die Familiengruppe klein und das Band zwischen Kindern und Eltern eng ist, sind die Beziehungen zwischen den Ehegatten meist kalt und gespannt. Vater und Mutter erscheinen dem Kind als zwei Personen, die es gegeneinander ausspielen kann. Die Blutsbande der Eltern sind stärker als ihre Beziehungen zueinander, und es gibt zwischen ihnen mehr trennende als verbindende Dinge. Ein Blick auf einige dieser Peri-Familien läßt uns die zwischen den Ehegatten herrschenden Gefühle erkennen.

Da ist zum Beispiel die Familie Ndrosal. Ndrosal ist ein kraushaariger, hübscher Verschwender. Seine erste Frau starb, nachdem sie ihm zwei Söhne geboren hatte. Der Mann seiner Schwester nahm das jüngere Kind an, das ältere blieb bei ihm und wurde von seiner neuen Gattin, einer großen, schlanken Frau aus einem weitentfernten Dorf, versorgt. Sie brachte bald darauf ein Mädchen zur Welt. Dieses Kind wollte jedoch nicht gedeihen. Monatelang lag es kränklich und jammernd in der kleinen Hängewiege, die der Vater angefertigt hatte. In dieser Zeit durfte es unter keinen Umständen aus dem Hause getragen werden, und die Mutter durfte es nie länger als ein paar Minuten allein lassen. Monat um Monat blieb sie im Haus, schaukelte die Wiege und wurde dabei selbst blaß und schwächlich. Nahrung gab es nicht allzu reichlich. Ndrosal war seiner älteren Schwester sehr ergeben, einer Frau von bestimmtem, ausgeprägtem Charakter. Sie war mittleren Alters, geschäftstüchtig, fleißig und bedurfte immer der Hilfe ihres Bruders. Als das Neugeborene krank wurde, nahm sie das andere Kind zu sich, so daß Ndrosals beide Söhne nun im Haus der Schwester lebten. Er liebte es, die Kleinen auf dem Rücken herumzutragen oder, auf dem Boden liegend, sie auf seinem Körper spielen zu lassen oder sie zum Fischen mitzunehmen. So verbrachte er den größten Teil seiner Zeit im Hause seiner Schwester, und wenn er einen guten Fischzug gemacht hatte, wanderte der größte Teil des Fangs in die Töpfe der Schwester. Seine Frau hatte keine nahen Verwandten im Dorf, aber eines Tages brachte ihr eine jüngere Schwester des Mannes einige Krabben. Krabbenfangen ist Sache der Frauen, es hatte daher seit Monaten keine Schalentiere im Hause gegeben. Sie kochte sie eifrig, ohne darauf zu achten, daß eine der Krabbenarten für alle Mitglieder der Familie ihres Mannes tabu war. Der Mann kam spät mit leeren Händen nach Hause und verlangte Abendessen. Die Frau trug ihm die Krabben auf und antwortete auf seine Frage, sie sei sicher, daß keine Tabukrabben darunter seien. Im gekochten Zustand ließ sich das nicht erkennen. Unzufrieden über ihre kurze Antwort und ihren Mangel an Interesse für seine Tabus begann er zu essen. Gleich darauf fing der Säugling an zu weinen. Die jüngere Schwester wohnte mit ihrem Mann vorübergehend im rückwärtigen Teil des Hauses. Die Schwester ging zur Wiege, aber das Kind weinte weiter. Ndrosal sagte streng zu seiner Frau: »Gib deinem Kind die Brust!« »Es hat heute genug getrunken. Es ist nicht hungrig, nur krank«, antwortete die Frau. »Gib ihm zu trinken, hörst du wohl, du unnütze Frau! Du Ursprung der Lüge und Gedankenlosigkeit, die sich weder um die Tabus ihres Mannes noch um sein Kind kümmert.« Er stand auf und überschüttete sie mit einem Strom von Verwünschungen, weinend und zornig saß sie noch über ihrem Abendessen, überzeugt, daß das Kind nicht hungrig sei. Da packte der wütende Ehemann den mit Limonenpulver gefüllten Kürbis und schüttete ihr einen Teil des Inhalts in die Augen. Geblendet und schreiend, mit brennenden Augen, stürzte sie aus dem Haus. Eine der Frauen, die bei dem Tumult zusammenliefen, nahm sie mit dem kleinen Kind zu sich. Ndrosal ging zum Schlafen zu seiner Schwester, und als der kleinere Junge sich auf der Matte an seinen Vater drängte und fragte, weshalb seine Stiefmutter weine, antwortete ihm Ndrosal mürrisch, daß die Mutter eine schlechte Frau sei, die das Kleine nicht säugen wolle.

Oder schauen wir in das Haus von Ngamel. Ngamel und seine Frau Ngatchumu lebten ganz gut zusammen. Einmal brachte Ngamel eine zweite Frau nach Hause, aber Ngatchumu wurde so böse, daß er sie um des Friedens willen wieder wegschickte. Die ersten fünf Kinder starben bald nach der Geburt infolge eines bösen Zaubers, der an einer geborgten Eßschüssel hing; aber nun lag sie vergessen zwischen den Dachsparren. Damals hielt Ngamel eine strickartige Ranke bereit, um seine Frau damit zu schlagen. Inzwischen hatte Ngatchumu ihm vier schöne Kinder geboren; eines davon hatte er zu seinem Bruder gegeben, drei waren zu Hause. Die Jahre vergingen. Ngamel war nun ein ruhiger Mann geworden, der gern im Zwielicht auf der Veranda saß und mit den Kindern spielte. Eines Nachmittags aber nahm Ngatchumu den dreijährigen Ponkob mit in ein Totenhaus, wo ihre Schwester von den Geistern von Ngamels Vorfahren erschlagen worden war, weil sie bei der Wiederverheiratung der Witwe eines verstorbenen Bruders von Ngamel geholfen hatte. Das Haus war geschlossen, von Todesgeruch und dem entsetzlichen Geheul vieler Stimmen erfüllt. Zwischen die Mutter und eine andere Frau gepreßt, wurde dem kleinen Ponkob schlecht, und schließlich fiel er in Ohnmacht. Die erschrockene Mutter trug ihn in großer Angst vor dem Zorn ihres Mannes nach Hause. Dadurch, daß ein Mitglied seiner Familie an der Totenfeier für diese Frau teilgenommen hatte, war die Rache der Geister seiner Vorfahren herausgefordert worden. Zwei Tage lang sprachen weder der Ehemann noch der achtjährige Sohn ein Wort mit ihr. Sie aber hatte die verstorbene Schwester so geliebt, daß sie gar nicht an die Möglichkeit einer Rache dieser Geister gedacht hatte.

Oder nehmen wir das Fest der Ohrdurchstechung in Pwsisios Haus. Das Haus ist voll von Gästen, alle Verwandten von Pwsisios Frau sind mit vollbeladenen Kanus gekommen, um die Ohrdurchstechung von Pwsisios sechzehnjährigem Sohn Manuwai zu feiern. Im vorderen Teil des Hauses geht es feierlich zu; Manuwai, mit einer Halskette aus Hundezähnen, bemalt und eingefettet, sitzt kerzengerade da. Die beiden Schwestern seines Vaters warten stehend, um ihn die Leiter hinunterzuführen. Aber die Mutter ist nicht da. Aus der mit Matten abgeteilten Hälfte des Hauses dringt Weinen und der leise Wortwechsel vieler Frauen. Vorn sitzt Pwsisio mit seinen Gästen und stößt eine Beleidigung nach der anderen gegen seine Frau aus, die er nackt schlafend angetroffen hatte. (Es wohnten Fremde im Haus, und in der Nacht hatte ein unverheirateter junger Mann, ein Freund des Sohnes, das häusliche Feuer geschürt.) Pwsisio überhäuft also sein Weib mit Beschimpfungen und ist nahe daran, sie in Gegenwart ihrer vielen im Haus versammelten Verwandten zu schlagen. Sie packt dabei ihre Sachen zusammen, beteuert unter Tränen ihre Unschuld und zählt voller Ärger die wertvollen Dinge auf, die sie mitnehmen will. »Das gehört mir, ich habe es gemacht, und diese Muschelperlen hat mir meine Schwester gegeben. Dies gehört mir, ich habe das Material selbst eingetauscht. Der Gürtel gehört mir, ich habe ihn bei der Geburtsfeier letzte Woche für Sago eingetauscht.« Ihre vierjährige Adoptivtochter Ngalowen steht daneben, erfüllt von Scham für die Mutter, die vom Vater öffentlich als Verbrecherin gebrandmarkt wird. Schließlich rafft die Mutter ihre Schachteln zusammen und geht zur Hintertür hinaus, aber Ngalowen macht keine Anstalten, ihr zu folgen. Sie schlüpft statt dessen in den vorderen Raum und schmiegt sich an ihren selbstgerechten, murrenden Vater. Nach einigem Durcheinander wird die Zeremonie wieder aufgenommen; über die Abwesenheit der Mutter, die ohnehin dabei keine offizielle Rolle gespielt hätte, wird nicht weiter gesprochen.

Um solche Zwistigkeiten verstehen zu können, muß man im Leben der Manus bis zur Verlobung zurückgehen und einem Manus-Mädchen vom Verlöbnis bis zur Mutterschaft folgen.

Ngalen ist achtzehn Jahre alt und seit sieben Jahren mit Manoi verlobt, dessen Namen sie nicht aussprechen darf. Sie hat
ihn vor langer Zeit als ganz kleines Kind gesehen, als die Mutter
einmal die Kinder nach Peri, ihr eigenes Dorf, mitgenommen
hatte. Sie erinnert sich, daß er eine komische Nase hatte, auf
einem Auge schielte und einen verschmutzten alten *laplap* trug.
Sie hat sich aber bemüht, nicht an diese Dinge zu denken; denn
die Mutter hat sie gelehrt, daß es unanständig sei, an den zukünftigen Gatten zu denken. Sie darf nach *lailai*-Muscheln tauchen, aus denen flügelähnliche Ornamente für ihren kleinen
Rücken gemacht werden; sie darf sich den ganzen Tag über den
Perlenrahmen beugen und ihre Augen anstrengen, um Perlenarbeiten für ihre Schwägerin zu machen, sie darf an die Tausende
von Hundezähnen, an die meterlangen Muschelgeldschnüre
denken, die für ihr Verlobungsfest ausgegeben werden, oder die
Schweine füttern, mit denen diese Zahlungen ermöglicht werden. Aber an den Gatten selbst darf sie nicht denken. Es ist ihr
verboten, nach Peri, dem Heimatdorf der Mutter, zu gehen,
außer bei ganz wichtigen Anlässen, wie zum Beispiel beim Tod
eines nahen Verwandten. Dies hat jedoch sehr vorsichtig zu geschehen; sie muß sich in ihren Mantel hüllen, um nicht etwa vom
Vater oder Bruder des Verlobten gesehen zu werden. Fährt ein
Kanu aus Peri am Kanu ihres Vaters auf dem Meer vorüber, so
muß sie sich unter dem Schutzdach verstecken oder auf dem
Boden zusammenkauern. Als sie noch ganz klein war, hatte sie
manchmal vergessen, daß sie einige Worte nicht aussprechen
durfte, die Silben enthielten, die den Namen der Verwandten
des Bräutigams glichen, und hatte sich dann aus Scham vor den
empörten Eltern verkrochen. Einmal hatten die Geister in einer
Séance beanstandet, daß sie sich nicht genügend vor einem entfernten Vetter ihres Verlobten verbarg, einem Jungen, mit dem
sie von Kindheit an gespielt hatte. Aber das liegt schon mehrere
Jahre zurück. In den letzten zwei oder drei Jahren ist sie sehr
achtsam gewesen. Das Dorf ist voll von jungen Leuten, die von
der Arbeit für den weißen Mann zurückgekehrt sind – niemand
kann wissen, über welchen bösen Zauber sie verfügen. Einer
von ihnen hat eine sonderbare Flasche, die er in seiner Beteltasche mit sich herumträgt. Er sagt, es sei nur eine Wurmmedi-
zin, aber jeder weiß, daß es sich um einen Liebeszauber handelt.
Ihre eigenen Leute bedienen sich nicht solcher bösen Zaubereien, mit denen ein Mädchen ihrem Verlobten abspenstig gemacht wird, so daß es der Sünde verfällt. Aber die Menschen

von der großen Insel haben Zaubermittel, die in Tabakblätter geschoben oder über eine Betelnuß geflüstert oder über eine entwendete Pfeife gemurmelt werden. Diese Dinge verkaufen sie dann an die jungen Männer ihres Dorfes, die die ganze Nacht lachend und trommelnd in ihrem Vereinshaus sitzen und sich üble Sachen ausdenken. In früheren Zeiten gingen solche Jungen in den Krieg und brachten ein fremdes Mädchen mit, das ihrem Vergnügen dienen mußte. Aber seit Ngalens Kindheit gibt es im Dorf keine solchen Prostituierten mehr, und die jungen Männer sind sehr gefährlich.

Wenn sie fortgeht, achtet sie darauf, daß der Wind nie von den jungen Männern zu ihr hinbläst. Denn es gibt Zauber, die mit dem Wind geschickt werden.

Mit einigen Jungen des Dorfes steht sie gut: ihren Brüdern, ihren entfernten Vettern und den jüngeren Vettern ihres Verlobten; für diese letzteren ist sie »Mutter«. Sie hat nur darauf zu achten, daß sie in ihrer Gegenwart nicht essen darf.

Den ganzen Tag macht sie Perlenarbeiten für ihre Schwägerinnen und die Schwiegermutter. Nach der Hochzeit bekommt sie dann von ihnen Perlenarbeiten für ihre Brüder. Im Haus des Gatten wird sie schwer arbeiten, sich jedoch sicher fühlen. Sie wird die komplizierten Tauschgeschäfte verstehen, die großen viereckigen Pfannkuchen zubereiten lernen, die bei Zeremonien gebraucht werden, und aus dem Fleisch der Kokosnüsse wird sie Lilien schneiden, mit denen die zeremoniellen Gerichte dekoriert werden. Sie wird ihrem Mann Kinder schenken. Wenn sie dann aber einmal Mutter geworden ist, wird sie keine schöne, begehrenswerte Frau mehr sein; denn die Manus betrachten nicht den Verlust der Jungfräulichkeit, sondern das Gebären des ersten Kindes als Übergang von der Jugend zur Reife. Zehnmal werden die Plejaden über den Himmel hinwegziehen, dann wird sie alt sein.

Sie weiß schon, wie ihr Hochzeitskleid aussehen wird, denn bereits zweimal hat man sie mit schweren Schürzen aus Muschelgeld geschmückt und ihr die Arme und Beine mit Hundezähnen behängt. Morgen soll sie nun wirklich mit dem Mann verheiratet werden, dessen Namen sie nicht aussprechen, an dessen Schielauge sie nicht denken darf. Sie zieht in ein fremdes Dorf. Zwar ist es das Dorf der Familie ihrer Mutter, aber einige Mitglieder dieser Familie sind für sie tabu, weil sie näher mit ihrem zukünftigen Mann verwandt sind. Ihr ganzes Leben lang darf sie ihre Namen nicht aussprechen. Das junge Paar wird im Haus des Onkels väterlicherseits des Ehemannes wohnen; dieser Onkel wird der Schwiegervater der jungen Frau sein. Wenn sie von ihm spricht, muß sie die Pluralform wählen. Betritt er das Haus, so muß sie sich hinter den Mattenvorhängen verstecken und ganz leise sprechen, damit er sie nicht hört. Niemals darf sie sein Gesicht ansehen, bis er dann, als alter, kahler Mann mit zitternden Händen, das Tabu aufhebt, indem er für sie ein großes Fest gibt.

Sie weiß, daß alle Männer im Dorf über sie sprechen werden. Verlegen zupft sie an ihren langen, hängenden Brüsten, den Brüsten einer alten Frau. Zum Glück werden sie durch die schweren Gebinde aus Hundezähnen hochgehalten, so daß sie wie die eines jungen Mädchens aussehen. Ob ihr Mann sie wegen ihrer Brüste hassen wird? Sie hat gehört, wie die Männer des eigenen Dorfes reden und wie die Frauen nach ihrem jugendlichen Aussehen eingeschätzt werden. Wird es ihr gelingen, ihren Schwägerinnen zu gefallen, das Strohdach richtig auszuführen, hübsche Perlarbeiten zu entwerfen und gut zu kochen? Ihre Schwägerinnen werden sie hassen, so wie sie selbst die Frau ihres Bruders haßt. Sie kann niemals Liebe von ihnen erwarten, bestenfalls werden sie sie dulden und sie nicht allzu sehr herausfordern.

An all das denkt sie wahrscheinlich, während sie in ihre Tabu-Laken gehüllt unter dem Schutzdach des Kanus kauert. Die Verwandten bringen sie nach Peri; um sie herum herrscht lebhaftes Geplauder über Hundezähne und Muschelgeld, über Schweine, Öl, unbezahlte Rechnungen, eventuelle Beisteuerer, Tauschgelegenheiten. Ihr Vater ist mit der Partie zufrieden. Zehntausend Hundezähne sollen bezahlt werden, die er gut brauchen kann, um eine Frau für den Sohn seines Bruders zu kaufen, der gerade fünfzehn Jahre alt geworden und noch unverlobt ist. Damit wendet sich das Gespräch den finanziellen Verhältnissen der zukünftigen Braut des Neffen zu.

Sie blickt zu ihrer Mutter hinüber, die mit dem kleinen Kind ihrer älteren Schwester im Arm dasitzt; die Schwester starrt mürrisch ins Wasser. Vor einem Jahr schon hat sie ihren Mann verlassen, und er hat noch keinen Boten zu ihr geschickt mit der Bitte, zurückzukommen. Die Schwester hat nicht erzählt, was geschehen ist, nur daß der Mann sie geschlagen habe. Ein lautes Befehlswort macht sie auf das Nahen eines Kanus aufmerksam, und sie schlüpft schnell in ihren Mantel.

Endlich sind sie im Dorf angekommen. Von oben bis unten verhüllt, steigt sie eilig ins Haus der Großmutter hinauf. Die

Großmutter ist sehr alt; ihr Hals ist faltig. Drei Männer sind ihr gestorben. Mit müder, brüchiger Stimme bittet sie, ihre Enkelin schnell anzukleiden, da die Gesellschaft bald da sein wird, die sie zur »Reise der Brust« abholt. Die Zedernkisten werden aus dem Kanu gebracht, und der schwere Schmuck wird auf dem Boden ausgebreitet. Vater und Brüder gehen fort, und sie bleibt allein mit den Frauen, die ihr Haar rot färben, ihr Gesicht, ihre Arme und ihren Rücken orangefarben bemalen und lange Muschelschnüre um ihre Glieder winden. Zwei schwere Muschelschürzen werden an einem Gürtel aus Hundezähnen befestigt und ihr umgelegt; Muschelhalbmonde werden in die Brustbänder gesteckt. In ihre Armbänder werden Porzellanpfeifen, Messer, Gabeln und Löffel, Kämme und kleine Spiegel gesteckt, ausländische Gegenstände, die nur zum Schmücken einer Braut verwendet werden. Eine stachlige Tiara aus Hundezähnen wird über ihrer Stirn befestigt. An dieser Tiara sind zwölf kleine Federkämme angebracht. Mehrere Ellen Juteleinen sowie Paradiesvogelfedern werden in die Armspangen gesteckt. Ihre ausgezogenen Ohrläppchen werden mit Bündeln von Hundezähnen beschwert. Zuletzt wird ein dünner Knochen durch das Loch der Nasenscheidewand geschoben, und von der Nase baumelt ein fünf Zentimeter langes Gehänge aus Muscheln, Knochen und Hundezähnen.

Wie eine Puppe ergibt sie sich dieser Prozedur und dreht und wendet sich gehorsam auf Befehl. Nun wird draußen das Geräusch vieler Stimmen laut. Die Frauen des Hauses ihres zukünftigen Mannes sind gekommen, sie abzuholen. Sie senkt ihren schwerbeladenen Kopf noch tiefer. Aber sie kommen nicht herein. Statt dessen entsteht ein heftiger Streit darüber, ob das Kanu groß genug ist oder nicht. Weitere Frauen kommen in kleinen Booten, aber alle müssen im Kanu der Braut zurückfahren. Nach heftigem Wortwechsel fahren zwei Frauen weg, um ein anderes Kanu zu holen. Die übrigen warten auf der Veranda. Ngalen erkennt unter den vielen Stimmen die der Tante ihres Verlobten, die ein bekanntes Medium ist und einen Geisterhund hat, der ihre Befehle ausführt; alle übrigen Stimmen sind ihr fremd. Es sind keine jungen Mädchen dabei, das weiß sie, nur verheiratete Frauen. Sie hat schon öfters Kanus gesehen, die für die »Reise der Brust« ausgerüstet waren.

Endlich ist das größere Kanu da. Mutter und Tante stellen die junge Braut auf die Füße. Das Gewicht der sie bedeckenden Reichtümer hängt schwer an ihr. Mit gesenktem Kopf läßt sie sich die Leiter zum Kanulandesteg hinunterschieben. Sie schaut niemanden an, und niemand grüßt sie. Ein Sturm zieht auf, und das überladene Kanu treibt unsicher durch die unruhigen Wellen. Sie sieht, wie muskulöse Hände die Stangen rasch bewegen und bemerkt ein neues Perlenarmband an einem der Handgelenke; ihr Blick wagt sich jedoch nicht über die Handgelenke zu den Gesichtern hinauf.

Die Reise durch die Lagune zum Haus ihres Verlobten ist nur kurz. Der Verlobte darf in dieser Nacht sein Haus nicht betreten. Auf die Aufforderung der Schwiegermutter hin klettert sie die Leiter empor und setzt sich unglücklich und verlegen in eine Ecke. Sofort fallen die Tanten und Basen des Verlobten über sie her, reißen die Federkämme aus ihrem Haar und zerren an ihren Armspangen, um die Kämme, Spiegel und Pfeifen herauszuholen. In der Eile wird eine Pfeife zerbrochen. Der zackige Porzellanrand verwundet das Mädchen am Arm. Niemand nimmt davon Notiz, nur über die zerbrochene, wertlose Pfeife, über die geizigen Verwandten der Braut, die zerbrochene Pfeifen schenken, werden bittere Bemerkungen gemacht. Eine alte Frau meint, die Töpfe seien recht klein und schon gesprungen und außerdem seien nur zehn Stück Sackleinwand mitgekommen; die Verwandtschaft brauchte also keinen großartigen Empfang für die Braut am nächsten Tag zu erwarten. Eine andere Alte murmelt unliebenswürdig, die Männer der Familie der Braut seien nicht viel wert: der ältere Bruder der Braut habe noch nicht angefangen, für seine Frau zu zahlen, und der jüngere sei nicht einmal verlobt. Verlegen und wütend sitzt die Braut in ihrer Ecke, ihre stachlige Tiara aus Hundezähnen ist ihr über ein Auge gerutscht. Inzwischen haben die Frauen sie verlassen, wie Vögel abgefressene Knochen zurücklassen, und haben sich zum zweiten Geschäft des Tages, der Verteilung der großen grünen Sagobündel, begeben, die die Familie der Braut in das Kanu geladen hat. Ein wilder Streit entbrennt darüber, wer die Verteilung leitet; denn die Verteilerin muß dafür sorgen, daß jeder einen angemessenen Anteil bekommt, selbst wenn sie dann selber zu kurz kommt. Alle Frauen versammeln sich um die Sagobündel. Die Braut sitzt vergessen in der Ecke, ihres Schmucks beraubt, allein zwischen habgierigen, feindseligen Fremden. Einige der Frauen gehen später nach Hause; die meisten bleiben, um bei ihr zu schlafen. Man bietet ihr Essen an, das sie ablehnen muß, das Feuer brennt herunter, und die Frauen schlafen ein. Zwischen ihnen und ihr ist kein Wort gewechselt worden. Wenn eine in der Nacht aufwacht und das Feuer für einen Augenblick zum Aufflackern bringt, sieht sie, daß die Braut nicht schläft. Natürlich, »sie ist verschämt«.

Am frühen Morgen holt ihre Familie sie heimlich nach Hause. Wieder wird sie angezogen und eingeölt. Ein Zauberspruch wird über sie gesprochen, damit sie eine starke, reiche Frau wird, erfolgreich in Anhäufung und Tausch von Besitz. Diesmal steht auf dem Kanu, das sie aufnimmt, ein hohes, geschnitztes Bett, dessen eines Bein defekt ist und nachgibt. Die Familie des Bräutigams erwähnt den Schaden später. Das Kanu bewegt sich langsam durch das Dorf, an Veranden vorbei, auf denen viele Leute stehen, auf das Haus des Bräutigams zu, dessen Tanten über die Veranda herab der Braut entgegenkommen und sie die Stufen halb hinaufziehen. Oben kauert sie sich nieder, mit dem Rücken zu den Hausbewohnern. Mit einem flüchtigen Blick hat sie einen aufgeputzten Jüngling mit steif ausgestreckten Beinen hinter sich sitzen sehen. Einen Augenblick lang herrscht Schweigen, dann hört man eilige Schritte. Der Bräutigam hat das Haus verlassen und ist bis zum Einbruch der Nacht nicht mehr zu sehen. Alles atmet auf, die Kinder dürfen wieder herumtollen. Das Kanu der Brauteltern kommt zur Landestelle zurück. Die Braut wird auf die Plattform geschoben, und die Gesellschaft begibt sich auf die kleine Insel, wo der Tag mit langen Reden und dem Verteilen von Besitz verbracht wird. Die Trommeln dröhnen, die Männer tanzen. Aber die Braut sitzt verschleiert in ihrem Kanu.

Spät in der Nacht kehrt der Bräutigam ins Dorf zurück und nimmt seine Braut. Er empfindet weder Zärtlichkeit noch Zuneigung für dieses Mädchen, das er nie gesehen hat. Sie fürchtet sich vor diesem ersten Erlebnis, wie alle Frauen ihres Volkes es fürchten und hassen. In dieser Nacht wird kein Grundstein für Glück gelegt, nur für Scham und Feindseligkeit. Am nächsten Tag geht die Braut mit ihrer Schwiegermutter durchs Dorf, um Holz und Wasser zu holen. Bis jetzt hat sie noch kein Wort zu ihrem Mann gesagt. Alle Augen richten sich auf sie, und von überall her hört sie die Worte »Brüste«, »Brüste wie eine alte Frau«, »gestern wurden sie von den Spangen hochgehalten«. Spät am Nachmittag bricht sie das Schweigen und schreit ärgerlich ein Kind an, das ihr in den Hinterraum des Hauses gefolgt ist. Auch dies wird im ganzen Dorf berichtet, dem Dorf, in dem sie von nun an leben muß, in das sie aber in keiner Hinsicht gehört.

Und diese Auffassung, daß Mann und Frau zu verschiedenen Gruppen gehören, erhält sich während der ganzen Zeit der Ehe; es wird nach vielen Jahren schwächer, verschwindet aber niemals ganz. Vater, Mutter und Kinder bilden keine warme, vertraute Einheit, die der Welt Trotz bietet. In den meisten Fällen wohnt der Mann in seinem eigenen Dorf oder in seinem Teil des Dorfes, in der Nähe seiner Brüder und seines Onkels. In der Nähe wohnen auch einige seiner Schwestern und Tanten. Mit diesen Menschen fühlt er sich am engsten verbunden, von ihnen erwartet er seit seiner Kindheit Lohn und Strafe. Sie haben ihm zu essen gegeben, wenn er hungrig war, haben ihn gepflegt, wenn er krank war, seine Strafen gezahlt, wenn er gesündigt hatte, und seine Schulden übernommen. Ihre Geister sind seine Geister, ihre Tabus seine Tabus. Ihnen fühlt er sich zugehörig.

Seine Frau dagegen ist eine Fremde. Er hat sie nicht gewählt; bis zur Heirat hat er an sie nur mit einem Gefühl der Scham gedacht. Ihretwegen lag er viele Male flach ausgestreckt unter einer Matte, wenn sein Kanu durch ihr Dorf oder an dem Haus eines ihrer Verwandten vorbeifuhr. Heiß vor Verlegenheit lag er oft eine halbe Stunde lang auf dem Bauch und wagte sich nur flüsternd zu unterhalten. Ehe er heiratete, war er wenigstens im eigenen Dorf frei. Er konnte Stunden klimpernd und singend im Männerhaus zubringen. Jetzt, da er verheiratet ist, hat er keine eigene Seele mehr. Er muß den ganzen Tag für die Menschen arbeiten, die für die Hochzeit bezahlt haben. In ihrer Gegenwart wird er verlegen; denn er hat entdeckt, wie wenig er von den Verpflichtungen weiß, die er jetzt auf sich genommen hat. Er hat allen Grund, seine scheue, verlegene Frau zu hassen, die vor seiner groben, ungewandten Umarmung zurückschreckt und ihm niemals ein gutes Wort zu sagen weiß. Sie schämen sich, miteinander zu essen. Offiziell schlafen sie an den entgegengesetzten Enden des Hauses. In den ersten Jahren der Ehe gehen sie niemals miteinander aus dem Haus.

Die Zeit mildert nicht den Groll der jungen Frau über ihre Lage. Diese Menschen sind für sie Fremde. Der Mann ist mit ihnen durch die engsten Bande verbunden, die ihre Gesellschaft kennt. Fern von ihren Leuten in einem fremden Dorf, bemüht sie sich mehr als ihr Mann, etwas aus ihrer Ehe zu machen. Wenn er sie verläßt, um in das Haus seiner Schwester zu gehen, regt sie sich auf und wird böse; manchmal begeht sie sogar die unverzeihbare Sünde, ihm vorzuwerfen, er mache seine Schwester zu seiner zweiten Frau. Darauf schicken die Geister dann rasch Strafe über das Haus, und die Kluft zwischen Mann und Frau wird tiefer. Ist die Braut im eigenen Dorf verheiratet, so besucht sie oft ihre Verwandten und verschwendet noch weniger Mühe an die hoffnungslose Aufgabe, ein gutes Verhältnis zu ihrem Mann herzustellen. Für die Hochzeit war ihr Gesicht bemalt, ihr kurzes krauses Haar rot gefärbt worden. Jetzt aber ist ihr Kopf kahl geschoren, und es ist ihr verboten, sich zu schmücken. Tut sie es trotzdem, so werden die Geister des Mannes sie verdächtigen, daß sie Männern gefallen will, und werden Krankheit ins Haus schicken. Sie darf nicht einmal leise mit einer Verwandten über die Verwandten des Mannes schwatzen. Die in den Schädelschalen wohnenden Geister würden sie hören und bestrafen. Sie ist eine Fremde unter fremden Geistern – Geistern, die dennoch ihr Benehmen streng überwachen.

All dies verbittert die junge Frau, und sie wird von Tag zu Tag verdrossener unter den Verwandten des Mannes, während sie für Feste kocht oder mit ihnen in den Busch zur Bestellung der Sagofelder geht. Wird sie nicht sogleich schwanger, läuft sie wahrscheinlich weg. Manchmal überreden sie dann ihre Verwandten, zurückzukehren. Bis das erste Kind geboren wird, ist sie unschlüssig, was sie tun soll. Während der Schwangerschaft fühlt sie sich enger mit ihrer eigenen Familie verbunden als mit dem Vater ihres Kindes. Sie darf ihrem Mann nicht sagen, daß sie guter Hoffnung ist. Solche Intimität würde sie beide in Verlegenheit bringen. Dagegen erzählt sie es der Mutter, dem Vater, den Geschwistern, den Tanten und entfernteren Verwandten. Ihre Angehörigen fangen an, das für die Schwangerschaftsfeste erforderliche Essen vorzubereiten. Immer noch wird dem Ehemann nichts davon gesagt. Die Frau weist seine Annäherungsversuche kälter als je zuvor zurück, und seine Abneigung und sein Groll werden immer stärker. Zufällig erreicht dann ein Wort sein Ohr, er erfährt von den wirtschaftlichen Vorbereitungen, die seine Schwäger treffen. Auch jetzt kann er mit seiner Frau nicht darüber sprechen, sondern er wartet, bis die für das erste Fest mit Sago beladenen Kanus zu seiner Tür kommen. Die Monate ziehen vorbei, von Zeit zu Zeit wird ein Fest gegeben, für das er sich erkenntlich zeigen muß. Seine Verwandten helfen ihm dabei, aber es wird erwartet, daß er das meiste selbst bezahlt. Er muß zu seinen Schwestern gehen und sie um Perlenarbeiten bitten. Tanten und Mutter müssen belästigt werden. Hier, wo er immer befohlen hat, muß er nun bitten.

Ständig ist er beunruhigt durch die Sorge, seine Gegenleistungen könnten nicht genügen oder vielleicht falsch verteilt sein. Inzwischen sitzt seine schwangere Frau zu Hause und macht ellenweise Perlenarbeiten für ihre Brüder. Sie arbeitet für ihre Brüder, während er bei seinen Schwestern betteln und ihnen schmeicheln muß. Der Zwiespalt zwischen den Eheleuten verschärft sich immer mehr.

Einige Tage vor der Geburt weissagt der Bruder oder ein Vetter oder Onkel der Schwangeren, wo das Kind zur Welt kommen soll. Wenn er nicht die Macht besitzt, mit den Weissageknochen umzugehen, so tut es ein Verwandter an seiner Stelle. Die Weissagung läßt erkennen, ob das Kind im Hause seines Vaters oder des Onkels mütterlicherseits geboren werden soll. Im ersten Fall muß der Ehemann das Haus verlassen und bei seiner Schwester wohnen. Dies geschieht meist nur dann, wenn das junge Paar ein eigenes Haus besitzt, was bei der Geburt eines ersten Kindes nur sehr selten vorkommt. Der Schwager des Mannes zieht mit Frau und Kindern in das Haus. Im anderen Fall wird die Frau weggebracht, manchmal in ein anderes Dorf. Von dem Augenblick an, in dem die Wehen einsetzen, darf der Mann die Frau nicht mehr sehen. Er darf höchstens Fische bis vor das Haus bringen, in dem sie wohnt. Einen Monat lang wandert er ziellos herum und schläft bald bei der einen, bald bei der andern Schwester. Erst wenn der Schwager genug Sago – das heißt mindestens ein bis zwei Tonnen – geerntet oder gesammelt hat, um das Rückkehrfest zu feiern, darf die Frau zu ihm zurückkehren und er sein Kind sehen.

Diese ganze Zeit über ist die Mutter sehr mit ihrem Neugeborenen beschäftigt. Einen Monat lang muß sie, durch einen Mattenvorhang verborgen, im Hause bleiben; auf einem besonderen Feuer müssen besondere Gerichte für sie gekocht werden. Nur im Dunkeln darf sie aus dem Haus schlüpfen und eilig im Meer baden. Das Leben ist jetzt angenehmer für sie als jemals zuvor seit ihrer Heirat. Alle ihre weiblichen Verwandten kommen und schwätzen mit ihr, Frauen, die Milch haben, stillen das Kleine an ihrer Stelle während des Besuchs. Die Frauen der Brüder kochen für sie, bringen ihr Betelnüsse und Pfefferblätter und verwöhnen sie wie eine Kranke. Den Mann, den sie nicht zu lieben gelernt hat, vermißt sie nicht. Sie drückt ihr Kind an die Brust, bedeckt die kleinen Arme mit Küssen und ist glücklich.

Am Tag vor dem großen Sago- und Töpfefest wird innerhalb

des Haushalts ein kleines Fest gefeiert. Alle ihre Geschwister und die Frauen der Brüder bereiten besondere Gerichte, verschiedene Arten von Muscheln, Taro, Sago, eine weiße Frucht, die *ung* heißt, und zweierlei Blätterpuddings. Einer dieser Puddings, *tchutchu*, mißt etwa dreißig Zentimeter im Quadrat und ist einige Zentimeter dick. Die fertigen Gerichte werden in geschnitzte Holzschüsseln gefüllt und auf Borde gestellt, bis die junge Mutter angekleidet ist. Ihr Haar, das während der Schwangerschaft wachsen durfte, ist rot gefärbt. Sie legt mit Perlen besetzte Fußringe und Schnüre aus Hundezähnen an; dies alles ist nur Zierde, kein schweres Geld für die Verwandtschaft des Mannes. Die Schüsseln mit den Speisen werden dann in ein Kanu gestellt, in dem die Frauen und die zur Familie gehörenden kleinen Mädchen zu einer der kleinen Inseln im Dorf fahren, die im Besitz einer Linie der Familie ist. Die Schwester oder die Mutter ihres Vaters schlägt sie dort feierlich mit einem der *tchutchu*-Kuchen auf den Rücken und beschwört damit die Familiengeister, sie stark und gesund zu machen und zu verhindern, daß sie wieder ein Kind bekommt, ehe dieses Kind laufen und schwimmen kann. Dann nimmt das Fest seinen Verlauf; die Mutter geht zu ihrem Säugling zurück, die andern fahren im Dorf herum und bringen Schüsseln mit Essen in die Häuser von Verwandten. Zum letzten Mal schläft die Mutter allein mit ihrem Kind.

Der nächste Tag bringt eine Reihe ermüdender Zeremonien. Der Morgen geht mit Kochen für das Fest vorüber. Da und dort im Dorf wird Sago in Kanus geladen, Schweine werden für den Transport eingefangen. Die Mutter wird wieder angekleidet, dieses Mal wieder in das schwere Geldgewand, das sie als Braut getragen hat. Ihr Haar wird zum letzten Mal gefärbt. Morgen wird es wieder abgeschoren, wie es sich für eine tugendhafte Frau gehört.

Vor dem Haus bildet sich die lange, oft aus fünfzehn oder zwanzig Kanus bestehende Prozession. Die Eigentümer der schwer beladenen Kanus schlagen heftig auf geschlitzte Gongs. Die schwergekleidete junge Mutter steigt in das letzte Kanu, und während die Flottille sich langsam und feierlich durch das Dorf bewegt, steigt sie von einem Kanu ins andere. So soll sie von einem Ende des Sagos zum andern wandern, der ihr zu Ehren gesammelt worden ist. Die schweren Geldsäcke ziehen an ihr und ermüden sie. Dieses Fest der Rückkehr zu ihrem Mann macht ihr keine Freude. Unter dem Vorwand, krank zu sein oder daß das Kind nach ihr schreit, verläßt sie die Prozession und fährt nach Hause. Das Fest aber geht lustig weiter. Sie wird nicht vermißt; sie ist nur ein *Pfand* und das Fest eine Gelegenheit für finanzielle Transaktionen.

Nach Einbruch der Dunkelheit ist es dann Zeit für die Reise zurück zu ihrem Mann. Für die Frauen, die sie dabei begleiten, ist dies eine gewinnbringende Angelegenheit; es gibt daher auch Streit zwischen den Frauen des Hauses, wer aus der Familie das Kanu staken soll. Dieser Zank kann sich über eine Stunde hinziehen; während dieser Zeit sitzt die junge Mutter verdrießlich und gelangweilt herum. Das Festhaus ist jetzt dunkel, nur die Herdfeuer flackern. Speiseschüsseln liegen herum, Kinder schlafen dazwischen. Die Stimmen der habgierigen Frauen überschlagen sich in der rauchgeschwängerten Luft. Zuletzt einigt man sich auf einen Kompromiß, und mehrere Frauen führen die junge Mutter die Leiter hinab, verfrachten sie in ein beladenes Kanu und bringen es sicher zu dem Haus der Schwester des Ehemannes, bei der der Mann seit der Trennung gewohnt hat. Die junge Frau klettert auf den Landesteg und bleibt dort ruhig sitzen. Der Mann ist vielleicht im Innern des Hauses, braucht es aber nicht unbedingt zu sein. Er gibt keinerlei Zeichen. Nach einer kleinen Weile klettert sie wieder ins Kanu und fährt zu ihrem Kind zurück, in das Haus mit den vielen Leuten, die weiter über die Sagozahlungen streiten, die durch die Ereignisse des Tages fällig geworden sind. Erst wenn die letzte Abrechnung geordnet ist, gehen die Gäste auseinander. Die Frau ihres Bruders geht als letzte; sie sucht ihre Sachen zusammen und brummt, weil ihre Kinder durch die Geister der Fremden krank geworden sind. Voll Überdruß schläft die junge Frau ein; spät in der Nacht kommt der Ehemann zurück.

Nun beginnt ein neues Leben. Der Vater ergreift heftig Besitz von dem kleinen Kind. Es ist sein Kind, es gehört zu seiner Sippe und steht unter dem Schutz seiner Geister. Er beobachtet seine Frau mit eifersüchtiger Aufmerksamkeit, zankt mit ihr, wenn sie aus dem Haus geht, schilt sie, wenn das Kind schreit. Er braucht jetzt nicht mehr nachsichtig mit ihr zu sein, denn es ist jetzt nicht mehr zu befürchten, daß sie wegläuft. Sie wird dort bleiben, wo ihr Kind wohlversorgt ist. Ein Jahr lang müssen die Mutter und das Kind im Haus bleiben; so lange gehört es noch der Mutter. Der Vater nimmt es gelegentlich auf, getraut sich jedoch noch nicht, es mit hinaus zu nehmen. Sobald jedoch die Beinchen des Kindes kräftig genug sind, daß es darauf stehen kann, und die kleinen Arme sich um einen Hals klammern können, nimmt es der Vater der Mutter immer öfter weg. Nachdem es nun nicht mehr so oft gesäugt zu werden braucht, wünscht der Mann, daß die Frau wieder arbeitet, in den Mangrovesumpf zur Bestellung der Sagofelder geht oder weite Fahrten zum Riff unternimmt, um Schalentiere zu fangen. Sie hat lange genug nichts getan, sagen die Männer: »Eine Frau mit einem Neugeborenen nützt ihrem Mann nichts, sie kann nicht arbeiten.« Der Einwand, daß das Kind sie braucht, wird nicht anerkannt. Beglückt spielt der Vater mit dem Kind, wirft es in die Luft, kitzelt es unterm Arm, bläst zart auf seine glatte bloße Haut. Um drei Uhr morgens ist er aufgestanden, hat in der kalten Dämmerung gefischt, ist den langweiligen Weg zum Markt gefahren, hat einen Teil seiner Fische gegen Taro, Betelnüsse und Taroblätter eingetauscht. Jetzt ist er für den größeren Teil des Tages frei; er ist schläfrig und gerade in der rechten Stimmung, mit dem Kind zu spielen.

Auch der Bruder stellt Forderungen an die Frau. Er hat während der Schwangerschaft viel für sie gearbeitet. Jetzt muß er seinen Verpflichtungen gegenüber der Familie seiner Frau nachkommen, und dabei muß ihm seine Schwester helfen. Von allen Seiten wird sie gedrängt, das Kind seinem vernarrten Vater zu überlassen und ihren Geschäften nachzugehen. Die Kinder lernen im frühen Alter, diese Lage für sich auszunutzen. Der Vater ist ganz offenbar die Hauptperson im Haus; er kommandiert die Mutter herum und schlägt sie, »wenn sie seine Rede nicht hört«. Der Vater ist auch nachsichtiger als die Mutter. Oft kann man sehen, daß ein dreijähriger kleiner Racker sich aus den Armen des Vaters windet, an der Brust der Mutter seinen Durst stillt, dann zurück zum Vater stolziert und von dort der Mutter dreist zugrinst. Die Mutter sieht, daß ihr Kind sich ihr mehr und mehr entfremdet. Nachts schläft es beim Vater, tagsüber reitet es auf seinem Rücken. Er nimmt es mit auf die schattige Insel, auf der die Männer zusammenkommen, Kanus bauen und die großen Fischfallen herstellen. Die Mutter darf nicht auf die Insel mitkommen, außer zum Schweinefüttern, wenn keine Männer dort sind. Für die Mutter ist der Aufenthalt auf der Insel immer etwas peinlich, aber das Kind kann vergnügt zwischen den halbfertigen Kanus herumtollen. Wenn ein großes Fest gefeiert wird, muß die Mutter sich im rückwärtigen Raum hinter einem Mattenvorhang verbergen. Das Kind kann nach vorn zum Vater laufen, wenn Suppe und Betelnüsse verteilt werden. Der Vater steht immer im Brennpunkt des Interessanten, er hat auch immer Zeit zum Spielen. Die Mutter ist oft sehr beschäftigt und muß auch immer in dem rauchigen Haus bleiben. Sie darf nicht auf die Kanuinseln. Kein Wunder also, daß der Vater bei dem Wettstreit immer gewinnt: von Anbeginn wird mit falschen Würfeln gespielt.

Und dann kommt eine neue Schwangerschaft, wieder wird die Frau ein kleines Kind haben, das ein Jahr lang ihr allein gehört. Sie zieht sich jetzt allmählich aus dem Kampf zurück und fängt an, das erste Kind zu entwöhnen. Das Entwöhnen geht langsam vonstatten. Das Kind ist verwöhnt, und obgleich es schon längst andere Nahrung zu sich nimmt, bekommt es doch die Mutterbrust, wann immer es danach schreit. Die Frauen binden sich Haarbüschel an die Brustwarzen, um die Kinder abzuschrecken. Das Entwöhnen dauert bis tief in die neue Schwangerschaft hinein. Das Kind ist gekränkt über die Abweisung und schließt sich nun noch enger an den Vater an. Wenn das zweite Kind zur Welt kommt, gehört das erste ganz dem Vater. Diese Abhängigkeit wird durch die gesellschaftlichen Regeln bei und nach der Geburt eines Kindes noch verstärkt. Denn die Mutter ist mit dem Neugeborenen beschäftigt. Der Vater füttert das Erstgeborene, badet es und spielt den ganzen Tag mit ihm. Er hat jetzt wenig Arbeit und Verantwortung und daher mehr Zeit, seine Position zu festigen. Dies alles wiederholt sich bei der Geburt eines jeden Kindes. Der Mutter sind diese Geburten willkommen; wieder hat sie ein Kind, das ihr allein gehört, wenn auch nur für knapp ein Jahr. Am Ende übernimmt der Vater auch das zweite Kind. Manchmal bleibt sein Interesse für das größere Kind stärker, besonders wenn es ein Knabe und das jüngere ein Mädchen ist; aber meist ist in seinem Kanu Platz für zwei oder drei kleine Wesen. Die Kinder werden, auch wenn sie fünf oder sechs Jahre alt sind, nicht aus dem Kanu verbannt, aber sie verlassen es von selbst in ihren eigenen kleinen Booten, die der Vater für sie gezimmert hat. Beim ersten Kentern oder Zusammenstoß können sie schwimmend in die Geborgenheit der nachsichtigen väterlichen Liebe zurückkehren.

So wie die Verbundenheit des Vaters mit seinem Kind ständig betont wird, so wird die Mutter immer daran erinnert, daß sie einen geringeren Anspruch auf das Kind hat. Wird ihr Vater in einem anderen Dorf krank und sie möchte ihn besuchen, so kann der Mann ihr das nicht verweigern, aber er behält ihren kleinen Sohn bei sich. Eine Frau seiner Sippe säugt dann das Kind, wenn es schreit, und der Vater umsorgt es zärtlich. Die Frau begibt sich auf ihre unsichere Reise, zwischen ihrer väterlichen Familie und ihrem Kind hin- und hergerissen. So ist es in jeder normalen Ehe auf Manus. Kommt es zu Streitigkeiten und die Frau läuft ihrem Mann davon, dann nimmt sie die kleinen Kinder mit. Aber auch hier treffen die Fünf- und Sechsjährigen schon ihre eigenen Entscheidungen und wollen oft lieber beim Vater bleiben.

Oder eine Frau reist mit ihrem Mann und den Kindern in ihr Heimatdorf zu einem Fest. Aber weil eines der Kinder dort einmal erkrankt ist, die Geister ihnen also nicht wohlwollen, verhängt der Mann einen Bann über das Haus des Schwiegervaters, keines der Kinder darf das Haus betreten, und die ganze Familie muß bei seiner Sippe am andern Ende des Dorfes wohnen. Wenn die Großeltern ihre Enkel sehen wollen, müssen sie sie dort besuchen. Die Mutter darf in ihr Elternhaus gehen, wenn sie will, sagt der Mann, aber *seinen* Kindern ist es verboten.

Die Haltung des Mannes ist die gleiche, ob es sich um ein adoptiertes oder um sein eigenes Kind handelt. Ein Viertel der Kinder in Peri waren angenommene Kinder; in der Hälfte der Fälle waren die Eltern gestorben. In allen anderen Fällen hatten die leiblichen Eltern alle Rechte über das Kind abgegeben, wenn das Kind schon in früher Kindheit adoptiert worden war. Wurde ein Kind vom jüngeren Bruder seines Vaters angenommen, so nannte es diesen Onkel »Vater« und den richtigen Vater »Großvater«. Ein kleines Mädchen, das von seiner älteren Schwester angenommen wurde, nannte die Schwester »Mutter« und die wirkliche Mutter »Großmutter«. In einem besonderen Fall war der Adoptivvater gestorben, und die leiblichen Eltern nahmen ihren Sohn wieder zu sich. Sie redeten ihn dann offiziell als »Kind, dessen Vater gestorben ist« an – ein besonderer Ausdruck der Trauer. Kinder, die von älteren Familienmitgliedern angenommen worden sind, nennen ihre richtigen Eltern beim gewöhnlichen Namen. Ein angenommenes Kind gehört zur Sippe des Adoptivvaters; die Geister und Tabus des Hauses werden auch die seinigen. Mit der Adoptivmutter dagegen verknüpfen es keinerlei Bande, außer daß es von ihr sein Essen erhält. Der Anteil der Frau an dem Verdienst, dem Pflegekind eine Heimat zu geben, wird also nicht anerkannt.

Es ist viel darüber geschrieben worden, daß das Mutterrecht ein natürliches Recht sei, weil die Mutterschaft keinem Irrtum unterliegt. Die Vaterschaft ist immer fraglich und ein unsicherer

Beweis für die Abstammung. Häufig werden dann auch Aussagen von Eingeborenen zur Unterstützung dieser Ansicht angeführt.

Manus weicht jedoch von dieser Auffassung stark ab. Man versteht zwar die leibliche Vaterschaft (die Eingeborenen glauben, daß das Kind ein Produkt von Samen und geronnenem Menstruationsblut ist), aber sie ist völlig unwichtig. In ihren Augen ist das angenommene Kind viel mehr das Kind des Pflegevaters als des richtigen Vaters, denn es gehört ja zu den Geistern des Pflegevaters. Männer heiraten oft schwangere Frauen, die entweder verwitwet oder von ihrem Mann getrennt sind; die dann zur Welt kommenden Kinder betrachten sie als ihre eigenen. Der wirkliche Vater erhebt keinen Anspruch auf das Kind, das die weggelaufene Frau geboren hat. Das ganze Dorf weiß, wer der wirkliche Vater ist, aber niemand spricht darüber, außer auf besonderes Drängen hin, vor allem nicht dem Kind gegenüber, es sei denn, dieses erinnert sich an die Adoption.

Mit der Mutterschaft verhält es sich ganz anders. Der Anspruch und das Verdienst des Vaters sind die gleichen, ob das Kind nun blutsverwandt ist oder adoptiert. Aber die Mutter hat dem Kind gegenüber wenig Ansprüche außer dem Anspruch durch die Blutsgemeinschaft. Wir finden hier also keine Auseinandersetzungen über die Vaterschaft, wohl aber über die Mutterschaft. So sagt zum Beispiel eine Frau, indem sie ein Kind heftig an sich drückt: »Dies ist mein Kind. Ich habe es geboren. Es ist in mir gewachsen, ich habe es gesäugt. Es gehört mir, mir, mir!« Dabei weiß jeder im Dorf, daß sie lügt, jeder kennt die wirkliche Mutter des Kindes, das in frühester Kindheit adoptiert worden ist. Ein Zweifel an der Mutterschaft löst den gleichen verhaltenen Zorn aus wie etwa bei uns ein Zweifel an der Vaterschaft.

Diese leidenschaftliche Haltung gegenüber der Mutterschaft könnte man darauf zurückführen, daß nur Mütter, die tote Söhne haben, als Medium auftreten können, und Medium zu sein ist für Frauen die einzige Möglichkeit, echte Gewalt im Haushalt des Mannes auszuüben. Denn wenn die Frau den Willen der Geister auslegt, kann sie – vielleicht in aller Unschuld – die sonderbaren Pfeifgeräusche, die der Geist durch ihre Lippen von sich gibt, durch ihre eigenen Absichten beeinflussen. Durch eine Pflegemutter kann der Geist eines Kindes nämlich nicht sprechen. Es ist natürlich ebenso möglich, daß die Vorschrift der echten Mutterschaft für das Medium sich aus der Einstellung gegenüber der Blutsmutterschaft herleitet.

Doch können die Blutsbande zwischen Mutter und Kindern zertrennt werden. Salikon und Ngasu waren zwei der intelligentesten und am hübschesten angezogenen kleinen Mädchen des Dorfes. Salikon war etwa vierzehn Jahre alt und also der Pubertät so nahe, daß ihr Pflegevater schon die Kokosnüsse für das Pubertätsfest beiseite gelegt hatte. Die elfjährige Ngasu hatte krauses Haar, klare Augen und gelenkige Glieder. Sie konnte schwimmen wie ein Junge und raufte gern. Ihre Mutter war Witwe, eine rundliche, aber bewegliche, noch hübsche und in allen Handfertigkeiten der Eingeborenen sehr geschickte Frau. Panau, ihr Mann, war ein wohlhabendes, wichtiges Mitglied der Dorfgemeinschaft gewesen. Er war gerade dabei, die großen Silberhochzeitszahlungen für seine Frau zu leisten, als er plötzlich starb. Ein so unerwartet aus der Blüte seines Lebens herausgerissener Mann war zweifellos sehr zornig, und deshalb war Panaus Geist im Dorf sehr gefürchtet. Sein jüngerer Bruder Paleao erbte das Haus, die Sorge um die Witwe, die er Mutter nannte, und die Vormundschaft über die Töchter. Salikon war verlobt, und es war Paleao, der das Verlobungsgeld an Schweinen und Öl zusammenbrachte. Die Witwe genoß hohes Ansehen im Dorf und liebte ihre Töchter sehr. Sie erzog sie sorgfältiger als andere Mütter und kleidete sie besser. Ihre Grasröcke waren immer hübsch gekräuselt, und immer trugen sie mit Steinen besetzte Armreifen und Armspangen, die »Mutter gemacht hat«. Die Witwe war eine so vortreffliche Arbeiterin, daß überall nach ihr verlangt wurde; sie wohnte manchmal im Haus von Paleao, manchmal im Haus des einen, dann wieder im Haus des andern Bruders. Wo immer sie hinging, nahm sie ihre beiden Töchter mit, anstatt sie im Haus der Pflegeeltern unterzubringen. Es war ein hübsches Bild der Anhänglichkeit zwischen Mutter und Töchtern.

Aber der Tag kam, an dem es zerstört wurde. Panaus Witwe war noch jung. Viele Männer bewarben sich um ihre Hand, doch geschah dies im geheimen; denn die Sippe der Witwe wagte nicht, ihr Einverständnis zur Wiederverheiratung zu geben, da alle den Zorn des Geistes ihres verstorbenen Mannes fürchteten. Außerdem wollten sie auch die wertvolle Arbeitskraft nicht verlieren. Schließlich fand die Witwe einen sehr zusagenden Bewerber, und in größter Heimlichkeit floh sie mit ihm in ein anderes Dorf. Nun war die ganze Freundlichkeit ihrer Verwandten dahin. Wütend über ihre Flucht und in größter Furcht vor Panau beschimpften sie die Abtrünnige. Am lautesten von allen die beiden kleinen Töchter. Sie wollten ihre Mutter nicht mehr sehen und sprachen nur noch mit tiefer Bitterkeit von ihr. Jetzt würde der tote Vater wirklich zornig sein. Einmal schon hatte die Mutter den Plan gehabt, wegzugehen, aber da war Ngasu fast am Fieber gestorben. Nun würde bestimmt eine von ihnen sterben. Oh, die schlechte, schlechte Mutter, wie konnte sie nur an ihr eigenes Glück denken anstatt an das ihrer Kinder! Von da an wohnten sie im Hause des Bruders ihres Vaters und rissen das Bild der Mutter aus ihren Herzen.

V
Das Kind und das gesellschaftliche Leben der Erwachsenen

Die Kinder der Manus leben in ihrer eigenen Welt, einer Welt, aus der die Erwachsenen hartnäckig ausgeschlossen werden, einer Welt, die andere Voraussetzungen als die der Erwachsenen hat.

Für den erwachsenen Manus ist der Tauschhandel das Wichtigste im Leben; er handelt mit den Bewohnern ferner Inseln, mit den Leuten vom Festland und aus dem Nachbardorf, mit den angeheirateten Verwandten, mit der eigenen Familie. Sein Haus ist unter dem Dach vollgestopft mit Töpfen, auf den Borden häufen sich Grasröcke, die Kisten sind mit Hundezähnen angefüllt. Die Geister seiner Vorfahren wachen über seinen Reichtum und strafen ihn, wenn er ihn nicht weise und vorteilhaft verwendet. Spricht er von seiner Frau, so erwähnt er die Höhe der Zahlung, die er bei der Verlobung geleistet hat; streitet er mit seinen Nachbarn, so prahlt er mit der Zahl der großen Tauschgeschäfte, die er für sie gemacht hat. Spricht er von seiner Schwester, sagt er: »Ich gebe ihr Sago, und sie gibt mir Perlenarbeiten«; spricht er von seinem toten Vater, so erwähnt er die hohe Summe, die er für die Bestattung aufgebracht hat. Wenn er die Hausgeister eines Nachbarn erzürnt hat, so sühnt er mit Schweinen und Öl oder Kisten und Äxten. Sein gesamtes Leben, seine intimsten menschlichen Beziehungen, seine Vorstellung von Orten, seine Hochschätzung der ihn bewachenden Geister, dies alles fällt unter *kawas*, »Tausch«. Er kennt kein anderes Wort für Freund, natürlich fällt auch Freundschaft unter diesen Zauberspruch – Freunde sind Leute, mit denen man Handel treibt und die einem beim Handel helfen. Eine besonders schöne Eßschale oder ein gut geflochtener Grasrock wird als »zu *kawas* gehörend« gepriesen. Schwangerschaft, Niederkunft, Pubertät, Verlobung, Heirat, Tod, alles findet seinen Ausdruck in Hundezähnen und Muschelgeld, in Schweinen und Öl. Die Hauptereignisse des Dorflebens bestehen in diesen Tauschgeschäften und dem dazugehörenden Pomp und Zeremoniell, den rednerischen und zeremoniellen Späßen. Innerhalb der Generationen sind Handelsbeziehungen weiter oder enger; so helfen sich zum Beispiel ein Mann und seine Schwester gegenseitig, was jedoch nicht als Tauschhandel mit Gütern im eigentlichen

Sinn angesehen wird. Die Söhne des Bruders und der Schwester dagegen betreiben echten Handel und schaffen den finanziellen Hintergrund für die zwischen ihren Söhnen und Töchtern arrangierten Heiraten. Diese geschäftetreibenden Vettern dürfen miteinander scherzen, jeder darf unanständige Andeutungen über die Lebensführung des andern machen, keiner braucht sich Mäßigung in der Rede aufzuerlegen oder Verschwiegenheit zu bewahren. Auf diese Weise wird die Spannung der wirtschaftlichen Gegnerschaft durch Zeremoniell gebrochen. Ein Mann, der von seinem Vetter eine Vorauszahlung in Höhe von zehntausend Hundezähnen erhält, eine Zahlung, für die er erst nach Jahren eine Gegenleistung liefern kann, darf zu Ehren seines Gläubigers eine obszöne Herausforderung tanzen. Heiraten sich die Kinder dieser beiden Männer, so ist die durch den Besitzwechsel entstandene Lücke aufgefüllt; auf der einen Seite des Tauschgeschäfts steht die Frau, auf der andern der Mann. Als Geschäftsrivalen sind sie bemüht, sich gegenseitig keine Geheimnisse zu verraten.

Die Aufmerksamkeit der Erwachsenen konzentriert sich fast ausschließlich auf den Handel: wenn das Kanu von Mok mit Kokosnüssen ankommt, wenn ein Mann vom Festland den versprochenen und schon bezahlten Sago bringt, wenn alle Vorbereitungen für die Geburtszeremonie in der nächsten Woche getroffen sind – den ganzen Tag herrscht im Dorf geschäftiges Hin und Her, Verwandte werden um Rat gefragt, ungeduldige Gläubiger fordern kleine Rückzahlungen, Aufträge werden gegeben, Gegenstände werden zurückverlangt. An jedem Tausch sind fünfzehn oder zwanzig Personen beteiligt, Verwandte der verschiedenen Auftraggeber tauschen mit einem Partner der andern Seite. Bei dem Tausch handelt es sich vielleicht nur um dreihundert Pfund Sago, aber es sind lauter individuelle Einsätze im Spiel, nicht Beiträge zu der Ware in ihrer Gesamtheit, und daher ist jede einzelne Person speziell interessiert[3].

In den Tagen vor einem großen Tausch befindet sich das Dorf in fieberhafter Erwartung. Pomasa zum Beispiel macht eine *metcha*, die Silberhochzeitszahlung, die ein wohlhabender, erfolgreicher Mann für seine Frau leistet, mit der er fünfzehn oder zwanzig Jahre verheiratet war. Drei Jahre lang hat Pomasa dieses große Ereignis vorbereitet. Er ist ein geschickter Schildkrötenfischer und hat eine Schildkröte nach der andern an die Festlandleute gegen Hundezähne und Muschelgeld verkauft. Er hat Geschäftsfreunde an der Nordküste und weite Fahrten dorthin unternommen, um Dugongs zu fangen. Alle seine Schwestern, Tanten, Brüder haben ihm dabei geholfen, den nötigen Besitz anzusammeln. Um dies zu können, mußten sie alle ihre Außenstände eintreiben, ihre Schuldner immer wieder mahnen. Jetzt ist nur noch ein Monat bis zu dem großen Tag. Pomasa tötet eine Schildkröte und stakt damit durchs Dorf; triumphierend, prahlerisch schlägt er auf seine Trommel. Er kocht die Schildkröte und verteilt sie an alle Verwandten, die ihm bei dem Tauschgeschäft geholfen haben. In ihrer Gegenwart zählt er in dieser Nacht seine Hundezähne und mißt seine Muschelgeldschnüre.

In diesem Monat arbeitet er nicht mehr, auch die Mitglieder seines Haushalts sind untätig. Mit Hundezähnen und Schmuck behängt, fahren sie statt dessen hierhin und dorthin, um noch mehr Reichtümer zu sammeln. Im Kanu ist eine große Holzschüssel aufgestellt: und wenn das Kanu an einem Landesteg anlegt, bringt die Hausfrau, eine Verwandte, ihren Beitrag heraus und läßt ihn in die Schüssel fallen. Jeder, der etwas beisteuert, erhält die genaue Gegenleistung in Schweinen, Öl und Sago, sobald die Rückzahlungen erfolgen. Eines Tages wird Pomasa sich die Kinnlade seines Vaters auf den Rücken hängen, einen besonders großen und schönverzierten Sack über die Schulter nehmen und zu einem Besuch bei entfernten Verwandten auf dem Festland reisen. Oder der ganze Haushalt begibt sich in ein anderes Dorf, von wo die Expedition mit ein paar neuen Kanus zurückkommt, die man von irgendwelchen Vettern bezogen hat.

Inzwischen haben die Verwandten von Pomasas Frau, die die bedeutungsvolle Zahlung erhalten sollen, schon eifrig zu kochen angefangen. Tag für Tag schicken sie Schüsseln mit Essen in Pomasas Haus, damit er und seine Frau von der Sorge um ihr tägliches Brot befreit sind. Pomasa ist immer fein herausgeputzt, immer etwas wichtigtuerisch und Mittelpunkt des öffentlichen Interesses. Wenn die *metcha* herannaht, werden alle Familienangehörigen der Frau zur Besichtigung der Reichtümer eingeladen, die sie später erhalten sollen.

Das Haus ist voll von Menschen; flammende Fackeln, die an den niedrigen Feuerstellen entzündet werden, geben Licht, und Männer und Frauen drängen sich begierig um die zur Schau gestellten Gegenstände. »Oh, Nali, Panaus Schwägerin, bekommt diese Schnur mit Hundezähnen!« Sorgfältig und habsüchtig prägt sich Nali die besonderen Merkmale der Kette ein: fünf Zähne, dann ein zerbrochener, blaue Steine zwischen den Zähnen außer in der Mitte, wo sich fünf rote befinden, an den Enden blaue und rote Stifte. Wenn zwei Wochen danach Nali durch ein Versehen nicht genau diese Kette erhält, wird sie laut ihr Recht geltend machen. Nach dieser Ausstellung geht die Schwiegerfamilie nach Hause, um noch mehr und noch bessere Dinge für Pomasas Haushalt zu kochen.

Wenn dann der große Tag kommt, ist Pomasa meterweit mit Schmuck behängt. Seine immer etwas traurig dreinblickende Frau ist bräutlich herausgeputzt. In etwa einem Monat wird sie ihr zehntes Kind zur Welt bringen. Fünf der Kinder sind gestorben. Popitch starb erst vor sechs Wochen. Ihre langen, verbrauchten Brüste hängen trotz der stützenden Verzierungen schlaff herab. Ihr Gesicht ist faltig und hager, unter dem Gewicht der bräutlichen Schürzen geht sie ungeschickt gebückt. Für Pomasa, ihren Mann, ist dies ein großer Tag, und ebenso für ihren Bruder Bosai, der Pomasas Zahlung erhält. Es ist ihre Silberhochzeit.

Im Dorf herrscht großes Gedränge, Fremde kommen von überall her, jedes Haus hat Gäste. Kanus scharen sich um die kleinen Inseln, Tausende von Hundezähnen sind an Stricken aufgehängt, beide Sippen tanzen und halten lange Reden. Ein wichtiges und aufregendes Ereignis hat stattgefunden. Noch jahrelang wird diese *metcha* erwähnt werden: wer dabei gut oder nicht gut abgeschnitten hat; wie Pomasa sich um die Extrazahlung herumdrückte, die gewöhnlich am Ende der Nacht noch gemacht wird. Wenn Pomasa mit seinen Nachbarn streitet, die keine *metcha* veranstaltet haben, so wird er mit seinen großen Leistungen prahlen. Von den Schweinen und dem Öl, womit seine Schuldner ihm dann die Rückzahlung leisten, wird er mit seiner Familie gut leben und seine Schulden bezahlen können.

Mit diesem komplizierten System des Hundezahnfinanzwesens kommt jede Person, die etwas Besitz hat, jede Woche, ja fast täglich in Berührung. Wenn ein Schwein ein halbdutzendmal an einem Vormittag den Besitzer wechselt, ist die Beteiligung vieler Personen unvermeidlich. Jede *metcha*, jede Verlobung, jede Heirat strahlt ihre Wirkung durch viele Dörfer aus und berührt den Haushalt jeder Familie.

Von dieser Welt sind die Kinder vollständig ausgeschlossen, und zwar durch den einfachen Umstand, daß sie keinen Besitz haben. Sie haben weder Schuldner noch Gläubiger, weder Hundezähne noch Schweine, noch eine Rolle Tabak. Der Tausch kann allerdings im Namen eines Kindes erfolgen. Kilipaks Vater kann zum Beispiel zwölftausend Hundezähne an seinen Vetter, den Vater von Kilipaks zukünftiger Frau, zahlen. Daraus erkennen die Kinder, wen Kilipak eines Tages heiraten wird. Sie necken ihn ein wenig, nennen ihn auf einmal nicht mehr Kilipak, sondern »Enkel von Nate«, dem Großvater der Braut. Die Neckerei macht Kilipak böse und verdrießlich, aber er kümmert sich nicht sonderlich um die Zeremonie, für die er allerdings einst wird geradestehen müssen. Heute geht er einfach mit den anderen Jungen zum Fischen.

Später aber wird Kilipak diese Zahlung, die ihn jetzt nicht interessiert, zu fühlen bekommen: er muß es dann vermeiden, den Namen seiner Braut und die Namen aller ihrer Verwandten auszusprechen, und er muß sich verstecken, wenn sein Kanu durch ihr Dorf fährt. In den Augen des Jungen stecken die Eltern in einer großen geschäftlichen Angelegenheit, die all ihre Zeit und Aufmerksamkeit in Anspruch nimmt, die Mutter ärgerlich und den Vater geistesabwesend macht; das Essen im Hause entspricht nicht so wie sonst seinen Wünschen, die ganze Familie ist draußen beschäftigt, und vielleicht muß er sich auch von dem großen Schwein trennen, auf dem er so gern ins Wasser reitet. Außerdem gibt es viel Trommelschlagen und Tanzen, viele Reden werden gehalten. Für ihn ist jede Zeremonie genau wie alle andern. Für die Eltern ist es vielleicht sehr wichtig, daß vor dem *kinekin*-Fest zu Ehren einer schwangeren Frau die Sagobündel zu dreien gestapelt sind, während sie für ein *pinpuara*-Fest nach der Geburt aufrecht gestellt werden. Den Älteren sind solche wichtigen Einzelheiten Zeichen innigster Vertrautheit mit der Sache, so wie ein Spekulant seine genaue Kenntnis des Aktienmarktes stolz zur Schau trägt. Aber für den kleinen Jungen ist dies alles unverständlich und uninteressant.

Für ihn läßt sich das ganze Spektakel auf eine einfache, knappe Formel bringen. Es gibt zweierlei Arten von Zahlung: die ganz großen Zahlungen und die kleinen Rückzahlungen, die nach und nach von den einzelnen Leuten geleistet werden. Die großen bestehen aus Kanuladungen Sago, aus Schweinen und Öl, es können aber auch Hunderte von Hundezähnen sein, die auf einer der kleinen Inseln aufgehängt sind. In diesem Fall wird getanzt. Manchmal allerdings wird aus unerklärlichen Gründen auch nicht getanzt. Bei anderer Gelegenheit wechselt ein Schwein seinen Besitzer, und Trommelschlag ertönt. Das ist sehr störend; denn durch das Trommeln wird man vom Spiel weggeholt, weil man denkt, es sei etwas Interessantes los. Aber dann zeigt sich, daß es sich nur um die Zahlung einer Schuld handelt. Danach gibt es immer Zank, Beleidigungen und Gegenbeschuldigungen. Wenn Mutter in diese Geschäfte verwickelt ist, so stark, daß es unvorteilhaft wäre, nach Hause zu gehen – in der Sprache der Kinder: wenn Mutter »Arbeit hat« –, dann ist Vater ganz besonders garstig zu ihr, weil er weiß, daß sie es nicht wagen würde, ihn zu verlassen. Wenn es aber »Vaters Arbeit« ist, so ist Mutter extra unwirsch zu ihm, bekommt die Sache schließlich satt und geht zu ihren Verwandten. Der Umstand, daß ein großer Teil dieser »Arbeit« offensichtlich in seinem Namen geschieht, trägt nur dazu bei, das Kind noch mehr dagegen aufzubringen und sie als unverständlich und lästig anzusehen. Auf alle Fragen über geschäftliche Dinge antworten die Kinder wütend: »Woher sollen wir das wissen? Wer ist denn hier der Erwachsene, wir oder du? Denkst du, du kannst uns mit solchen Sachen belästigen? Uns geht das gar nichts an!«

Die Eltern überlassen die Kinder ganz diesem glücklichen Zustand ohne Verantwortung und Aufgaben. Sie machen keinen Versuch, den Kindern Besitz zu geben, um ihnen das Finanzspiel näherzubringen. Man verlangt von ihnen nur, daß sie die Tabus und Meidevorschriften einhalten, die sich aus diesen wirtschaftlichen Verbindlichkeiten ergeben, denn andernfalls werden die Geister böse, was unerwünschte Folgen haben würde.

In der Welt des Kindes wird Besitz nicht aufgespeichert und verwahrt, sondern von allen benützt, wenn er schon nicht allen gehört. Ihr Besitz besteht aus kleinen Kanus, Paddelrudern, Stakstangen, Pfeil und Bogen, Speeren, Netzen, Perlenschnüren, einem Stückchen Tabak oder Betelnuß. Die letzteren teilen die Kinder immer freigebig unter sich auf. Eine armselige kleine Zigarette aus Zeitungspapier und Louisianatabak geht durch fünfzehn Hände, ehe sie ihrem Eigentümer zurückgegeben wird, der dann den letzten Zug tut. Wenn in einer Kindergruppe ein Name öfter gerufen wird als die übrigen, so kann man sicher sein, daß dieses Kind eine Zigarette hat, um die die andern betteln. Ebenso wandern Halsketten von einem Kind zum andern, ohne daß eine Gegenleistung erwartet wird. Zank über Besitz gibt es fast nur bei Erwachsenen, bei den Kindern kommt er selten vor. Ältere Kinder ahmen die Strenge der Eltern nach und strafen die kleineren, wenn sie die Sachen der Erwachsenen auch nur berühren; aber dies geschieht wohl mehr, um eine kleine Schlägerei zu provozieren, oder aus Gewohnheit als aus dem Bedürfnis, Eigentum zu schützen.

Streitigkeiten, die aus anderen Ursachen entstehen, werden dem eingreifenden Erwachsenen gegenüber immer damit erklärt, daß eines der Kinder einem anderen etwas weggenommen habe. Die Beschuldigung »Er hat mein Kanu genommen« findet viel mehr Verständnis als »Ich wollte mit ihm Schusser spielen, und er wollte nicht«. Die Kinder wissen das ganz genau und verstehen es glänzend, ihre Welt in Begriffe zu fassen, die bei den Erwachsenen die nötige Wirkung erzielen.

Das ständige Kaufen und Verkaufen, die Voraus- und Rückzahlungen sind ein ernsthaftes Hindernis für jede Zusammenarbeit. Reichtümer im Besitz des Einzelnen sind ein fortwährender Ansporn für egozentrische, individualistische Betätigung. Die Kinder, bei denen es solche Einzelinteressen nicht gibt, neigen viel mehr zu gemeinsamen Taten. Die vierzehn- und fünfzehnjährigen Jungen, die an der Spitze der Gruppe stehen, stellen die kleineren Kinder an, planen Wettrennen oder Wettfahrten im Kanu, organisieren Fußballspiele, wobei als Ball eine Zitrone dient; oder sie veranstalten Fahrten an den Fluß zum Schwimmen. Kleine Streitigkeiten und Raufereien kommen häufig vor, anhaltender Verdruß dagegen ist selten. Die Führerschaft entsteht zu spontan, ist zu ungeformt und kennt zu wenig strenge Maßnahmen, als daß sie Widerspenstige zwingen könnte. Der Aufsässige geht ungestraft nach Hause, der Unruhestifter bleibt. Die größeren Jungen streiten und beschimpfen sich, trauen sich aber nicht, Gewalt anzuwenden. Eine richtige Schlägerei zwischen Kindern, auch ganz kleinen Kindern, bedeutet Streit zwischen den Elternpaaren, und in jedem Fall findet das Kind Mitgefühl bei seinen Eltern. Zorn über einen mißlungenen Plan oder ein verdorbenes Spiel verraucht rasch, Yesa befiehlt Bopau, sein Kanu zu holen. Bopau will nicht. Yesa haut ihn, Tchokal haut Yesa, weil er Bopau gehauen hat, und Kilipak haut Tchokal, weil er Yesa gehauen hat. Da Kilipak der Größte der Gruppe ist, bleibt von der Balgerei nur etwas Geheule und Gekränktsein übrig. Fünf Minuten später scheint wieder die Sonne, es sei denn, ein Kind fühlt sich so beleidigt, daß es nach Hause geht, um sich bedauern zu lassen. Solche Stürme im Wasserglas kommen häufig vor und sind unwichtig, eine Folge davon, daß eine große Zahl streitlustiger Kinder miteinander spielt, ohne daß eine Kontrolle über sie ausgeübt wird. Sie sind viel heiterer und weniger streitsüchtig als die Eltern, lenkbarer, freundlicher, weniger mißtrauisch und freigebiger. Tiefwurzelnde Fehden und Feindschaften fehlen. Fast jeder Erwachsene hat eine ständig schwelende Feindschaft, die jeden Augenblick zu offenem Zank aufflammen kann. Bei den Kindern dagegen wird durch die große Zahl und die verschiedenen Altersstufen eine fließende, unkonventionelle Gruppe gebildet, in der persönliche Bindungen und Feindschaften nicht gedeihen können.

Die heftige Parteinahme der Eltern für ihre Kinder wird von diesen nicht erwidert. Wenn auch die Schmähungen der verschiedenen Elternpaare durch das Dorf schallen, spielen deren Kinder unberührt miteinander. Werden die Streitigkeiten zwischen den Eltern so ernst, daß ein Eingreifen der Geister zu befürchten ist, dann warnt man die Kinder, in das Haus des Feindes zu gehen – eine Warnung, die sie nach Belieben befolgen oder mißachten.

Die Grundlage der Welt des Kindes ist also das Spiel. Die Teilnahme daran ist freiwillig und ohne Hintergedanken. Bei den Erwachsenen dagegen wird gelegentliche Freundlichkeit, nachbarliches Besuchen beinahe als etwas Tadelnswertes angesehen. Junge Männer ohne Stand und Rang gehen zu den älteren Verwandten, um Beistand zu erbitten oder einen Dienst zu leisten. Männer besuchen häufig ihre Schwestern. Aber wenn Männer gleichen Ranges oder verheiratete Frauen, die weder Schwestern noch Schwägerinnen sind, sich gegenseitig besuchen, so gilt das als albern und würdelos. Ein Mann, der im Dorf von einem Haus zum andern fährt und Besuche macht, muß schon beträchtliches Ansehen genießen, um nicht vom Spott der anderen verfolgt zu werden. Der einzige Mann in Peri, der ständig Leute besuchte, erhielt den Spitznamen *pwisio*, die Bezeichnung der Manus für die Katze des weißen Mannes, deren Neigung zum Herumstreunen den Eingeborenen bekannt ist. Gesellschaftliche Zusammenkünfte gelten entweder einem Tausch oder kranken, schiffbrüchigen, sterbenden Personen oder Toten. Sein eigenes Haus zu verlassen und in einem Haus zu schlafen, in dem Kummer herrscht, gilt als Ausdruck höchster Anteilnahme. Männer, Frauen und Kinder liegen dann in Mengen auf dem Fußboden, die Männer im vorderen Teil des Hauses, die Frauen im hinteren Raum, wobei Ehepaare sich trennen. Manchmal zieht sich das über einen Monat hin. In einem fremden Haus zu schlafen, ist eine feierliche Angelegenheit, die nicht leichtfertig unternommen werden darf.

Die Männer des Manus-Volks, die selber Freundschaften abgeneigt sind, zeigen sich den Freundschaften ihrer Frauen gegenüber intolerant. Eine Frau drückte das einmal so aus: »Wenn ein Mann seine Frau länger mit einer anderen Frau reden sieht oder wenn sie in das Haus der andern Frau geht, so schaut er sie sich genau an. Wenn es ihre Schwester oder ihre Schwägerin ist, dann ist alles gut. Aber wenn es keine Verwandte ist, zankt er seine Frau aus. Oder vielleicht schlägt er sie sogar.« Auch mit ihren eigenen weiblichen Verwandten muß eine Frau immer vorsichtig sprechen. Ihr Ehemann ist für diese Frauen tabu, und deren Ehemänner sind für sie tabu. Sie darf nichts Persönliches über jemanden reden, der tabu ist. Eine Tochter darf zur Mutter, die nie dem Mann ihrer Tochter ins Gesicht sehen durfte, nicht über ihr Eheleben sprechen. Infolge der zwischen verschwägerten Personen bestehenden Tabus sind solche Personen nicht nur aus dem gesellschaftlichen Leben, sondern auch aus dem Gespräch verbannt.

Mit ihrer Schwägerin steht sie auf noch formellerem Fuß. Die Schwägerin ist ihrem Bruder ergeben und daher gegen dessen Frau eingenommen, sie duldet nicht die geringsten Klagen gegen ihn. Die beiden Schwägerinnen dürfen sich gegenseitig nicht beim Namen nennen; sprechen sie miteinander, so hat immer die Anrede *pinkaiyo* (Schwägerin) voranzugehen. Ebenso wie die Beziehungen des Mannes zu seinen Schwestern und diejenigen einer Frau zu ihren Brüdern eine der stärksten Bedrohungen für die Stabilität der Ehe bilden, so bedeutet die – mit Nachdruck geforderte – Freundschaft zwischen Schwägerinnen und zwischen Schwägern eine wertvolle Bindung.

Durch das ganze Leben der Erwachsenen zieht sich ein Kampf zwischen der Frau und der Schwester des Mannes um dessen Verantwortlichkeit und seine Geschenke. Dieser Kampf ist weit heftiger als zwischen Schwägern. Die Schamlosigkeit, mit der eine eifersüchtige, aufgebrachte Frau ihren Mann beschuldigt, seine Schwester zur Nebenfrau gemacht zu haben, hat kein Gegenstück in den Beziehungen zwischen Schwägern. Die Frau ist der Fremdling, sie ist dauernd im Nachteil gegenüber den älteren Rechten einer Schwester. Die Gemeinschaft sorgt deshalb dafür, daß diese beiden traditionellen Feinde einen dauerhaften Waffenstillstand schließen. Und tatsächlich lernen in haltbaren Ehen die Schwäger, gute Kameraden oder sogar Freunde zu werden, und die Schwägerinnen sich so anzupassen, daß sie in einer Art Zusammenarbeit gemeinsame Leistungen vollbringen. Aber der Nachdruck, mit dem die Gesellschaft auf diesen höchst schwierigen Freundschaften besteht, behindert die freie Wahl und reglementiert die menschlichen Beziehungen.

Die formellen Beziehungen eines Mannes zu seinen Brüdern und Schwägern unterscheiden sich stark von seinen scherzhaften Beziehungen zu seinen Quervettern[4]. Auf Schritt und Tritt stößt er auf solche Vettern, die ihn mit »Quervetter« anreden und sofort anfangen, sich über den feierlichen Anlaß, der ihn etwa gerade beschäftigt, lustig zu machen. Diese zeremonielle Vertraulichkeit ist zwar oft peinlich und lästig, bildet jedoch eine Art Ventil, das innerhalb anderer Verwandtschaftsbeziehungen nicht geduldet wird. Und zu einer Querlinie darf ein verwitweter Mann sogar über seine Heiratspläne auf einigermaßen persönliche Art sprechen.

Unter Frauen, die auf solche Weise verwandt sind, gibt es diesen scherzhaften Verkehr jedoch nicht. Er ist zwar zulässig, wird jedoch niemals geübt. Und die Frau, der sich mit vertraulichen Eröffnungen ein Vetter nähert, antwortet nicht mit ebensolchen Vertraulichkeiten; in Prüderie besser geschult als er, schweigt sie.

Die Kinder, besonders die Knaben, stehen diesen zeremoniellen Vorschriften in der Welt der Erwachsenen ebenso sorglos gegenüber wie den Tauschgeschäften. Für die kleinen sind die älteren Verwandten unterschiedslos Väter, Mütter und Großeltern. Die besonderen Bezeichnungen für den Bruder der Mutter und die Schwester des Vaters bleiben völlig unbeachtet, und ein Vierzehn- oder Fünfzehnjähriger weiß nicht einmal die richtige Bezeichnung für die Tante des Vaters, obgleich diese Verwandte und ihre weiblichen Abkömmlinge die hauptsächlichen Trauernden bei seinem Tod sein werden. Die Welt der Erwachsenen teilt sich für die Kinder in Vaters Sippe, Mutters Sippe, Personen, die mit Vater und Mutter verwandt sind und also zum engeren Kreis gehören; dann Personen, denen Mutter aus dem Weg geht, Personen, denen Vater aus dem Weg geht, Personen, denen man selbst aus dem Weg gehen muß. Das auffälligste Kennzeichen für eine Großmutter kann sein, daß sie wegläuft, wenn Vater kommt, und daß Vater ärgerlich wird, wenn ihr Name in seiner Gegenwart fällt. Im allgemeinen Sprachgebrauch gibt es kein Wort für Verwandte; statt dessen heißt es: »Ich gehöre zu Kalat, er gehört zu Kalat«[5], oder »wir gehören beide zu Kalat«. Die noch nicht Sieben- oder Achtjährigen wissen nur, daß sie in den Häusern der mütterlichen Sippe gut aufgenommen werden; den größeren Kindern hingegen ist schon klar, daß die Erklärung dafür die Sippenzugehörigkeit der Mutter ist. In der großen Menge von Verwandten stehen Vater und Mutter und Halb-Pflegeväter, die ein Kind adoptiert haben oder es adoptieren wollen, ganz für sich. Sie können das Kind am leichtesten beherrschen. So war Langison als ältestes Kind formlos von dem Ehemann der Schwester der Mutter seines Vaters und von dem jüngeren Bruder seines Vaters adoptiert worden, so daß er »drei Väter« hatte, oder, wie der Junge es ausdrückte, »drei Häuser, in denen man nach Essen schreien kann«. Auch in den Häusern der Großeltern kann man »nach Essen schreien«, ohne Schimpf und Schande über sich und die Eltern zu bringen; denn das Verbot, Essen zu verlangen, fällt unter die Erziehung zum Respekt vor Besitz.

Die allgemeine Toleranz gegenüber den Kindern ermöglicht es diesen, alle Vorteile der Verwandtschaftsbeziehungen für sich auszunützen, ohne selbst zu Gegenleistungen herangezogen zu werden. Feiert der Haushalt des Motchapal-Clans ein Fest, so können alle zum Clan gehörenden Kinder mit ihren Kanus kommen, Hundezähne umhängen und gierig mitschmausen, brauchen es aber nicht, wenn sie keine Lust haben. Sogar an Trauerzeremonien brauchen Kinder unter fünfzehn Jahren nicht teilzunehmen; auch an die Unverheirateten werden nur geringfügige Forderungen gestellt. Das ganze System der Erwachsenen beruht darauf, die Ansprüche der Kinder zu erfüllen. Die stärksten Ansprüche, die an das Kind gestellt werden, betreffen das Meiden.

Es wird von den Kindern auch nicht gefordert oder erwartet, die streng begrenzten Freundschaften der Erwachsenen zu beachten. Ist ein Clan von den übrigen etwas isoliert, wie es bei den Kalat der Fall ist, so spielen seine Kinder natürlich mehr miteinander als mit den am andern Ende des Dorfes wohnenden Kindern. Verwandtschaftsbezeichnungen sind unter ihnen nicht üblich; meistens sind sie sich der Art der Verwandtschaft gar nicht bewußt. Erwachsene zeigen lachend auf den winzigen Onkel eines kräftigen Zehnjährigen oder erklären, wieso durch Adoption ein kleines Mädchen Kusine ihrer eigenen Schwester geworden ist. Aber die Kinder selbst haben für solche Dinge kein Interesse. Verwandtschaftsbeziehungen außerhalb des Haushalts kommen ihnen zum erstenmal bei einem gemeinsamen Meidegebot zum Bewußtsein. Ich erlebte das bei vier Jungen, Pomat, Kilipak, Kuta und Yesa, die von frühester Kindheit an miteinander gespielt hatten. Pomat wußte, daß seine Mutter Kilipaks Mutter »Schwester« nannte, aber niemals redete er Kilipak mit »Quervetter« an. Er wußte, daß Pomasa, Kutans Vater, Kemai, seinen eigenen Vater, »Großvater« nannte, aber er war nie daran gewöhnt worden, Kutan deshalb »Sohn« zu nennen. Er wußte, daß Yesa vom Bruder seiner Mutter adoptiert worden war; trotzdem nannte er Yesa niemals »Quervetter«. In erster Linie betrachteten die Jungen einander als Einzelpersonen. Sie waren noch nicht, wie die Erwachsenen, gewöhnt, als erstes an Verwandtschaft zu denken. Eines Tages zog der Ehemann von Pomats Schwester ins Dorf. Dieser junge Mann namens Sisi war ein Tabu-Verwandter aller vier Jungen, da er Pwondret, Pomats Schwester, geheiratet hatte, die eine Querkusine von Kilipak und Yesa und »Mutter« von Kutan war. Sisi und Pwondret hatten sehr rasch ohne lange Verlobungszeit geheiratet, so daß alle vier Jungen Sisi nur als gelegentlichen Besucher gekannt hatten, den sie mit seinem Namen anredeten. Nun auf einmal mußten sie ihn »Mann von Pwondret« nennen. Diese lästige Tatsache machte ihnen klar, daß sie alle miteinander verwandt waren; nun gaben sie sich alle Mühe, die Verwandtschaftsgrade und die Bezeichnungen festzustellen, mit denen sie einander anzureden hatten.

So können die in der Welt des Kindes geltenden einfachen Vorschriften durch den Kontakt mit der Welt der Erwachsenen kompliziert werden; der Abgrund zwischen beiden Welten wird dadurch jedoch nicht geringer. Nur die gemeinsame Altersgruppe kommt ihnen stärker zum Bewußtsein; alle vier Jungen empfanden gemeinsam die Unbequemlichkeit der Konvention der Erwachsenen. Es wird niemals ernsthaft versucht, das Kind in diese fremde Welt der Erwachsenen einzubeziehen, es wird ihm darin kein Platz und keine Verantwortung zugewiesen. Es darf sie zu seinen eigenen egozentrischen Zwecken ausnützen, und nur wenn die Einhaltung von Tabus für die Sicherheit der Gemeinschaft unumgänglich nötig erscheint, fühlt das Kind ihren Druck.

VI
Das Kind und das Übersinnliche

Die Religion der Manus ist eine besondere Verbindung von Spiritismus und Vorfahrenverehrung. Die Geister der Familienvorfahren werden Wächter, Beschützer, Kritiker, Diktatoren. In einer geschnitzten Schale hängen Schädel und Fingerknochen vom Dach herab; die Wünsche und Vorlieben des Hausgeistes werden bei allen wichtigen Gelegenheiten erforscht. Fällt schweres Unheil auf das Haus, so kommt der Hauptgeist in Verruf und wird entweder zum Schutzgeist eines jungen Mannes oder eines Knaben degradiert oder ganz aus dem Haus verbannt. Ohne Haus ist ein Geist ebenso ein gesellschaftliches Nichts wie ein Mann ohne Haus. Er schweift dann machtlos und etwas boshaft in den freien Räumen zwischen den Häusern herum und entartet zuletzt zu einer niedrigen Form von Meeresfauna. Inzwischen ist ein neuer Geist im Hause eingeführt worden. Dieser herrschende Hausgeist ist der besondere Beschützer des männlichen Familienoberhauptes. Falls der Geist nicht gebeten wird, zu Hause zu bleiben, begleitet er den Hausherrn auf seinen Meerfahrten oder bei seinen Reisen aufs Festland. Seine Geisterfrau oder -frauen, die nicht sehr wichtig sind und deshalb nicht durch Schädel vertreten werden, bleiben zu Hause. Frauen und Mädchen haben keine persönlichen Beschützer und sind daher vom spiritistischen Gesichtspunkt nicht für den Besuch gefährlicher Orte ausgerüstet. Dagegen erhalten kleine Knaben, wenn sie vier oder fünf Jahre alt geworden sind, Schutzgeister, die sie überallhin begleiten sollen. Diese Beschützer sind entweder Geister von verstorbenen Knaben oder Kinder, die in der Geisterwelt zu Geistern geboren wurden, oder gelegentlich auch die etwas in Verruf geratenen oder unmodern gewordenen Geister ihrer Väter.

Bei den Manus gibt es weder Himmel noch Hölle, sie haben einfach zwei Ebenen der Existenz. Auf der einen leben die Sterblichen, deren Handlungen und Worte den Geistern bekannt sind, sofern der Geist anwesend ist und achtgibt. Der Geist ist nicht allwissend. Wie ein lebender Mensch kann auch er nur sehen und hören, so weit seine Sinne reichen. Er braucht nicht zu wissen, was während seiner Abwesenheit im Hause vorging. Die Geister sind unsichtbar, und nur selten können sie von den Lebenden erblickt werden; gelegentlich machen sie sich nachts durch Pfeifen bemerkbar. Sie sind mächtiger als die Lebenden, da sie weniger von Zeit und Raum abhängig sind und greifbare Gegenstände in ihre eigene unsichtbare Sphäre versetzen können. Ihre Einwirkung auf die Lebenden besteht darin, daß sie aus der Seele Teilchen herausziehen. Wenn alle Bestandteile der Seele von dem Geist oder den Geistern herausgeholt worden sind, stirbt der Mensch. Geister können auch Dinge verstecken oder stehlen, können Steine werfen oder sonstwie die körperliche Welt auf launische und unerklärliche Weise beeinflussen. Dies geschieht jedoch nur selten. Trotz ihrer großen Macht werden sie als sehr menschlich angesehen. So beschwört ein Mann seinen Geist, einen erwarteten Schwarm Fische in eine besondere Lagune zu treiben. Er bittet den Geist nicht, den Schwarm zu vergrößern, sondern nur, ihn zu lenken. Die Hauptaufgabe des Geistes besteht darin, die Fischzüge seiner Schützlinge zu segnen und ihr Leben und ihre Glieder vor den Ränken feindlicher Geister zu bewahren. Als Gegenleistung fordert er gewisse Verzichte und Tugenden. In erster Linie darf der Lebende keine Sittlichkeitsverstöße begehen, die ihn mit der gesellschaftlichen Ordnung der Manus in Konflikt bringen würden (gegen eine Liebschaft mit einer Frau eines anderen Stammes hätte der Geist nichts einzuwenden). Dies ist ein schwerwiegendes Verbot: ein leichtfertiges Wort, eine zufällige körperliche Berührung, schlimme Absichten, achtlose Scherze, Übertreten der Meidevorschriften gegenüber angeheirateten Verwandten, dies alles kann den gerechten Zorn der Geister auslösen, der sich entweder über den Sünder oder über einen seiner Verwandten entlädt – vielleicht stirbt ein gebrechlicher Mann oder ein Neugeborenes erkrankt an Kolik. Ferner hassen die Geister wirtschaftliche Nachlässigkeit jeder Art. Nichtbezahlen von Schulden, achtloses Umgehen mit Familienbesitz, Hinausschieben von geschäftlichen Entschlüssen und Parteilichkeit beim Verteilen von Vermögenswerten unter verschiedenen Verwandten, wenn zum Beispiel ein Mann den der Familie zufließenden Besitz dazu verwendet, spektakuläre Zahlungen an seine Frau zu leisten, während er seinen jüngeren Bruder bei dessen Verlobung leer ausgehen läßt. Nichtunterordnung innerhalb der Familie, Zank zwischen Schwiegerfamilien erregen den Zorn der Geister ebenso wie ein schlechter Zustand des Hauses, wie wurmstichige Fußböden, einsinkende Pfosten und ein durchlöchertes Strohdach.

Abgesehen von ihren Aufgaben gegenüber ihren pflichtbewußten Schützlingen und ihrem strengen Amt als Bewahrer der moralischen Ordnung, führen die Geister ein ziemlich menschliches Leben, das als Ergebnis ihrer auf Geisterebene übertragenen sterblichen Natur angesehen werden kann: sie heiraten oder streben nach einer Heirat, sie zeugen Kinder, sie streiten untereinander, entziehen sich ihren Verpflichtungen, sie lassen aus Bosheit alten Groll an den Lebenden aus oder übertragen auf Geisterebene entstandene Feindschaften auf die mit den gehaßten Geistern verbundenen Lebenden. So straft ein Geist seine Schützlinge, wenn sie es versäumen, die menschlichen Verwandten seiner Geisterfrau als Schwiegerfamilie zu behandeln; oder er läßt den lebenden jüngeren Bruder eines Geistes, der seine Geisterfrau verführt hat, krank werden. Ein eben Gestorbener richtet manchmal aus Rache für seinen eigenen Tod Verwüstungen unter den Lebenden an. Ist er ein Jüngling, versucht er, andere Jünglinge zu töten, weil sie leben, während er tot ist; starb er wegen Ehebruch, so macht er sich selbst zum Scharfrichter aller Ehebrecher. Stirbt er bei der Vorbereitung eines großen Festes, so sucht er andere heim, die gerade die gleiche Art von Fest veranstalten wollen. Oder er benimmt sich besonders boshaft gegenüber Personen, die die Wiederverheiratung seiner Witwe arrangieren oder an der Hochzeit teilnehmen.

Der Wille der Geister wird den Sterblichen im Verlauf von Séancen bekanntgegeben, bei denen die Mütter von verstorbenen Knaben als Medien agieren. Das Geisterkind tritt als Botenjunge auf Geisterebene auf. Es spricht durch den Mund seiner Mutter mit Pfeifgeräuschen, die sie den versammelten Fragern übersetzt. Auf ihre Bitte geht es umher und fragt bei den verschiedenen Geistern an, wer die Krankheit, das Unglück oder den Tod veranlaßt hat; oder es holt die entwendeten Seelenteilchen zusammen und gibt sie der kranken Person zurück.

Männer können allerdings weniger befriedigende Gespräche mit ihren Schutzgeistern durch eine Art von Weissagung führen: es wird eine Frage gestellt und ein Knochen über die Schulter gehängt. Juckt der Rücken auf der einen Seite, so ist die Antwort ein »Ja«, juckt er auf der anderen Seite, so bedeutet es »Nein«. Der Mann bestimmt so manchmal die Richtung, die die Antworten des Mediums bei der Séance nehmen.

Im Haus von Paleao zum Beispiel lebt der soeben erst im Geisterreich angekommene Geist von Paleaos verstorbenem

Adoptivbruder Panau, der noch unter seinem plötzlichen Tod inmitten der Vorbereitungen für ein Fest leidet. Er hat die üble Angewohnheit, Leute mit einer Axt zu schlagen. Der davon Betroffene spuckt Blut und hat wenig Aussicht, wieder gesund zu werden. In dem kleinen Haus nebenan wohnt Paleaos Schwiegermutter unter der Aufsicht des Schutzgeistes von Paleaos kleinem Sohn Popoli, seinem Namensvetter. Der Geist Popoli, aufsässig geworden, seit er durch den kürzlich verstorbenen Panau verdrängt wurde, hat systematisch den ganzen Haushalt heimgesucht, brachte Krankheit über Paleaos Schwein, Paleaos Frau, Paleao selbst, bis Paleao ein eigenes Haus für seine Schwiegermutter baute, in dem der Geist seines Sohnes die oberste Gewalt ausüben konnte. Ganz nah dabei steht das Haus eines Mannes, dessen Schutzgeist zwei Geisterfrauen hat, die sich schlecht miteinander vertragen und ihre ständigen Streitigkeiten an dem Kind des Hauses auslassen.

Die Persönlichkeiten, die Vorurteile, die Eheangelegenheiten der Geister sind also genau bekannt, wie diejenigen ihrer lebenden Schützlinge. Die meisten von ihnen sind vor kurzem gestorben; ihre Gesichter leben noch frisch in der Erinnerung der Hinterbliebenen. Aber diese Welt der Geister ist eine Welt, in der allein die Werte der Erwachsenen zählen, eine Welt, in der man sich vor allem mit Arbeit, Wohlstand und Sexus beschäftigt – Begriffe, mit denen die Kinder nichts anzufangen wissen. Die Kinder erkennen auch nicht, daß die Geister die Zärtlichkeit und Menschlichkeit, die sie von ihren Vätern und Onkeln zu erfahren gewohnt waren, solange sie noch auf Erden lebten, durchaus an andere weitergeben. Die Kinder brauchen keine Beschützer – sie dürfen ohnehin nicht herumstreunen; sie beim Fischen zu überwachen ist nicht nötig; sie machen keine Tauschgeschäfte, die des Segens der Geister bedürfen. So sind für sie die Geister streng und feindlich. Panau war ein liebender Vater, aber nach seinem Tod schickte er seiner Tochter Ngasu Krankheit, weil ihre Mutter sich wieder verheiraten wollte. Popitch war ein lustiger kleiner Kerl, ein ausgelassener, zu allen Streichen aufgelegter Elfjähriger, den keine Autorität erschreckte. Tot wird er plötzlich zum höchsten Geist des Hauses seines Vaters erhoben und läßt seinen vierzehnjährigen Bruder Kutan in einem Streit krank werden, den er mit einem anderen Geist darüber führt, wer Kutans Geist werden soll. Die Kinder vergessen ihren Kummer um Popitch, den verstorbenen Spielgefährten, aus Furcht und Groll gegenüber Popitch, dem feindseligen

Geist. Vater oder Spielgefährte – in keinem Fall wird der Geist von den Kindern als Freund empfunden.

Dieses Gefühl wird noch dadurch verstärkt, daß die Erwachsenen, die sonst allen Forderungen und Launen der Kinder nachgeben, nicht wagen, die Geister zu erzürnen oder ihre geliebten Kinder der Arglist der feindlichen Geister auszusetzen. Gewöhnlich nimmt der Vater das Kind zum Fischen mit, obgleich ihm das Mühe macht und beschwerlich ist, vielleicht auch geringeren Fang verursacht. Aber wenn Krankheit oder ein Todesfall die Luft mit Angst geschwängert hat, dann wagt er nicht, das Kind aus dem Schutz des Dorfes herauszunehmen. Die Bitten und Wutausbrüche des Kindes können dann den sonst so willfährigen Vater nicht umstimmen. Aus Furcht vor den Geistern wird sogar von dem Kind Gehorsam erzwungen. In den meisten Fällen ist dieses Argument ganz aufrichtig gemeint. Die Erwachsenen sind tatsächlich froh, wenn sie dem Kind einen Wunsch erfüllen können. Aber manchmal dienen die Geister doch als Entschuldigung für den Vater, wenn er das Kind nicht mitnehmen will und sich nicht getraut, das offen zu sagen. Die pietätlose Dorfjugend benützt diese Ausrede natürlich als Schwindel. Die Kleinsten werden aufgefordert, zu Hause zu bleiben, weil »der Ort voll von Geistern ist«. Die Zehnjährigen versuchen das gleiche Spiel mit den Fünfjährigen, so daß oft Unglaube und bewußte Lügen an die Stelle der echten Angst und Besorgtheit der Erwachsenen treten. Für die kleinen Kinder sind die Geister deshalb etwas ganz besonders Lästiges und Unangenehmes.

An der Existenz der Geister zweifeln die Kinder ebensowenig wie die Erwachsenen. Sie kennen sie nicht so gut; viele der Namen, die bei den Erwachsenen Erinnerungen hervorrufen, sind für sie nur leerer Schall. Und die Geister, an deren Erdenleben sie sich erinnern, haben anscheinend ihren Charakter geändert. Ein Bericht von einem Geisterehebruch, der in einer nächtlichen Séance gegeben wird, ist eine lange, ermüdende Angelegenheit; die Kinder hören nicht zu und gehen schlafen. Vorgänge auf Geisterebene sind meistens langweilig und interessieren sie nicht. Außerdem wenden sich die Séancen gewöhnlich den Geschäften der Erwachsenen zu, von denen die Kinder nichts verstehen. Sie erörtern manchmal untereinander eine in der Séance zur Sprache gekommene klare Ehebruchsangelegenheit oder den angeblichen Angriff eines Geistes mit der Axt auf einen Lebenden. Sie wissen, daß Kutan krank ist, weil Popitch mit dem Geist eines anderen Bruders Streit hat, und daß Pikawas keinen

Verlobungsmantel mehr trägt, weil der Geist ihrer Tante gegen die beabsichtigte Heirat ist. Die vierzehnjährige Kisapwi weiß, daß ihr verstorbener Vater ihren Onkel krank gemacht hat, weil er wollte, daß Kisapwi zu ihm ziehen sollte, statt bei der Mutter zu bleiben. Sie weiß auch, daß die Mutter sie nicht gehen lassen wollte und für das Kind selbst Unheil voraussah. Aber meistens kennt ein Kind nicht einmal den Inhalt einer Séance, die seine eigenen Krankheiten erklärt.

Von den fünf- bis vierzehnjährigen Knaben, die eigene Schutzgeister haben, könnte man erwarten, daß sie diese als mächtige imaginäre Begleiter empfinden. Sonderbarerweise machen sie jedoch nur wenig Gebrauch von ihnen. Weder sehen sie sie, noch sprechen sie mit ihnen, obgleich sie ihre Väter lange Monologe an ihre Geister haben richten hören. Sie richten auch keine Bitten an den Geist; denn, wie ein Junge erklärte: »Der Geist hört einen nur, wenn er direkt neben einem ist, und da er das doch nicht ist, kann man sich die Mühe sparen, mit ihm zu reden!« Oft wissen sie nicht einmal den Namen ihres Geistes. Sie erwähnen auch nie die Tatsache, daß sie einen Geist haben, die Mädchen aber keinen, um damit ihre Überlegenheit zu beweisen, was die erwachsenen Männer gern tun. Statt dessen schieben sie den Gedanken an den Geist weg, kümmern sich nicht um ihn und haben für ihn, der in der Welt der Erwachsenen eine so große Rolle spielt, höchstens Geringschätzung übrig.

Neben dem feierlichen religiösen System gibt es auch etwas Magie, Legenden von Landteufeln, Geschichten von Wasserteufeln. Von der Magie wissen die Kinder wenig; auch hier handelt es sich in erster Linie um Besitzanhäufung, Erfolg in der Liebe, Vernichtung eines geschäftlichen Rivalen oder um einen Streit zwischen Quervettern. Die segnenden und verfluchenden Kräfte der Schwestern des Vaters und ihrer Abkömmlinge der weiblichen Linie sind Kindern unter fünfzehn Jahren nicht einmal bekannt. Kindern werden auch niemals Zauberformeln irgendeiner Art beigebracht, und wenn über einen Kranken, ein Neugeborenes oder eine Braut eine Beschwörung gesprochen wird, werden sie entweder hinausgeschickt, oder sie müssen sich vollkommen ruhig verhalten. Die Kinder betrachten auch diese gelegentlichen Zaubereien als lästige Ereignisse.

Die Legenden von Landteufeln und Wasserschlangen spielen eine etwas andere Rolle. Die Legenden der Manus sind langweilige, kümmerliche, verstümmelte Erzählungen von Begegnungen zwischen menschlichen Wesen und *tchinals* – den übernatürlichen Wesen der Festlandleute, die von den Manus als boshafte, feindselige Teufel angesehen werden. Außerdem gibt es einige Mythen vom Ursprung der Naturphänomene. Aber sie sind in keiner Weise mit dem Leben der Leute verknüpft; weder erklären sie die religiösen Zeremonien noch das Gesellschaftssystem. Sie sind nicht einmal geeignet, Mußestunden auszufüllen. Die Erwachsenen finden sie langweilig und unwichtig. Niemandem fällt es ein, sie den Kindern mitzuteilen. Gelegentlich werden den Kindern die Teufel beschrieben, um sie einzuschüchtern und zu verhindern, daß sie zum Festland fahren. Von den Teufeln wird gesagt, daß ihre Fingernägel so lang sind wie die Finger selbst und daß ihnen ihr struppiges Haar bis über die Augen fällt. Sie entführen Kinder oder reißen ihnen die Augen aus. Aber auch diesen Erzählungen schenken die Kinder nur halben Glauben; denn die großen Leute kümmern sich selbst wenig um die Teufel und gehen unbesorgt ihren Geschäften nach. Sie machen von ihnen den gleichen Gebrauch wie unsere Kindermädchen vom schwarzen Mann, um störrische Kinder ins Bett zu bringen. Die kleinen Manus bringen nur belustigte Verachtung dafür auf. Manchmal beziehen die Kinder die Teufel in ihre Spiele ein, sie nennen jemanden, der sonderbar angezogen ist oder wunderlich gestikuliert, einen »Teufel«. Aber in ihren Zeichnungen zum Beispiel entwerfen sie keine »Teufel«, sie erfinden auch keine besonderen Merkmale für sie und denken sich keine Geschichten, verwunschenen Orte oder gefährlichen Wasserlöcher aus. Die Einbildungskraft, die unsere Kinder auf solche Ideen verwenden, kommt in einer Gesellschaft nicht zum Zuge, die für die Kinder eine fertige Brigade von Geistern, Gespenstern, Teufeln, Drachen bereithält und dann die gleichen schrecklichen oder herrlichen Wesen als Werkzeuge für Unterdrückung, als Erklärung für scheinbar irrationales Verhalten benutzt. Während unsere Kinder – als Reaktion auf eine militante Umwelt – ihre eigene Welt mit Feen und Ungeheuern bevölkern, weisen die Manuskinder, ebenfalls in Gegenwehr, das Übernatürliche zugunsten des Natürlichen zurück.

Diese Teufel mit den langen Fingernägeln sind dem kindlichen Geist nicht verwandt. Es sind Vorstellungen der Erwachsenen, für deren Welt das Kind traditionsgemäß kein Interesse hat. Die Legende spielt also im kindlichen Leben überhaupt keine Rolle, und die Geister genießen höchstens eine verachtungsvolle Duldung.

Interessant ist auch die Beziehung zwischen dem Leben in der frühesten Kindheit, der Situation der Familie und dem Religionssystem. Die Einstellung der Manus zu den Geistern geht aus der Einstellung des Kindes zum Vater und der Einstellung des Mannes zu seinen Kindern hervor. Für die ganz Kleinen ist der Vater der nachsichtige Beschützer, der in erster Linie dazu da ist, die Wünsche des Kindes zu erfüllen. Dieses intensive Verhältnis wird etwas gelockert, wenn das Kind heranwächst und sich anderen Kindern zuwendet. Aber hinter den Stößen und Schlägen, die dieser Kontakt mit sich bringt, steht der Vater, immer bereit, die Partei des Kindes zu ergreifen, ihm Spielzeug zu machen, Begleiter und Freund zu sein und mit der Mutter über das Kind zu streiten. Der Vater ist es, der die ersten Zahlungen für die zukünftige Ehefrau leistet, der um die Zukunft seines kleinen Sohnes ängstlich besorgt ist, zu einer Zeit, da diese finanzielle Sorge noch keine Last für den Sohn bedeutet. Aber der Vater lebt selten so lang, daß er seine Verpflichtungen erfüllen und die gesamten Zahlungen für die Frau des Sohnes leisten kann und die Schwiegertochter im Hinterraum des Hauses untergebracht weiß. Das Schwiegervater-Tabu, das dem Mann verbietet, seine Schwiegertochter zu sehen, wird als schmerzliche Entbehrung empfunden, wenn es sich um die eigene Schwiegertochter handelt.

Dies ist eine der wenigen Situationen, die die Manus als romantisch empfinden: das Abenteuer, in das Gesicht der Frau des geliebten Sohnes zu blicken. »Soll ich sterben«, sagt ein alter Mann, »und nie die Frau gesehen haben, die ich für meinen Sohn gekauft habe?« So darf also der dem Tod entgegenwankende alte Vater ein Fest für die Schwiegertochter veranstalten, wenn er das Alter erreicht hat, da kein unschicklicher Seitenblick mehr aus seinen Augen fällt. Nachdem er auf diese Weise öffentlich seinen Respekt für die Schwiegertochter bekundet hat, ist das Tabu endgültig beseitigt, und Vater, Sohn und Schwiegertochter bilden einen einzigen Haushalt.

Aber dazu kommt es nur selten; es gab in Peri nur zwei Männer, die die Frau des eigenen Sohnes gesehen hatten. Meist stirbt der Vater, wenn der Sohn das Alter von zwanzig Jahren noch nicht erreicht oder gerade überschritten hat, oftmals, wenn der Sohn zur Arbeit fort ist. Das Leben, das die Manus führen, ist hart und entbehrungsvoll, und die Männer sterben jung.

Die Verpflichtung, für die Frau des Sohnes Zahlung zu leisten, geht dann auf einen jüngeren Bruder, einen Vetter oder einen Mann über, für dessen Frau der Vater gezahlt hat. Der Finanzier, der auf diese Weise aus der Unwissenheit und Armut des Jungverheirateten Kapital schlagen kann, ist manchmal zehn oder fünfzehn Jahre älter als dieser, ein Mann, der selbst soeben erst der Dienstbarkeit entronnen ist. Jahrelang hat er für den Vater des jungen Mannes gearbeitet, der seine Ehe finanzierte. Jetzt finanziert er als Gegenleistung den Sohn, der nun schwer für ihn arbeiten muß. Die Kompliziertheit dieses Systems ist an der Familie des Potik zu erkennen.

Potik adoptierte Panau, den er wie einen Sohn liebte. Später heiratete Potik Komatal, die Paleao, den kleinen Sohn ihrer Kusine, adoptiert hatte. Paleao nannte Potik Vater. Später brachte Komatal zwei Söhne zur Welt, Tunu und Luwil. Potik erlebte noch Panaus Verheiratung und starb dann. Panau zahlte für Paleaos Frau und fing an, für Tunu und Luwil Zahlungen zu leisten. Er adoptierte einen Knaben, Kutan. Paleao arbeitete für Panau, solange dieser am Leben war und schuldete ihm, ebenso wie Tunu und Luwil, Gehorsam. Panau starb, bald nachdem Kutan das Dorf verlassen hatte, um eine Arbeitsstelle anzunehmen. Paleao fuhr fort, Tunu und Luwil zu finanzieren, und übernahm die Zahlungen für Kutans Heirat. Er zahlte nun ganz für seine eigene Heirat; er hatte keine Finanzmänner im Hintergrund und war daher ein unabhängiger Bürger. Er leistete nun die ersten Zahlungen für seinen jungen Sohn, Popoli; sollte er nicht lang genug leben, um diese Zahlungen zu Ende zu führen, würde Tunu oder noch wahrscheinlicher der intelligentere Luwil Kutan beistehen und Popolis Heirat finanzieren. Von allen zu dieser Kette gehörenden Männern war nur ein Sohn, und zwar der Adoptivsohn Panau, verheiratet, ehe der Vater starb. In allen anderen Fällen trat an die Stelle des liebenden, nachsichtigen Vaters ein älterer Bruder oder ein Onkel, dem der junge Mann keine Zuneigung schuldete und von dem er keine väterliche Sorglichkeit erwarten konnte.

Im Familienleben wird die geschwisterliche Bindung niemals in Anspruch genommen. Die Großen brauchen sich um die Kleinen nicht zu kümmern. Die Kleinen dürfen nicht mit den Größeren gehen, denn die Mutter meint: »Wenn die Kleinen weinen und nach Hause gebracht werden möchten, müßten die Älteren ihr Spiel unterbrechen.« Ein solcher Eingriff in das Vergnügen der Kinder ist unter allen Umständen zu vermeiden. Im Manus-Haushalt hängen also nicht, wie auf Samoa, die Kinder voneinander ab, wobei jeweils das größere Kind das kleinere hegt und pflegt, sondern sie bilden eine Gruppe, die ihr Interesse auf den Vater und erst in zweiter Linie auf die Mutter konzentriert. Die ersten sieben oder acht Jahre köstlicher Abhängigkeit vom hingebungsvollen Vater bestimmen das Verhalten des Kindes, das später vom Interesse für die Spielgefährten überlagert, aber nicht grundlegend geändert wird. Der Tod des Vaters ist ein großer, vielleicht unersetzlicher Verlust. Kinder unter vier oder fünf Jahren werden dann adoptiert, und man versucht, ihnen das Gefühl zu geben, daß der Pflegevater der eigene Vater ist. Mädchen jeder Altersstufe werden leichter adoptiert, weil ihre Beteiligung am Leben des Haushalts konstanter ist. Die einsamsten Kinder im Dorf waren die kleinen Jungen, deren Väter gestorben waren.

Banyalo war einer von ihnen. Sein Vater starb, als er sieben Jahre alt war. Die Schwester des Vaters, eine alleinstehende Witwe, hatte die Sorge für ihn übernommen. Kein neuer Mann trat an die Stelle des Vaters. Die Mutter zog zu ihrem Bruder und heiratete später wieder. Als ein Beamter kam, um sich nach Schulkindern umzusehen, wurde Banyalo ihm mitgegeben. Da er vaterlos war, erhob niemand Einspruch. Als er nach sechs in Rabaul verbrachten Jahren zurückkam, war er ein Fremder. Seine Mutter kannte er kaum. Der Bruder der Mutter hieß ihn formell willkommen. Er konnte natürlich im Hause schlafen, aber er fühlte sich selbst nicht mehr als Mitglied des Haushalts. Nachdem er von einem Haus zum anderen herumgeirrt war, ließ er sich schließlich bei Paleao, dem Mann der jüngeren Schwester seiner Mutter nieder, der es übernahm, die Zahlungen für Banyalos zukünftige Frau zu leisten. Zu den mit dem Verschwägertsein verbundenen Beschränkungen und Schwierigkeiten kam noch die neiderfüllte Abhängigkeit des Unbeweibten gegenüber dem, der ihm die Frau kaufte. Banyalo schloß später eine enge Freundschaft mit einem jüngeren Knaben, die ihm half, seine Einsamkeit für eine Weile zu überwinden.

Noch einsamer war Bopau, der Sohn des verstorbenen Sori. Sori war ein freundlicher, friedfertiger Mann mit sicherem Auftreten, den alle achteten. Von ihm hieß es, daß er eine Forderung nur nach vielem Drängen geltend machte, daß er unter Männern, die jünger und ärmer waren als er, schweigsam und verlegen war. Bopaus Mutter war bei seiner Geburt gestorben, und Sori hatte den Kleinen mit unermüdlicher Sorge umgeben. Das Kind übernahm das Verhalten des Vaters wie einen genau passenden Handschuh und wuchs zu einem ruhigen, stillen, friedfertigen

Jungen heran. Sori verheiratete sich wieder, aber das Kind schloß sich nicht an die neue Mutter an, die ein linkisches, taubes Kind mit in die Ehe gebracht hatte, für das Bopau keine Sympathie empfand. Und dann starb Sori, erst etwa fünfunddreißig Jahre alt. Seine zweite Frau hatte vor seinem Tod Streit mit ihm gehabt und betrauerte seinen Tod nicht. Sie lebte mit ihren Angehörigen und hatte kein Interesse für den siebenjährigen Stiefsohn. Pokenau, Soris jüngerem Bruder, fiel nun die Sorge um die kleine Waise zu. Pokenau wählte Sori zu seinem eigenen Schutzgeist und war sehr stolz auf seine Heldentaten. Er schrieb ihm auch seinen Erfolg bei den Fischzügen des Monats für das gesamte Dorf zu. Aber er liebte Soris Sohn nicht. Seine ganze Liebe galt seinem eigenen Jungen, Matawei, der drei Jahre jünger war als Bopau. Pokenaus Frau war mit zwei jüngeren Kindern beschäftigt und hatte für Bopau keine Zeit. Als geduldiges, anspruchsloses, vernachlässigtes Kind lebte er im Haus. Sein Pflegevater sprach so laut und war so aggressiv, daß die Regierungsbeamten ihn »Großmaul« getauft hatten. Matawei ahmte jede Geste seines Vaters nach. Aber Bopau blieb Soris Vorbild treu. Niemals raufte er mit den Kameraden; gab es Streit, so räumte er das Feld und blieb für sich allein. Wenn die Nacht kam, rollte er sich oft bei uns auf dem Boden zum Schlafen zusammen. Es gab niemanden, der sich um ihn Sorgen machte oder ihn suchte.

Als Bopau neun Jahre alt war, durfte er einen kurzen Monat lang die Wertschätzung, die behütende Liebe, die er als kleines Kind gekannt hatte, wieder spüren. Er wurde von Pataliyan adoptiert, der selbst ein einsamer Fremdling war und von anderswoher stammte, von wo Soris Vater ihn als kleines Kind als Kriegsbeute mitgebracht hatte. Pataliyan war Witwer ohne richtige Verwandte, er wohnte allein, wollte aber doch nicht zu seinen Leuten auf die Insel Nauna zurückkehren, deren Sprache er vergessen hatte. Zwischen ihm und dem kleinen vaterlosen Jungen entwickelte sich eine starke Freundschaft; schließlich holte er Bopau zu sich in seine Junggesellenbehausung. Bopau wurde stolzer, bekam mehr Selbstvertrauen, trug seinen Kopf höher. Aber dieses Glück dauerte nicht lange; Pataliyan verließ mit einer Witwe heimlich das Dorf, ein Ereignis, das heftige Wellen schlug. Die Witwe war mit einem Vetter von Sori verheiratet gewesen. In den folgenden Séancen ergriff Sori heftig die Partei seines verstorbenen Vetters. Pataliyan war mit seiner Braut in ein anderes Dorf geflohen. Er hatte Bopau nicht ins

Vertrauen gezogen. Pokenau und alle seine Verwandten erklärten Bopau, wie zornig sein Vater über Pataliyans Verhalten sei und daß es für sie alle Todesgefahr bedeutete, wenn sie mit Pataliyan sprechen würden. Verletzt durch Pataliyans Flucht und daran gewöhnt, den Willen seines Vaters zu respektieren, wandte Bopau sich ebenso wie alle andern von Pataliyan ab. Als Pataliyans Kanu durch das Dorf fuhr, drehte Bopau den Kopf zur Seite.

Kapeli war der dritte Junge, dessen Vater gestorben war, ohne daß ein neuer Vater an seine Stelle trat. Er war fünfzehn Jahre alt, ein stämmiger, zuverlässiger kleiner Bursche, der immer zu Kämpfen oder Abenteuern aufgelegt war. Er lebte mit seiner Mutter Ndrantche, einer alten Xanthippe, in deren Witwenhütte. Der Oberste dieses Clans, sein Halbbruder Tuain, hatte Streit mit seiner Mutter und seinen anderen Brüdern wegen eines Heiratsvorhabens. Ein Mann, mit dem Ndrantche vor fünfzehn Jahren ein Liebesverhältnis gehabt hatte und der in ein anderes Dorf geflohen war, um sie nicht heiraten zu müssen, wollte nun ihre Tochter heiraten. Wütend widersetzte sich die alte Frau, wobei die jüngeren Familienmitglieder sie unterstützten. Auch der immer loyale Kapeli stellte sich auf ihre Seite. Weder mit dem ältesten männlichen Familienmitglied Tuain, noch mit dem schwachen, verschlagenen Ngamasue, dem andern Bruder, hatte er etwas gemeinsam. In der scharfen Zunge der Mutter fand er etwas von dem unbezähmbaren Geist seines Vaters wieder. Sein Vater hatte in seinem Haus zwei Frauen in Zaum gehalten.

Kapeli war schon zu groß dafür, seine Zuneigung seinen älteren Brüdern zuzuwenden, und diese vergalten ihm seinen Mangel an Ergebenheit mit einem ebenso großen Mangel an Verantwortungsgefühl. Niemand zahlte für Kapelis Verheiratung. Tuain und Ngamasue beglichen ihre eigenen Schulden und dachten nicht an ihn. Er lief als einziger der bei uns arbeitenden Jungen niemals weg. Alle anderen blieben tagelang fort, wenn sie sich bei uns langweilten oder geärgert hatten. Kapeli erklärte seine Beständigkeit damit, daß er keinen Vater habe, der ihn aufnehmen würde, und so könne er ebensogut dableiben.

Dies waren die einsamsten, die am wenigsten versorgten Jungen. Sie waren schon zu groß, als ihre Väter starben, als daß sie noch in einem anderen Haushalt aufgehen konnten. Dieser Umstand allein läßt schon erkennen, bis zu welchem Grad die Persönlichkeit bereits im Alter von fünf oder sechs Jahren ausgebildet ist. Aber keiner dieser drei Jungen hatte schon gelernt, sich auf die Geister zu verlassen, wenn Bopau auch ohne Rücksicht auf Pokenaus Geringschätzung dabei blieb, daß Sori sein besonderer Schutzgeist sei. Die Geister fangen im Leben der jungen Männer erst nach deren Verheiratung an, eine Rolle zu spielen, wenn sie geschäftliche Verpflichtungen zu erfüllen haben und der Fischfang Bedeutung für sie erhält. Am intensivsten empfindet der Jüngling meist auch den Verlust des Vaters nach seiner Verheiratung. Gewöhnlich stirbt der Vater, wenn der Sohn noch im jugendlichen Alter und mit seinen Knabenspielen beschäftigt ist, oder während er fort ist, um zu arbeiten. Die rauheste Wirklichkeit, der er sich je gegenübergestellt sieht, überfällt ihn bei der Heirat, und nun hat er keinen sorgenden Vater mehr. In dieser Situation wendet er sich den Geistern zu, manchmal dem Geist seines Vaters, manchmal den Geistern anderer Familienmitglieder, die die gleiche wachsame Zärtlichkeit für ihn bereit haben, mit der der Vater ihn in der Kindheit umgab. Er lebt im Schutz dieser väterlichen Geister, die mit allen ihren Kräften für ihn sorgen und ihm drohen, wenn er seine moralischen Verpflichtungen nicht erfüllt, aber ihm vergeben, wenn er seinen Fehler wieder gutmacht. Dem Geist gegenüber spielt er weiter die Rolle des launischen, trotzigen Kindes, die er beim Vater spielte, droht ihm, daß er ihm seine Zuneigung entziehen oder sich einen anderen Geist erwählen werde, und verspottet ihn damit, wie einsam sich der Geist dann fühlen wird.

So wie das Kind im frühen Alter am Vater hängt und sich auf des Vaters Liebe und Sorge in einer einseitigen Bindung verläßt, die dem Kind ein Recht auf die väterliche Liebe, aber dem Vater keinen Anspruch auf kindliche Ergebenheit verleiht, so ist es auch mit den Geistern. Die Manus lieben ihre Schutzgeister nicht, die ja schließlich nur die Pflicht eines ordentlichen Geistes erfüllen, wenn sie sich um ihre Schützlinge kümmern. Die Weitschauenderen unter den Eingeborenen, die mit aller Ruhe mit der Einführung des Christentums rechnen, wissen, daß dann alle Ahnenschädel ins Meer geworfen, die Geister für alle Zeiten vertrieben werden. Aber sie denken an das Bevorstehende mit der Keckheit böser Kinder, die mit kurzem Bedauern und großer Erleichterung sich von ihren Eltern freimachen. Sie sind ihren Geistern gegenüber die gleichen verwöhnten Kinder, die sie im frühen Alter waren, nehmen alle Dienstleistungen als ihnen zustehend entgegen, reagieren empfindlich auf Anwendung von Disziplin und sind immer bereit, einen Geist zu verlassen, der sich als unfähig erwiesen hat, sie zu beschützen.

VII

Die Welt des Kindes

Von den wichtigsten Problemen der Erwachsenen wissen, wie
wir gesehen haben, die Kinder der Manus nichts. Sie erhalten
keine Besitztümer, und sie erwerben keine. Man findet bei ihnen
keine Sammlungen von Muscheln, merkwürdig geformten Steinen, Fischskeletten, Samenkörnern usw., mit denen die Schubfächer der amerikanischen Kinder vollgestopft sind, was zu den
Behauptungen über ein angebliches »Sammelstadium« der
Kindheit geführt hat. Kein Kind unter dreizehn oder vierzehn
Jahren besitzt irgendetwas – mit Ausnahme des von den Eltern
geschenkten Kanus oder von Pfeil und Bogen. Mit einiger Mühe
werden Kreisel hergestellt, aber nach einer Stunde Spiel wieder
weggeworfen. Die kurzen Stöcke, die zum Staken benutzt werden, die Spielzeugspeere, die Dolche sind ein paar Stunden in
Gebrauch und dann vergessen. Die mit bunten Steinen besetzten
Fuß- und Armringe werden von den Eltern angefertigt, den
Kindern angelegt und ihnen wieder weggenommen. Die Kinder
beklagen sich darüber nicht. Auch die neuen, fremdartigen Gegenstände, die wir ins Dorf mitbrachten, wurden nicht aufbewahrt. Die Kinder rissen sich um kleine Stückchen bunten Ban-
des oder Flitters, die Stanniolverpackung von Filmen oder leere
Filmrollen, bewahrten sie aber niemals auf. Einmal hatte ich etwa hundert Filmspulen weggeworfen, und plötzlich fehlte mir
die Reservespule für eine Kamera. Ich bat die Kinder, mir eine
der vielen, die sie in den vergangenen Wochen aufgehoben
hatten, zurückzubringen. Nach einer Stunde fand schließlich ein
Vierzehnjähriger eine Spule im Arbeitskasten seiner Mutter, alle
andern Spulen waren verschwunden.

Aber dieses Verschleudern von so gierig zusammengerafftem
Besitz war nicht auf Zerstörungssinn zurückzuführen. Die Sachen wurden öfter verloren als zerbrochen. Die Kinder waren
sogar rührend besorgt um ein Spielzeug, solange sie Interesse
dafür hatten; ihre Achtung vor Besitz ging weit über die unserer
Kinder hinaus. Ich sehe noch den achtjährigen Nauna vor mir,
wie er einen zerrissenen Ballon flickte, den ich ihm geschenkt
hatte. Er faßte die Rißstelle zusammen und wickelte mit großer
Mühe und Sorgfalt Raffiafaser herum. Der Ballon wurde dadurch vorübergehend dicht, so daß er ihn aufblasen konnte,

aber im nächsten Augenblick riß die Stelle wieder und mußte von neuem geflickt werden. Mit diesem Liebeswerk verbrachte er drei Stunden, ohne ungeduldig zu werden, immer wieder schlang er die ungeschmeidige Faserschnur um das dünne, lumpige Material herum. Dies war ein typisches Beispiel für den Respekt der Kinder vor Besitz, der ihnen schon im frühesten Alter beigebracht wird. Aber niemand nahm sich die Mühe, ihnen zu zeigen, wie man selbst Dinge zusammentragen und seinen kleinen Besitz bewahren kann.

Auch in der gesellschaftlichen Ordnung der Erwachsenen fanden die Kinder nichts, was ihnen als Vorbild dienen konnte. Das Sippensystem mit seinen vielfältigen Funktionen und Verpflichtungen wurde ihnen nicht erklärt und war zu kompliziert, als daß sie es von sich aus hätten erfassen können. Ihre Verachtung für das Leben der Erwachsenen hielt sie davon ab, es beim Spielen nachzuahmen. Gelegentlich, vielleicht einmal im Monat, veranstaltete eine Gruppe von Kindern ein solches Spiel – eine Zahlung für eine Heirat wurde geleistet, oder eines der Kinder wurde als tot aufgebahrt, und es mußte Tabak für das Totenfest hergegeben werden. Nur einmal sah ich kleine Mädchen beim Hausfrauspiel. Zweimal verkleideten sich vierzehnjährige Jungen als Mädchen in Grasröcke und Kalikomäntel und imitierten, lustig herumhüpfend, verlobte Mädchen, die Tabu-Verwandte mieden. Viermal sah ich Sechsjährige Häuser aus kleinen Stöcken bauen. Vergleicht man diese phantasielosen Spiele mit denen unserer Kinder, den jungen Piraten, Indianern, Schmugglern, ihrem Räuber- und Gendarm-Spiel, ihren Vereinen, geheimen Gesellschaften, Losungen, Geheimsprachen, Abzeichen, Einweihungen, so zeigt sich der gewaltige Unterschied.

Es gab auf Manus etwa vierzig Kinder, die nichts anderes zu tun hatten, als von morgens bis abends ihr Leben zu genießen. Die Umgebung ist ideal, eine ungefährliche, seichte Lagune, deren Monotonie durch die Gezeiten, Regengüsse und gelegentliche Wirbelstürme unterbrochen wird. Sie dürfen in jedem Haus des Dorfes spielen, ja es gibt sogar oft Kinderschaukeln im Vorraum der Häuser. Es steht ihnen vielerlei Material zur Verfügung: Palmblätter, Raffia, Rotang, Rinde, Samenkörner (aus denen die Erwachsenen winzige Amulettkästchen machen), rote Hibiskusblüten, Kokosnußschalen, Pandanusblätter, aromatische Kräuter, biegsame Schilf- und Riedhalme. Sie würden viele Dinge finden, mit denen sie alles aus dem Leben der Erwachsenen nachahmen könnten – Handel oder Tausch oder die Kaufläden des weißen Mannes, die zwar wenige von ihnen gesehen, von denen aber alle gehört haben. Sie hatten eigene Kanus, kleine, die ganz ihnen gehören, und die größeren der Eltern, mit denen sie immer spielen können. Aber niemals sah ich sie eine Bootsmannschaft zusammenstellen, Kapitän und Steuermann, Maschinisten und Lotsen nach dem Vorbild der Schoner des weißen Mannes ernennen, wovon sie so oft die von der Arbeit zurückkehrenden jungen Leute erzählen hörten. Nicht ein einziges Mal habe ich während der in engem Kontakt mit ihnen verbrachten sechs Monate etwas Derartiges erlebt. Niemals holten sie sich Buschwerk, schnitzten sie Speere, strichen sie ihre Körper mit Kalk weiß an und fuhren in Flottenformation auf das Dorf zu, wie die Erwachsenen es bei feierlichen Zeremonien tun. Sie bauten sich keine kleinen Tanzflächen nach dem Muster der Großen. Sie fingen keine kleinen Schildkröten und schlugen keine Miniaturtrommeln im Triumph über ihren Fang. Sie schmückten sich zwar mit Samenkörnern anstatt mit Muscheln und übten sich mit den kleinen stumpfen Speeren, die die Eltern sie herzustellen gelehrt hatten, im Werfen. Sie schlugen auch auf ihre Kindertrommeln, wenn die jungen Männer zum Tanz trommelten, aber sie tanzten niemals selbst.

Sie besaßen keine Organisation, keinen Verein, es gab keine Veranstaltungen, keine Geheimsprache oder -gesellschaft. Wurden Wettspiele abgehalten, so teilten die größeren Jungen die Kinder in einigermaßen gleiche Mannschaften auf oder wählten Paare, die körperlich zusammenpaßten. Aber diese Teams waren nicht von Bestand; es gab keine beständige Rivalität. Sie hatten wohl Anführer, die jedoch nur wegen ihrer Intelligenz und Initiative spontan und gelassen diese Rolle übernahmen. Ganz lose Altersgruppen, die aber niemals exklusiv, niemals von Dauer waren, bildeten sich zu besonderen Unternehmungen, etwa für einen Fischzug etwas abseits des Dorfes für ein paar Nachmittagsstunden. Für ein paar Minuten schlossen sich wohl auch Kinder zum Steinehüpfen zusammen – ein Jüngling, ein Zwölfjähriger, ein Siebenjähriger und womöglich noch ein kleines Brüderchen. Diese Zusammenschlüsse kamen zum Teil durch Nachbarschaft oder Verwandtschaft zustande, blieben aber trotzdem locker – die kleineren Kinder zeigten sich den älteren gegenüber nur vorübergehend ergeben.

Ihre Spiele waren höchst nüchtern, roh und stürmisch, ohne jede Phantasie; Fußball, Ringkampf, ein paar Rundspiele, Wett-

laufen, Bootsrennen, Figurenschwimmen oder das Erraten ver-
zerrter Schatten im Mondlicht. Wurden sie müde, so setzten
sie sich in Gruppen zusammen und sangen immer wieder die
gleichen monotonen Lieder:

Ich bin ein Mann,
Ich habe keine Frau.
Ich bin ein Mann. Ich habe keine Frau.
Ich bekomme eine Frau in Bunei
Von den Vettern meines Vaters,
Von den Vettern meines Vaters.
Ich bin ein Mann,
Ich bin ein Mann,
Ich habe keine Frau –

Oder sie machten Figuren aus Fasern oder brannten sich gegenseitig dekorative Narben mit glühenden Zweigen in die Arme.

Die Gespräche drehten sich darum, wer der älteste, der größte
war, wer die meisten eingebrannten Schönheitsflecken hatte, ob
Nane die Schildkröte gestern oder heute gefangen hatte, wann
das Kanu von Mok zurückkommen würde, wie Sanau und Kemai sich um das Schwein gerauft hatten, was für Angst Pomasa
auf dem umgestürzten Kanu ausgestanden hatte. Erörterten sie
Ereignisse im Leben der Erwachsenen, dann in sehr nüchterner
Form. So sagte zum Beispiel der vierjährige Kawa: »Kilipak,
gib mir Papier!« »Wozu brauchst du es?« »Für Zigaretten!«
»Woher willst du denn den Tabak nehmen?« »Ach, vom Todesfest!« »Wessen Todesfest?« »Alupus!« »Aber sie ist ja noch gar
nicht tot.« »Nein, aber bald.«

Streitgespräche, die manchmal in Faustschläge ausarteten,
fanden häufig statt. Die Kinder entwickelten eine außerordentliche Leidenschaft für Genauigkeit, eine Leidenschaft, in der sie
die Erwachsenen nachahmten, die das Dorf die ganze Nacht
wachhalten konnten, um darüber zu debattieren, ob ein vor
zehn Jahren gestorbenes Kind jünger oder älter gewesen war als
eine bestimmte noch lebende Person. Streitigkeiten über Größe
oder Anzahl werden durch praktische Versuche entschieden.
Ich erlebte ein solches Experiment mit. Während einiger auf-
regender Tage bei einem Todesfall im Dorf hatte ich weniger
Zeit zum Essen als sonst, und eine Dose mit Früchten, die ich
für gewöhnlich bei einer Mahlzeit verzehrte, reichte nun für
zwei. Pomat, mein kleiner Diener, erwähnte dies, worauf Kilipak, der vierzehnjährige Koch, ihm widersprach und behauptete, ich hätte nie eine Dose Pfirsiche auf zwei Mahlzeiten ver-

teilt. Alle anderen Jungen, die Kinder, die mich häufig besuchten, das Ehepaar, das vorübergehend bei mir wohnte, sowie meine beiden halbwüchsigen Mädchen wurden in die Diskussion hineingezogen, die fünfundvierzig Minuten dauerte. Zuletzt erklärte Kilipak triumphierend: »Wir wollen es ausprobieren; sie bekommt morgen genauso eine Dose. Wenn sie sie ganz leer ißt, habe ich recht, wenn nicht, dann habt ihr recht.«

Dieses Streben nach Wahrheit zeigt sich bei den Erwachsenen auf verschiedene Weise. Pokenau ließ einmal den Unterkiefer eines Fisches aus seiner Beteltasche fallen. Darüber befragt, erklärte er, daß er diesen Knochen aufgehoben habe, um ihn einem Mann in Bunei zu zeigen, der behauptet hatte, daß diese Fischart zahnlos sei. Ein anderer Mann, der für einen wissenschaftlich interessierten Deutschen gearbeitet hatte, kam zurück und erzählte, sein Herr habe gesagt, Neuguinea sei einstmals mit Australien verbunden gewesen. Das ganze Dorf beschäftigte sich mit geteilten Ansichten an dieser Frage, und zwei junge Männer gerieten darüber in eine Schlägerei. Dieses starke Interesse an der Wahrheit nimmt seine extremste Form an, wenn die übernatürliche Welt auf die Probe gestellt werden soll. Wenn sie dem Ergebnis einer Séance keinen Glauben schenken, unternehmen die Manus Dinge, die ihr Leben gefährden würden, falls die Séance die Wahrheit gebracht hätte.

Die Form der Unterhaltung der Kinder ist derjenigen der Eltern sehr ähnlich – von ihnen haben sie die Freude an lehrhaften und sich wiederholenden Spielen, die Neigung zum Prahlen und zur Gegenbeschuldigung und das heftige Erörtern von Tatsachen. Aber während die Erwachsenen über Feste und Finanzen, über Geister, Magie, Sünde und Beichte reden, sind die Gespräche der Kinder, die von allen diesen Dingen nichts wissen, leer und inhaltslos.

Die Manus kennen auch die oberflächliche, konventionelle Unterhaltung, ähnlich unseren Gesprächen über das Wetter. Sie haben keine eigentliche Etikette, verfügen über keine konventionellen Scherze zum Überbrücken einer peinlichen Situation; an ihre Stelle tritt bedeutungsloses, mühsames Geschwätz. Ich nahm an einer solchen Unterhaltung im Haus von Tchanan teil, in dem die geflüchtete Frau von Mutchin Aufnahme gefunden hatte. Mutchin hatte seiner Frau den Arm gebrochen, worauf diese ihn verließ und zu Tanten zog. Zweimal hatte er Frauen seines Haushalts geschickt, um sie zurückzuholen; beide Male hatte sie sich geweigert, zu ihm zurückzukehren. Bei dieser Gelegenheit begleitete ich seine Schwägerin. Die Familie der Tanten empfing uns; die geflüchtete Frau befand sich im hinteren Raum des Hauses beim Kochen. Eine Stunde lang wurde über die Lage auf dem Festlandsmarkt, über das Fischen, über gewisse Feste und ihren Zeitpunkt, über die erwartete Ankunft von Verwandten aus Mok gesprochen. Der Zweck des Besuchs wurde überhaupt nicht erwähnt. Schließlich brachte ein junger Mann das Gespräch geschickt auf körperliche Kräfte. Ein anderer fügte hinzu, daß Männer so viel stärker seien als Frauen; von da ging man auf die Knochen der Männer und die Knochen der Frauen über, wie leicht diese letzteren brächen, wie ein unbeabsichtigter Schlag eines wohlmeinenden Mannes den zarten Knochen einer Frau brechen könne. Dann stand die Schwägerin auf. Die Frau sprach kein Wort, aber nachdem wir ins Kanu hinuntergeklettert waren, kam sie uns langsam nach und setzte sich ins Heck. Diesen indirekten Gesprächsstil wenden manchmal auch Kinder an, wenn sie mit Erwachsenen sprechen. Sie machen gekünstelte kleine Bemerkungen, die in Beziehung zum augenblicklichen Gesprächsstoff stehen. So sagte Masa, als ihre Mutter eine schwangere Frau in Patusi erwähnte: »Die schwangere Frau, die bei uns im Haus war, ist heimgegangen.« Dann schweigt sie wieder, bis ein anderes Thema ihr Gelegenheit zu einer raschen Äußerung gibt.

Die Erwachsenen erzählen den Kindern keine Geschichten; es gibt keine Ratespiele, keine Rätsel oder Geduldsspiele. Der Gedanke, daß Kinder gern Legenden hören würden, erscheint ihnen ganz phantastisch. »Ach nein – Legenden sind für alte Leute. Kinder kennen keine Legenden. Kinder hören auch gar nicht zu, wenn man ihnen Legenden erzählt, sie mögen sie nicht!« Die bildsamen Kinder akzeptieren diese Überzeugung, die unserer Vorstellung, daß Kinder gern Geschichten hören, ganz und gar widerspricht.

Man erzählt sich Vorkommnisse, die man gesehen oder erlebt hat, aber phantasievolle Ausschmückungen werden von den Kindern selbst abgelehnt. »Und dann kam ein starker Wind auf, so daß das Kanu fast kenterte.« »Ist es wirklich gekentert?« »Na, der Wind war wirklich sehr stark!« »Aber du bist nicht ins Wasser gefallen, oder?« »N-nein.« Man besteht auf den Tatsachen, auf den genauen Umständen, auf Genauigkeit in kleinen Dingen. Dadurch wird die Phantasie natürlich eingeengt.

Die Gewohnheit des Geschichtenerzählens, der Genuß an einer Geschichte fehlen vollkommen. Phantasievolle Spekulationen darüber, wie es jenseits des Hügels aussieht oder was die Fische sagen, gibt es nicht. Und das »Warum« in der Unterhaltung von Kindern mit Erwachsenen wird durch »Was« und »Wo« ersetzt.

Dies bedeutet jedoch keinen Mangel an Intelligenz bei den Kindern. Bilder, Inserate in Zeitungen, Illustrationen von Erzählungen nahmen sie mit Interesse und Entzücken auf. Stundenlang saßen sie über einer alten Ausgabe der ›Natural History‹, voller Bewunderung Fragen stellend, erklärend. Sie behielten alle meine Erläuterungen genau im Gedächtnis und verknüpften sie. Der bewegliche Verstand der Kinder war weder ermüdet noch gehemmt. Neue Spiele, neue Bilder, neue Betätigungen nahmen sie mit weit größerer Begeisterung auf als die kleinen Samoaner, die ganz mit ihrer eigenen Kultur beschäftigt waren. Zeichnen wurde ihre größte Leidenschaft. Unermüdlich bedeckten sie Blatt um Blatt mit Männern und Frauen, Krokodilen und Kanus. Aber da ihnen Erzählungen fremd waren und ihnen die Erfahrung im Hervorbringen von Phantasiegebilden fehlte, blieb der Inhalt ihrer realistischen Zeichnungen immer einfach: zwei kämpfende Jungen, zwei Jungen beim Fußballspielen, ein Mann mit seiner Frau, Männer beim Aufspießen einer Schildkröte, ein Schoner mit dem Lotsen. Es gab dabei keine Handlung. Ebenso erhielt ich nur knappe Antworten, wenn ich ihnen Tintenkleckse zeigte und sie aufforderte, sie zu interpretieren: »Eine Wolke«, »ein Vogel«. Nur ein oder zwei der größeren Jungen, deren Sinn schon von dem Gedanken an andere Länder, die sie bald als Arbeiter sehen würden, erfüllt war, gaben Deutungen ab wie »ein Kasuar« (sie hatten noch nie einen Kasuar gesehen), ein Auto oder ein Telefon. Die Fähigkeit, die die Kinder in unserer Gesellschaft besitzen, aus einem vieldeutigen Tintenkleck eine ganze Situation zu entwickeln, fehlte hier völlig.

Ausgezeichnet war ihr Gedächtnis. Daran gewöhnt, auf Kleinigkeiten zu achten und feine Unterscheidungen zu machen, lernten sie rasch, Bierflaschen mit Medizin durch kleine Verschiedenheiten der Größe der Etiketts oder der Zahl der daraufstehenden Wörter zu unterscheiden. Nach vier Monaten wußten sie noch, welche der Zeichnungen von welchem Kind stammten.

Diese Kinder waren also keineswegs dumm, sondern lebhaft, intelligent, wissensdurstig, mit vorzüglichem Gedächtnis und aufnahmefähigem Geist begabt. Aus ihrer langweiligen, phantasielosen Art zu spielen kann man nicht auf ihren Geist schließen, sondern mehr auf ihre Erziehung. Sie wurden nie dazu veranlaßt, am Leben der Erwachsenen teilzunehmen, niemals wurden sie zu Festen oder Zeremonien herangezogen. Die Erwachsenen gaben ihnen kein Beispiel von Sippenloyalität oder Führerschaft, das sie bei der Organisation ihrer Gruppen hätten nachahmen können. Die komplizierten Familienbeziehungen der Großen, die Verwandtschaft zwischen Quervettern mit ihren Späßen, Verwünschungen und Segen, das Kriegszeremoniell, der Ablauf der spiritistischen Sitzungen – dies alles hätte den Kindern lustiges Material zur Nachahmung geliefert, wenn die Erwachsenen ihnen ein paar Anregungen gegeben oder ihr Interesse dafür geweckt hätten.

Das Leben der Prärie-Indianer mit ihren Büffeljagden, ihrem Aufschlagen und Abbrechen der Zelte, ihren Kriegsbräuchen liefert deren Kindern auch nicht mehr lebendiges Material als das Leben auf Manus den Manus-Kindern. Aber die Indianermutter baut ihrem Kind ein kleines *tipi*, ein Zelt, in dem es spielen kann. Der kleine Vogel, den der kleine Jäger erlegt hat, wird als willkommener Beitrag zum Kochtopf der Familie begrüßt. Infolgedessen bildet das Kinderlager bei den Prärie-Indianern, das in verkleinertem Maßstab das Leben der Erwachsenen widerspiegelt, den Mittelpunkt des Spielinteresses der Kinder.

Hätten die Manus ihre Kinder in böser Absicht ausgeschlossen, ihre Türen vor ihnen verschlossen, sie ständig bei zeremoniellen Gelegenheiten verjagt, so hätten die Kinder sich vielleicht aus Opposition dagegen gewandt. Dies war der Fall bei den Kaffernkindern in Südafrika, wo die Erwachsenen die Kinder als lästige Erscheinungen ansehen, sie anlügen, sie zum Bewachen der Weizenfelder wegschicken, ihnen verbieten, die selbstgefangenen kleinen Vögel zu essen. Diese Kindergruppe sammelte sich nach dem Vorbild der Alten, organisierte eine Kinderrepublik mit Spionen und Wachen, mit einer Geheimsprache und eigenen Gesetzen für Geächtete, etwa wie unsere heutigen Großstadtbanden. Sowohl die aktive Beteiligung der Kinder am Leben der Erwachsenen, wie bei den Indianern, als auch ihre aktive Unterdrückung, wie bei den Kaffern, erzeugt offenbar ein mannigfaltigeres, reicheres Kinderleben. Sogar auf Samoa, wo weder das eine noch das andere der Fall ist, aber jedem Kind Aufgaben gestellt werden, die seinen Fähigkeiten entsprechen, erhält das Leben der Kinder Inhalt und Wert durch die ihnen auferlegte Verantwortung und dadurch, daß die jungen Menschen Teil eines wirklichen Lebensplanes sind.

Aber bei den Manus geschieht von alledem nichts. Die Kinder werden dazu erzogen, auf sich selbst aufzupassen. Jedes Gefühl körperlicher Unzulänglichkeit wird unterdrückt. Sie bekommen ihre eigenen Kanus, Paddelruder, Schaukeln, Pfeile und Bogen. Sie werden nicht in Altersgruppen eingeteilt, es gibt keine Vorschriften für angemessenes Alters- oder Sexualverhalten. Kein Haus ist ihnen verschlossen. Bei den wichtigsten Zeremonien dürfen sie sich herumtreiben. Sie werden als Herren der Schöpfung angesehen, und die Eltern sind für sie willfährige, geduldige Sklaven. Und kein Gebieter hat jemals viel Interesse für die langweiligen Arbeiten seiner Sklaven aufgebracht.

Was für die gesellschaftliche Organisation gilt, gilt auch für das religiöse Leben. Die Kinder haben daran keinen Anteil. Die unsichtbaren Spielgefährten werden ihnen mit vollständigem Stammbaum zugeteilt; an ihre Phantasie stellt man keine Ansprüche.

Auch bei den weniger konventionellen Gedanken und Spielen der Kinder, wenn sie sich spontaner geben als gegenüber dem mechanisch erlernten religiösen System, zeigt sich beim Vergleich mit unseren Kindern ein starker Kontrast. Das Verlebendigen unbelebter Dinge: der Tür einen Klaps geben, das Messer beschuldigen, den Stuhl anreden, den Mond als Horcher bezeichnen usw. gibt es bei den Manus nicht. Wir suchen den Kindern eine reiche Folklore nahezubringen, lehren sie Lieder, die Sonne, Mond und Sterne personifizieren, geben ihnen Rätsel auf und lesen ihnen Feenmärchen und Mythen vor. Die Manus kennen nichts dergleichen. Das Manus-Kind hört niemals vom Mann im Mond oder einen Vers wie den von Jean Ingelow:

»O Mond, warst du böse im Himmel,
Daß Gott hat verdeckt dein Gesicht?
Wenn ja, so soll er dir doch vergeben,
Damit wir bald wieder sehen dein Licht.«

Oder das Lied, zu dem die älteren Schwestern tanzen:

»Lösch dein Licht, Herr Mondmann,
Versteck dich hinter den Wolken,
Siehst du nicht all die Liebespaare?
Wenn zwei sich verstehen, ist ein Dritter zuviel.
Und findet ein junges Paar
Ein ruhiges Plätzchen gar,
So sag gute Nacht!
Stört dich dein Schein,

So sag: ›Guter Mond mein,
Lösch dein Licht, hast genug gewacht.‹«

Manus-Eltern und -Großeltern geben dem Kind keinen
Nährboden, der seine Gedanken über den Mond anregen könnte; es erlebt den Mond als Licht am Himmel, das manchmal da
ist und manchmal nicht. Es empfindet ihn nicht als Person. Es
glaubt nicht, daß er sehen kann: »Er hat ja keine Augen!« Die
naturalistische, vom Sichtbaren ausgehende Anschauung des
Kindes wird natürlich nicht durch tieferes Wissen korrigiert;
denn ebenso wie der naive Vater glaubt auch das Kind, daß
Sonne und Mond gleichermaßen über den Himmel wandern.
Keine Folklore nährt seine Vorstellungsgabe, und die Sprache
der Manus ist kalt und arm, ohne Bilder oder Vergleiche. Es ist
eine Sprache, die weder die Phantasie der Kinder anregt noch
den Erwachsenen Material für Dichtung liefert. Es ist eine
durch und durch nüchterne Sprache, während die unsrige doch
bildhaft und voller Metaphern ist.

Anstatt dem Mond ein Geschlecht zu geben und von ihm als
»er« zu sprechen, regt die Manus-Sprache, die keine Unterschei-
dung von er, sie, es kennt – alles rangiert unter »dritte Person
Einzahl« – nicht zum Personifizieren an. Auch die persönlichen
Verben werden auf den Mond nicht angewendet. Der Mond
»scheint«, aber man sagt nicht, daß er lächelt, sich versteckt,
wandert, hervorlugt, seinen Segen gibt; er »blickt nicht traurig
herab« oder »wendet sein Gesicht ab«. Der ganze Impuls, den
unsere reiche, beziehungsvolle Sprache uns verleiht, fehlt diesen Kindern.

Ich konnte sie nicht einmal dazu bringen, unbelebte Dinge
für etwas verantwortlich zu machen. Auf meine Bemerkung:
»Das ist aber ein böses Kanu – schwimmt einfach weg«, antwor-
teten die anderen Kinder: »Aber Popoli hat doch vergessen, es
anzubinden«, oder: »Bopau hat es nicht richtig festgemacht.«
Man könnte daraus schließen, daß diese »natürliche« Neigung
unserer Kinder tatsächlich erst von den Eltern stammt.

Ihre Einstellung gegenüber Scheingründen oder Vorwänden
geht aus der Antwort eines kleinen Mädchens hervor, das zu
einer Kindergruppe gehörte, an die ich Fragen stellte. Sie spielten »Haushalt« (das einzige Mal, daß ich ein solches Spiel dort
beobachtete) und taten so, als bereiteten sie Kokosnüsse zu; das
kleine Mädchen nannte das *grease e joja*, »das ist unsere Lüge«.
Das Wort *grease* ist Pidgin-Englisch und bedeutet »Schmeichelei« oder »Täuschung«. In die Eingeborenensprache hat es als

»Täuschung« oder »Lüge« Eingang gefunden. Die Antwort der Kleinen zeigt deutlich, daß sie sich ihres nur scheinbaren Tuns voll bewußt waren und es selbst verurteilten.

Das alles läßt den Schluß zu, daß die Personifizierung des Weltalls dem kindlichen Denken nicht innewohnt, sondern ein Erbteil der Gesellschaft ist. Das Unvermögen des Säuglings, zu unterscheiden oder wenigstens verschieden auf Personen und Dinge zu reagieren, birgt noch keine schöpferische Tendenz in sich, durch die das Kind später dem Mond, der Sonne, den Booten usw. Willen und Gefühl beilegt. Dieser geformtere Impuls entsteht nicht spontan, sondern durch die Sprache, die Folklore, die Lieder, die Haltung der Erwachsenen zu den Kindern und ist daher das Werk des dichterischen Geistes Erwachsener, nicht des unrichtigen Denkens kleiner Kinder.

Der Umstand, ob ein religiöses oder wissenschaftliches Weltbild ein Kind anspricht, ist nicht eine Funktion des kindlichen Geistes, sondern der Art, in der das Kind erzogen wurde. Wenn die Eltern bei der Erziehung das Kind ganz nüchtern ansprechen und ihm seine Größe, sein Alter, sein körperliches Unvermögen vorhalten, dann wehrt es sich unter Umständen mit Vorstellungen, die nicht aus dem eigenen Kopf, sondern aus der Folklore stammen, die ihm erzählt worden ist, wie Siebenmeilenstiefel und ähnliche Geschichten. Wenn aber unwissenschaftliche Argumente als Erziehungsmethode herangezogen werden und man z. B. einem Kind, das ein Buch zerreißt, sagt: »Reiß doch nicht den Umschlag von dem Buch herunter, das arme Buch! Was würdest du sagen, wenn man dir die Haut so herunterzöge?«, so würde es vielleicht überlegen antworten: »Ein Buch spürt doch nichts; wenn man es auch noch so sehr zerreißt, fühlt es nichts.« Die naturhafte Weltbetrachtung ist dem Kind nicht weniger gemäß als die übernatürliche; welche von beiden es für sich akzeptiert, hängt von der Art ab, in der sie ihm nahegebracht werden, und den Gelegenheiten, die sich für die Anwendung bieten.

Kinder sind nicht von Natur aus religiös und für Zauber, Fetische, Amulette und Rituale empfänglich. Sie sind nicht von Natur aus Geschichtenerzähler und Konstrukteure von Phantasiegebäuden. Sie betrachten nicht von Natur aus die Sonne als eine Person, die man mit einem Gesicht zeichnet[6]. Die geistige Entwicklung auf diesem Gebiet wird nicht durch innere Notwendigkeit, sondern durch die Form der Kultur, in der das Kind aufwächst, bestimmt.

Die Manus-Kinder genießen größte Freiheit im Spiel; ihre wundervolle körperliche Ausbildung macht sie wachsam, findig und verleiht ihnen körperliche Tatkraft. Was ihnen jedoch nicht geboten wird, ist Denkstoff, ein bewundertes Vorbild, dem sie nacheifern könnten, oder ein schlechtes Beispiel, das sie mit Verachtung erfüllt, eine bilderreiche Sprache, ein Schatz an Legenden, Volkssagen und Dichtungen. Die sich selbst überlassenen Kinder ringen und kämpfen – und selbst diese Spiele werden nur vom Interesse vorbeikommender Erwachsener angeregt –, sie purzeln durcheinander und balgen sich und entfalten doch nichts weiter als allgemeine gute Laune und Schlagfertigkeit. Ohne geistige Nahrung, und ohne Isolierung oder körperliche Unzulänglichkeit durch Phantasie kompensieren zu müssen, verausgaben sie ihre körperliche Energie, und wenn sie sich müde getollt haben, machen sie im Schatten aus tiefster Langeweile Bindfadenspiele.

Manus erlaubt zwar seinen Kindern, die Bildungsjahre in ungebundener Freiheit zu verbringen; bei den ganz Kleinen bemüht man sich dagegen um die Entwicklung starker Persönlichkeiten.

Verschiedenheiten der Persönlichkeit treten daher sehr früh zutage. Dies gilt nicht nur für Besonderheiten in Benehmen, Rede und Gesten, sondern auch für grundlegende Eigenschaften – Angriffslust, Herrschsucht, rezessive Veranlagung usw. Wenn auch im Leben der Mädchen zwischen vier und vierzehn und der Knaben zwischen fünf und etwa zwanzig Jahren die Spielgruppe ein wesentliches Bildungselement bedeutet, so hat sie doch nicht die ausgleichende Wirkung auf die Persönlichkeit, die auf Samoa so augenfällig war. Die Kinder glichen dort mehr ihren Spielgefährten als den Familienmitgliedern – auf Manus ist genau das Gegenteil der Fall. Hier besteht eine starke Übereinstimmung zwischen den Persönlichkeiten der Kinder und denjenigen ihrer Väter oder Pflegeväter. Würde diese Ähnlichkeit nur zwischen den Kindern und ihren leiblichen Vätern beobachtet, so würde man sie aus der biologischen Vererbung erklären; aber da sie in so vielen Fällen auch zwischen Kindern und ihren Pflegevätern auftritt, müssen andere Einflüsse eine größere Rolle spielen.

Die leiblichen oder adoptierten Kinder älterer Männer mit starkem Willen und beherrschender Natur sind aggressiv, sprechen laut, sind selbstsicher und unersättlich in ihren Anforderungen an ihre Umgebung, sind lärmend und frech. Als kleine Kinder stampfen sie mit dem Fuß auf, brüllen bei jeder Gelegenheit, schlagen zu, wenn man ihnen keine Beachtung schenkt. Mit sechs oder sieben Jahren schikanieren und prügeln sie ihre Spielgefährten und rasen genau wie ihre Väter auf der Lagune herum. Als vierzehn- oder fünfzehnjährige Jungen sind sie dann Führer der Gruppe. Kinder von schüchternen jungen Männern, die geschäftlich noch unbedeutend sind, keine Erfahrung in Finanzsachen haben und sich in Gegenwart älterer Leute verlegen zeigen, und Kinder von älteren Männern, die im Leben erfolglos geblieben sind, verhalten sich zurückhaltend, schüchtern, schweigsam. Zwischen diesen beiden Extremen bewegen sich die Kinder von Männern, die zwar noch jung und gesellschaft lich noch nicht gefestigt sind, aber selbst aufbrausende Kinder waren und wieder herausfordernd werden, sobald sie wirtschaftlich unabhängig geworden sind.

Diese Unterschiede sind so augenfällig, daß man Alter, Stand und allgemeines Verhalten der Eltern, besonders der Väter, erraten kann, wenn man eine Gruppe von Kindern eine halbe Stunde lang beobachtet hat. In einigen Fällen, in denen die Mutter die beherrschende Persönlichkeit war, spiegelte sich das Verhalten der Mutter im Kind wider.

Pwakaton war ein sanfter, heiterer, einfältiger Mann. Er war einer der besten Trommler im Dorf und ein einigermaßen guter Fischer, aber er konnte nicht planen, und er wickelte seine finanziellen Geschäfte so schlecht ab, daß er im Dorf überhaupt kein Ansehen hatte. Seine kleine Tochter war ein ruhiges Kind, das die unsichere Art und das schüchterne Benehmen des Vaters nachahmte. Sein jüngstes Kind war von einem der führenden Männer des Dorfes, Talikai, adoptiert worden, der ein Angeber war und seine Ansichten gern laut bekanntgab. Dieses etwa zweijährige Kind war das genaue Ebenbild seines Pflegevaters. Talikai hatte noch einen Adoptivsohn, dessen leiblicher Vater keine Rolle in der Gemeinschaft gespielt hatte, während Kilipak, sein Sohn, Führer einer Gruppe der Vierzehnjährigen war.

Unter den Acht- bis Elfjährigen befanden sich einige kleine Jungen, deren Eltern wirtschaftlich unbedeutend waren. Tchokal war ein gescheiter kleiner Bursche, dem es weder an Witz noch an Findigkeit fehlte, aber sein Vater war ein verachteter Verschwender, ein Versager ohne Ansehen und Selbstachtung. Polum war der Sohn eines Mannes, der keine finanzielle Bedeutung erlangt hatte, Kapamalaes Vater war ein freundlicher, gutmütiger Bär, der von seinem jüngeren Bruder beherrscht und geschoben wurde. Bopaus kürzlich verstorbener Vater, ein sanfter Mann mit leiser Stimme, hatte Schulden hinterlassen. Diese Gruppe wurde von Nauna, dem Sohn von Ngamel, beherrscht. Ngamel war einer der angesehensten Leute im Dorf, aber weder so aggressiv noch so redselig wie Talikai, sondern entschlossen, verläßlich und sich selbst vertrauend und darum reich und mächtig. Nauna ahmte die Tugenden und das Verhalten seines Vaters nach und führte eine Gruppe von Jungen an, die ihm im Alter voraus waren.

In einigen Fällen konnte man auch eine Veränderung der Persönlichkeit eines Kindes durch Adoption beobachten. Yesa, Kapamalaes älterer Bruder, war ein ruhiger, schüchterner

Zwölfjähriger, als ich ins Dorf kam. Wie auf seinen jüngeren Bruder färbte das Wesen des stillen, unauffälligen Vaters auch auf ihn ab. Bald darauf wurde er von dem jüngeren Bruder des Vaters, Paleao, einem der aktivsten Männer des Dorfes, adoptiert. Paleao hatte einen kleinen Pflegesohn, Popoli, den er im frühesten Alter von einem fremden Stamm übernommen hatte und der jetzt in jeder Bewegung eine starke Ähnlichkeit mit ihm aufwies. Yesa, der Ruhige, übernahm sofort die Entschlossenheit des neuen Vaters: sein leiblicher Vater wurde »Großvater«, wurde uninteressant, und Yesas Schultern wurden unter dem neuen Ansehen sichtlich breiter. Die Ähnlichkeit war jedoch weniger auffällig und würde wahrscheinlich immer geringer bleiben, als wenn er in früherem Alter adoptiert worden wäre.

Kemai war der wohlhabendste Mann im Dorf, tüchtig, verläßlich, langsam sprechend, systematisch denkend. Der Sohn der Schwester seiner Frau, Pomat, den er als ganz kleines Kind adoptiert hatte, war ein Spiegelbild nicht nur seines Benehmens, sondern auch seines Charakters.

Von den zwei Brüdern Ngandiliu und Selan war Ngandiliu zwar der ältere, aber ihm fehlte die Entschiedenheit, die Sicherheit, die zum Erfolg führt. Da er keine eigenen Kinder hatte, nahm er Selans Kind Topal nach dem Tod von Selans Frau zu sich. Topal wuchs heran und wurde ganz wie Ngandiliu: ruhig, ausdauernd, ohne Initiative, ohne eigene Ziele.

Selan war noch zu jung, als daß er im gesellschaftlichen System schon einen höheren Rang hätte einnehmen dürfen. Ngandiliu hatte für Selans Frau bezahlt, und Selan war noch nicht wirtschaftlich selbständig. Er war jedoch von rastlosem Ehrgeiz erfüllt. Er wurde ein Medium, was für einen Mann ungewöhnlich war; er geriet sogar in heftige Wortwechsel mit den alten Männern des Dorfes. Obgleich er meist die seinem Alter angemessene Gemessenheit zur Schau trug, so war er doch auf ruhige Weise auftrumpfend, beharrlich, selbstbewußt. Das gleiche galt für Kawa, seine fünfjährige Tochter, die ihr Schweigen nur brach, wenn sie ihre sorgfältig berechneten Forderungen stellte. Sie war drei Jahre jünger als Topal und doch schon ausgeglichener und kräftiger als er.

Die Gesamtheit dieser Fälle ist indessen eindrucksvoller als jeder einzelne Fall. Verschiedenheit zwischen Brüdern, die unter verschiedenen äußeren Umständen aufgewachsen waren, können mit Vererbung, Zufall und sonstigen Einflüssen erklärt werden. Aber wenn die Kinder junger, erfolgloser Leute als Gruppe einen bestimmten Persönlichkeitstyp repräsentieren, und Kinder älterer, erfolgreicher Leute einen anderen, so wird die Sache bedeutungsvoll.

Es gibt bei den Manus viel Inzucht, einesteils die Inzucht, die sich aus den vorgeschriebenen Heiraten zwischen Vettern und Basen zweiten Grades ergibt, anderteils die in kleinen Gemeinschaften mit vielen gemeinsamen Vorfahren unvermeidliche Inzucht. Es könnte daher argumentiert werden, daß alle Kinder die gleichen Anlagen besitzen, auf die nur die Umwelt ihren Einfluß auszuüben braucht, damit auffällige Unterschiede entstehen. Nichtsdestoweniger muß man erkennen, daß die führenden Geschlechter innerhalb der Gemeinschaft nicht auf Grund des Bluterbes oder des Besitzes – der beim Tod weitgehend zerstreut wird –, sondern auf Grund der in früher Kindheit erworbenen Herrschgewohnheiten die Führer sind. Betrachten wir kurz den Stammbaum einiger führender Männer der Dorfgeschichte.

Malegan, ein bedeutender Mann im Dorf, adoptierte seinen Neffen Potik. Nach seinem Tod wurde Potik ein führender Einwohner. Potik adoptierte Panau und später Paleao; als Paleao noch sehr jung war, starb Potik und hinterließ zwei leibliche Söhne, Tunu und Luwil. Panau und Paleao waren adoptiert worden, als Potik sehr mächtig war; sie wuchsen unter seinem Einfluß auf. Luwil wurde von einem unbedeutenden Onkel mütterlicherseits, Tunu von Panau aufgezogen, als Panau noch ein unbedeutender junger Mann war. Panau erwarb großes Ansehen und starb auf der Höhe seines Lebens. Seine Position im wirtschaftlichen System wurde durch Paleao, Sohn der Schwester der zweiten Frau seines Adoptivvaters, übernommen. Paleaos leiblicher Bruder wurde nicht von dem mächtigen Potik, sondern von einem gutmütigen Onkel mütterlicherseits adoptiert und blieb, obgleich durchaus nicht unintelligent, eine gutmütige Null.

Nun könnte man denken, daß in dieser Erörterung die Rolle der Intelligenz zu gering eingeschätzt wird. Das ist aber nicht der Fall. Bei den Manus ist die Persönlichkeit wichtiger als geistige Fähigkeiten. Der tatkräftige Mann von mittlerer Intelligenz kommt besser voran als ein weniger energischer mit scharfem Verstand. Und gerade diese Tatkraft, dieses Selbstvertrauen gibt den Ausschlag für die Entwicklung des sechs- oder siebenjährigen Pflegekindes.

Die Akzente sind also höchst ungerecht zuungunsten der Kinder junger Väter und der leiblichen und adoptierten Kinder erfolgloser älterer Väter gesetzt. Daher kann auch ein Mann in beherrschender Position weit sicherer sein, einen guten Nachfolger zu bekommen, als wenn er von dem Zufall angeborener Begabung abhängen würde, die den ausgleichenden Prozeß einer andersartigen Erziehung übersteht.

Dies letztere ist in Samoa der Fall. Dadurch, daß kleine Kinder von nur wenig größeren gehütet werden, die selbst noch keine Persönlichkeit besitzen, bleibt die Entwicklung der gesellschaftlichen Individualität auf weit niedrigerem Niveau stehen. Der begabte Samoaner steigt bis zur Spitze hinauf, aber er hat niemals Kontakt mit seinen kleinen Kindern. Er hat keine Gelegenheit, die Sicherheit weiterzugeben, die er nach Jahren der Lehre erworben hat.

Das gleiche ist der Fall, wenn Kinder den Dienstboten, Sklaven oder alten Frauen des Haushalts überlassen werden. Diese können tatsächlich eine Barriere errichten, die der Einfluß des Vaters oder der Mutter nicht zu durchdringen vermag. Dies könnte ein Grund für die beunruhigende Diskrepanz zwischen den Vätern und Söhnen unserer Gesellschaft sein, jedenfalls ebenso wie die volkstümlichere Erklärung der Minderwertigkeitskomplexe.

Diese erfolgreiche Identifizierung des Kindes mit der Persönlichkeit des Vaters bei den Manus ist auch das Ergebnis der zärtlichen Liebe des Vaters für das Kind, bei der alles Beherrschenwollen fehlt. Talikai, der Erwachsenen gegenüber hochmütig und unverbindlich war, verließ plötzlich eine wichtige Zeremonie, um für seinen weinenden zweijährigen Sohn einen Ballon bei mir zu erbitten. Das Weinen des Kindes verwandelte den gebieterischen Mann in einem Raum voller Leute in einen ängstlich bemühten Diener. Verständlich, daß dieses Kind keinen Minderwertigkeitskomplex entwickelte. Im ständigen Zusammensein mit Talikai übernahm es dessen Selbstsicherheit. Aber auch bei den Kindern von schüchternen, ruhigen, verlegenen Vätern entsteht kein Minderwertigkeitskomplex, höchstens die Gewohnheit, sich unauffällig und gesellschaftlich zurückhaltend zu verhalten.

Bei Mädchen ist die Wirkung weniger ausgeprägt. Eine Acht- oder Neunjährige spiegelt zwar die Persönlichkeit des Vaters fast ebenso vollkommen wider wie ein Junge, aber der Identifizierung mit dem Vater werden schon im frühen Alter durch Tabus Schranken gesetzt, und die geistige Entwicklung des Mädchens wird eingeengt. Niemals identifiziert es sich dann mit einer Frau wie vorher mit dem Vater. Seine Individualität darf sich nur bis zum vierzehnten oder fünfzehnten Jahr entfalten, nicht wie bei den Jungen bis zum zwanzigsten oder vierundzwanzigsten. Das Zusammenleben mit einem beherrschenden Vater macht zwar aus einem kleinen Mädchen einen selbstbewußten jugendlichen Tyrannen, aber dann treten gesellschaftliche Kräfte in den Vordergrund, die die Aggressivität der Heranwachsenden mildern und ihre Individualität beeinträchtigen. Trotzdem waren natürlich die streitbarsten Mädchen im Dorf Töchter von prominenten Witwen; bei ihnen war der ursprünglichen Identifizierung mit dem Vater diejenige mit einer starken, selbstbewußten Persönlichkeit des eigenen Geschlechts gefolgt.

Die Spielgruppen der Kinder werden durch diese frühe Entwicklung der Individualität stark beeinflußt. Gruppen von Kindern des gleichen Alters spalten sich meist: die passiven, stillen Kinder der jungen, erfolglosen Väter stehen auf der einen und die lauten, rauflustigen Kinder auf der andern Seite; zwischen beiden befinden sich meist einige Kinder junger Väter mit herrischem Charakter.

Zwei- bis Dreijährige zu zweit oder zu dritt bilden die jüngsten Spielgruppen. Sobald ein Kind mit einiger Sicherheit im Wasser waten kann, wird es durch das aufregende Leben in der Lagune angelockt und gewinnt Kontakt mit anderen Kindern. Allein haben die Dreijährigen vielleicht noch Bedenken oder Schwierigkeiten, an den schlüpfrigen Pfosten hinaufzuklettern, um in fremden Häusern nach Spielgefährten zu suchen, aber für zwei oder drei Kinder gemeinsam ist es ein Leichtes, bei Ebbe unter den Häusern herumzupatschen. Oft findet man Paare, bei denen das eine Kind tatlustig, das andere passiv ist. Das aktive Kind befriedigt sein Bedürfnis, anzuführen, am einfachsten dadurch, daß es als Gefährten ein Kind mit ruhigerem Temperament wählt. Freundschaften zwischen zwei temperamentvollen Charakteren sind sehr viel seltener. Die Kinder sind viel zu verwöhnt, um Freude an einer Auseinandersetzung mit einem ebenso starken Willen zu empfinden. Manchmal finden sich zwei sanfte, passive Kinder zusammen; aber diese Verbindungen sind nicht sehr stark und fallen auf das Wort eines der angriffslustigeren Kinder leicht auseinander.

Ponkob und Songau bildeten ein typisches Gespann. Ponkob,

Naunas jüngerer Bruder, war ein kräftiges, munteres Kind, mit gebieterischen Bewegungen und ermüdender Mitteilsamkeit. Er fühlte sich als Herr der Welt, insbesondere als Herr des kleinen Songau, dem Sohn des ängstlichen, unzuverlässigen Versagers Pomat. Pomat stammte von einer Familie ab, die einstmals eine große Rolle im Dorf gespielt hatte – seine hilflose Ungewandtheit lieferte reichlich Gesprächsstoff. Er hatte ein scheues, gelegentlich schmeichlerisches Benehmen; im Fieberdelirium sprach er unaufhörlich von erfüllten Verpflichtungen. Seine Frau war vorher schon einmal verheiratet gewesen und hatte ihr erstes Kind dadurch verloren, daß sie ihr Gesicht schminkte, was den Ärger der tugendhaften Geister ihres Mannes erregte. Ihre Verheiratung mit Pomat bedeutete einen Schritt abwärts. Das Leben hatte sie gedemütigt, und sie war unfähig, es zu meistern. Der kleine Songau war ein intelligentes Kind und bewies oft mehr Kenntnis der Menschen und Dinge als Ponkob, der zu sehr damit beschäftigt war, gegen seine Umgebung zu eifern und zu kämpfen, sie seinem Willen unterzuordnen, als daß er sie hätte richtig beobachten können. Was Songau sich wünschte, waren Stille, ruhige kleine Beschäftigungen mit seinen eigenen Angelegenheiten, betuliches Nachdenken über Dinge, die er im Wasser gefunden oder am Himmel gesehen hatte. Aber Ponkob brauchte einen Zuhörer. Die beiden konnten eine Stunde zusammen verbringen, ohne daß etwas zustande kam, was man gemeinsames Spiel hätte nennen können. Ponkob beschloß zum Beispiel, sein Kanu ins Wasser zu schieben, wobei Songau ihm helfen sollte. Songau half ihm eine Minute lang, ging dann weg, fand einen Stock und warf ihn ins Wasser, um ihm nachzuschwimmen, offenbar unberührt von Ponkobs ständigem: »Komm hilf mir, hilf mir mit dem Boot, das Boot soll ins Wasser! Songau, Songau, komm her, was ist denn los? Ich will es losmachen, das Boot. Ich will es, ich will es, es ist mein Boot. Ach, sitzt es fest. Songau!« Beim zehnten »Songau« kam dieser zurück, half eine Minute lang, verlor das Interesse aufs neue und ging wieder seinen eigenen Angelegenheiten nach. So ging es eine Stunde weiter: Ponkob schrie, kommandierte, bemühte sich um sein Boot, während Songau wenig sprach, davon das meiste mit sich selbst, nur halb mit Ponkob beschäftigt, und immer wieder war nach kurzer Zeit sein Interesse erloschen. Manchmal war die kleine Ilan bei diesen Spielen dabei; den Finger im Mund, saß sie dann etwas abseits, bewegte sich kaum, erhob sich nur auf dringenden Befehl Ponkobs und blieb nie lange tätig. War Ponkob nicht da, und Ilan und Songau spielten allein miteinander, so streiften die beiden durch die Lagune und suchten nach Algen, wobei Songau in Selbstgespräche verfiel: »Meine Algen. Sie gehören mir.« Ilan sagte dazu nichts und tat wenig.

Eine ungewöhnlichere Art von Freundschaft war die von Ponkob und Ngalowen. Ngalowen war seine um ein Jahr ältere Schwester, die als kleines Kind vom Onkel der beiden Kinder adoptiert worden war, den sie Vater nannte. Ngamel, ihren leiblichen Vater, nannte sie bei seinem Vornamen, während sie ihre leibliche Mutter mit der Trauerbezeichnung »Eine, deren Kind als Neugeborenes starb« anredete. Ihr Adoptivvater war ein älterer Mann, sehr selbstsicher und der kleinen Ngalowen treu ergeben. Sein einziger Sohn war fast erwachsen, und so schenkte er die ganze Liebe seines vorgerückten Alters diesem anziehenden Adoptivkind, das mit vier Jahren eine vollendete Kokette und der Liebling aller Männer im Dorf war. Pwisio, der Adoptivvater, war eitel, aber nicht gesprächig, doch wenn er sprach, verlangte er, daß man ihm zuhörte. Ngalowen sah die Welt so, wie sie sie brauchte, wie sie ihrer kleinen Person genehm war. Menschen, die nicht auf sie reagierten, ein Lächeln, das nicht an sie gerichtet war, bedeuteten für sie Feindschaft. Sie war zu eitel, um die Gesellschaft eigenwilliger, aggressiver Kinder zu suchen, zu sehr an Schmeichelei gewöhnt, um eine Gruppe ruhiger Kinder zu führen. Sie spielte daher wenig mit andern Kindern, sondern verbrachte den größten Teil der Zeit mit dem Vater oder paddelte und schwamm allein im Dorf herum, wobei sie nach Erwachsenen ausschaute, die ihr Aufmerksamkeit schenken würden. Wenn sie dann genug von solchen Beschäftigungen hatte, die ihrem Alter noch gar nicht entsprachen, und mit anderen Kindern spielen wollte, nahm sie sich Ponkob zum Gefährten; er war jünger und weniger gewandt als sie, und sein ununterbrochenes Geplauder, sein Kontaktbedürfnis gaben ihr das befriedigende Gefühl, eine Reaktion hervorzurufen. Ponkob seinerseits war ganz zufrieden mit einer Spielgefährtin, die ihn reden und dirigieren ließ und die er besser zum Helfen einspannen konnte als seinen alten Freund Songau. Ngalowen trieb ihre Sucht nach persönlicher Bestätigung weiter als alle anderen Kinder – sie war die einzige, die fast immer ablehnte, etwas zu zeichnen. Wenn sie sich einmal dazu herbeiließ, so begleitete sie jeden Strich mit affektierten Bewegungen, verschmierte das Papier, sprang auf, lief herum, kletterte jemandem auf den Schoß, schmollte, flirtete und suchte die Aufmerksamkeit der anderen zu erregen. Ihr einziger Pflegebruder war während ihres bisherigen Lebens fort gewesen, so daß sie keine geschwisterliche Konkurrenz hatte.

Masa gehörte zum Typ der Schweigsamen, Stillen. Sie war ein unschönes Kind mit rundem Gesicht und kranken Augen, deren Sehkraft sie durch Bindehautentzündung eingebüßt hatte. Ihr Vater hatte niemals soviel Liebe für sie aufgebracht wie für den drei Jahre älteren Halbbruder. Sie lebte mit ihrer Mutter zusammen, einer ruhigen, tüchtigen Frau, die weder Dünkel noch Wichtigtuerei kannte. Masa sprach fast nie. Sie spielte mit den anderen Kindern in einem kleinen Kanu, watete zufrieden um die kleine Insel herum, stellte nur eine Frage, und zwar nur an Erwachsene, nie an ein Kind. Sie hatte offenbar nicht das Bedürfnis, auf andere Kinder Eindruck zu machen oder ihre Aufmerksamkeit auf sich zu lenken. Ihr liebster Spielkamerad war Posendruan, ein kleiner Junge mit einem Klumpfuß. Sein Gebrechen, mit dem er erstaunlich gut fertigwurde, und seine Anhänglichkeit an seinen gutmütigen jungen Vater hatten einen ungewöhnlich ruhigen, zurückhaltenden Jungen aus ihm gemacht. Er war älter als Masa, folgte ihr aber überallhin. Befand Masa sich jedoch mit älteren Frauen zusammen, so nahm sie an dem Gespräch wie eine Erwachsene teil. Wurde ihre Mutter von einer Fremden gefragt: »Ist die Frau, die gerade im Kanu vorbeifuhr, jemals schwanger gewesen?«, so fügte Masa der verneinenden Antwort der Mutter mit ihrer klaren kleinen Stimme hinzu: »Die schwangere Frau, die bei uns gewohnt hat, hat ihr Kind bekommen; Vater hat ihrem Mann Sago gebracht.« Sie riß das Gespräch nicht an sich, trug nur mit kurzen, angemessenen Bemerkungen dazu bei, wenn ihr die Gelegenheit günstig schien. Ihr Benehmen war völlig anders als das von Ponkob, Songau, Pokus, Bopau, Piwen, Ngalowen, Salaiyao und Kawa, die immer nach Möglichkeit eine Gruppe von Erwachsenen als Zuhörer suchten. Traten ein paar Leute zu ihnen, so hörten diese Kinder zu streiten auf und konzentrierten sich darauf, die Aufmerksamkeit der Großen durch verschiedene Mittel zu gewinnen: Ponkob, Pokus und Manoi durch Schnellfeuerreden, Piwen durch Eigensinn und Widersetzlichkeit, Salaiyao durch einen Wutanfall, Ngalowen und Songau durch Kokettieren und Kawa durch ständiges Quengeln nach einem bestimmten Gegenstand. Jedes Kind verfolgte seine besondere Taktik – schon das dreijährige Kind hatte eine bestimmte Art für den Verkehr mit der Welt der Erwachsenen entwickelt. Die Auffassung der Manus, daß das Kind der Mittelpunkt einer Gruppe zu sein hat, ist so fest in ihnen verwurzelt, daß die Kinder mit ihren Methoden auch meist Erfolg hatten, selbst wenn sie sie bei den tätigeren und weniger nachgiebigen Frauen und nicht bei den nachsichtigen Vätern anwendeten.

Dieses ständige Orientieren an einem Erwachsenen verhindert eine echte Freundschaft zwischen kleinen Kindern, macht sie jedoch willfährig für die Führerschaft größerer Kinder. Wenn mehrere Fünfjährige ziellos um eine der kleinen Inseln herumtoben, platschen und sich balgen, so ist es für einen Neun- oder Zehnjährigen einfach, eine Wettfahrt oder ein Ballspiel zu veranstalten. Die Sechs- und Siebenjährigen bleiben allerdings nicht lange dabei, aber die Zehnjährigen sind unermüdlich in ihrem Bemühen, sich die Spielgewohnheiten der Älteren anzueignen. Dies geschieht nach dem Vorbild der älteren Männer, die immer bereit sind, als Schiedsrichter oder als Lasttiere bei den Spielen der Kinder mitzuwirken oder ihnen Beifall zu spenden. Die üblichen Spielgruppen, in denen Kreisspiele, Rennen, Tauziehen usw. veranstaltet werden, bestehen aus einem oder zwei größeren und einer Menge kleinerer Kinder. Die Größeren spielen sich mangels eines lenkenden Erwachsenen als Tyrannen auf; sie bestimmen die Parteien und das Zusammenspiel, sie entscheiden, wer spielt und wer nicht; die übrigen stimmen gutmütig zu. Die Gewohnheit, beim Spiel durch größere Kinder belehrt und herumgeschoben zu werden, prägt sich schon im frühen Alter aus.

Aber erst, wenn die Kinder beginnen, die Welt der Erwachsenen als ein wenig feindlich zu empfinden, erst wenn sie eine schwache Vorahnung der Dienstbarkeit überkommt, die auf ihre fröhliche Sorglosigkeit folgen wird, bildet sich ein Gruppenbewußtsein. Ein Zehnjähriger bummelt ziellos herum, bringt einem kleinen Kind das Zählen bei, veranstaltet mit Achtjährigen ein Fußballspiel und anschließend ein Kanurennen mit ein paar Altersgenossen, vereinigt sich mit zwei größeren Jungen, um ein paar kleine Mädchen zu jagen; zu Hause stampft er dann mit dem Fuß auf und brüllt, bis eigens für ihn Essen gekocht wird; darauf begibt er sich wieder in die Lagune und vergnügt sich allein damit, Schiffchen schwimmen zu lassen.

Dieser ungezwungene Austausch, diese freien Gruppenspiele und Partnerschaften, diese Betätigung des Einzelnen als Lehrer und Anführer oder als Dienstbote geben dem Kind ein Höchstmaß an Möglichkeit, seine in frühester Kindheit angelegten Persönlichkeitszüge zu entwickeln. Da es weder Altersnormen noch feststehende Altersgruppen gibt, spielt es keine Rolle, ob jemand lieber Gefolgsmann oder Anführer ist, ob er mit den ganz Kleinen spielt oder lieber einem größeren Jungen nachläuft. Alle in einem Kind ruhenden Möglichkeiten der Entwicklung werden angeregt.

Das Resultat dieser Form gesellschaftlichen Lebens zeigt sich an den vierzehnjährigen Knaben, die noch nicht mürrisch und verschämt sind, noch nicht von finanziellen Verpflichtungen gequält werden oder um Freiheit kämpfen. Es sind anziehende Kinder mit Selbstvertrauen, ohne jegliche Minderwertigkeitsgefühle, furchtlos und nicht aus der Fassung zu bringen.

Die Fähigkeiten dieser Gruppe zeigten sich, als wir unseren Haushalt fünf Jungen anvertrauten: Kilipak, Pomat, Taumapwe, Kapeli und Yesa. Kilipak war Koch und Aufseher, Pomat Diener, Taumapwe Diener für die Schlafzimmer, Kapeli Fischputzer, Holzhacker und Küchenjunge. Fast ohne Anweisung oder Rat – ich wollte sehen, wie sie sich in dieser ungewohnten Situation zurechtfinden würden – hielten sie das Haus in Ordnung, teilten gewissenhaft Arbeit und Belohnung unter sich auf und stritten sich kaum. Nicht gewöhnt, mit Apparaten umzugehen, bestimmte Zeiten einzuhalten und regelmäßige Arbeit zu verrichten, kamen diese primitiven Kinder Tag um Tag, lernten Lampen zu putzen, Temperatur zu messen, mit Stoppuhren umzugehen, Filme zu wässern, Abzüge zu belichten, Lampen mit Öl zu füllen und anzuzünden. In ein paar Jahren würde ihre Kultur Besitz von ihnen ergriffen haben, ihr Geist sich mit Handel befassen, ihre Emotionen sich in einem Gewebe von Scham und Feindschaft verfangen. Die Grundlage für diese Zukunft war schon gegeben: durch den Mangel an Zuneigung zu irgendeinem Menschen, ihre Prüderie, ihren ehrfürchtigen Respekt vor dem Besitz, die ihnen auferlegten Meidegebote. Emotional wurden sie in frühester Kindheit zur Egozentrik erzogen, und ihr formbares kindliches Wesen fügte sich willig diesem Einfluß; aber in der verstandesmäßigen Anpassung an die Lebenswelt sind sie Jahre hindurch vorzüglich ausgebildet worden.

IX
Die Einstellung zur Sexualität

Der Vater macht bei seinen kleinen Kindern keine großen Unterschiede zwischen den Geschlechtern. Mädchen und Knaben schlafen in den Armen des Vaters, reiten auf seinem Rücken, bitten um seine Pfeife und stehlen Betel aus seinem Schultersack. Wenn sie drei oder vier Jahre alt sind, baut er ihnen kleine Kanus, ebenfalls ohne Rücksicht auf ihr Geschlecht. Weder Knaben noch Mädchen tragen Kleidung, nur kleine Armringe, Fußringe, Halsketten aus Hundezähnen und Gürtel mit bunten Steinen. Diese werden aber meist nur bei großen Gelegenheiten angelegt, da ständiges Tragen die Haut wundreibt und einen häßlichen Ausschlag verursacht. Die Erwachsenen betonen den Geschlechtsunterschied von der Geburt an in ihren Reden – ein Knabe ist ein *nat*, ein Mädchen ein *ndrakein* bei einem Alter von einer Stunde. Nur vor der Geburt wird der Ausdruck *nat* gebraucht, um das Kind zu bezeichnen. Diese Ausdrücke werden so häufig von den Frauen benutzt, wenn sie zungenfertig mit »mein Junge« oder »mein Mädchen« prahlen, daß ein dreijähriges Kind jeden streng korrigiert, der das Kleinste im Haus mit dem falschen Ausdruck bezeichnet.

Aber vor dem dritten Jahr werden keine weiteren Unterschiede gemacht. Ist das kleine Mädchen etwa drei Jahre alt, so wird der Mutterstolz zu neuen Taten angeregt. Mit eifrigen Händen und viel Gerede wird ein winziger Grasrock angefertigt und das feierlich dreinblickende kleine Mädchen an einem Festtag damit bekleidet. Das Anlegen dieses Kleidungsstückes verbindet die Tochter enger mit der Mutter als je zuvor. Die Mutter wird mit *pen* (Frau) angeredet, aber sie ist eine *ndrakein*; dementsprechend wird der Vater *kamal* genannt, der Bruder dagegen ist ein *nat*. Für die Kinder ist der körperliche Unterschied zwischen ihnen ganz augenfällig, da sie beide nackt gehen. Aber da die Erwachsenen bekleidet und höchst prüde beim Ablegen der Kleidungsstücke sind und die unentwickelte Brust des Mädchens mehr der des Vaters als der der Mutter gleicht, so bietet die Anatomie weit weniger Anhaltspunkte für das Geschlecht als die Kleidung.

Ich ließ die Kinder Zeichnungen von Männern und Frauen oder von Knaben und Mädchen machen; wo die Unterschiede angegeben waren – in den meisten Fällen wurden sie übergangen –, war die männliche Anatomie richtig gezeichnet, während die weibliche Person durch einen Grasrock gekennzeichnet wurde.

Von dem Augenblick an, in dem das kleinste Mädchen und seine etwas älteren Schwestern, wenn auch nur für eine Stunde, ebenso gekleidet sind wie die Mutter, schließen sie sich mehr an die Mutter und an die älteren Schwestern an.

Die kleinen Mädchen werden nicht gezwungen, Grasröcke zu tragen, ehe sie sieben oder acht Jahre sind; sie ziehen sie an, schwimmen damit, werden naß, bedecken sich mit grünen Blättern, verlieren die Blätter, laufen eine Weile nackt herum, gehen nach Hause und holen sich einen trockenen Rock. Oder sie ziehen die Grasröcke aus und waten bei Ebbe durch das Wasser, die Röcke hoch über ihrem Krauskopf tragend. Erst bei den Zwölf- und Dreizehnjährigen wird das Schamgefühl bei unzureichender Bekleidung wach.

Etwa mit drei Jahren fangen die Väter an, ihre kleinen Jungen zur windabgelegenen Seite der kleinen Insel zu fahren, die von allen Männern als Latrine benutzt wird. Mädchen und Frauen gehen niemals dorthin; die kleinen Jungen lernen dadurch früh, ihr Bedürfnis nicht in der Nähe der Frauen zu verrichten.

Das Wesen der Männlichkeit kommt den Knaben aber erst dann richtig zum Bewußtsein, wenn sie die phallische Athletik kennenlernen, die die Männer beim Tanz ausüben. Knaben, die einige Fertigkeit darin entwickelt haben, winden und drehen sich und paradieren tagelang, von den Erwachsenen mit Wollust applaudiert. Sie lernen dies mit drei oder vier Jahren. Wenig später erhalten die Jungen Pfeil und Bogen und kleine Fischspeere; ganz kleine Mädchen und Jungen streifen bei Ebbe durch die Lagune mit Stöcken und Steinen und ahmen das zweckbetontere Spiel der Älteren ohne Rücksicht auf Geschlecht nach. Jedoch bekommen kleine Mädchen niemals richtiges Spielzeug zum Fischefangen. Sie besitzen eigene kleine Kanus und können ebenso gut paddeln und staken wie die Knaben, aber sie lassen keine Segelschiffchen schwimmen. Von dem Zeitpunkt der Differenzierung in Spiel und Kleidung an entfernen sich die Geschlechter etwas voneinander. Es ist ihnen nicht verboten, miteinander zu spielen, und es besteht auch kein sehr tiefer Gegensatz zwischen den Gruppen. Die Trennlinie wird mehr durch die Betätigung gezogen. Rund- und Wasserspiele werden meistens gemeinsam ausgeführt; Faustkämpfe überschreiten sehr häufig die Trennlinie, und in Mondnächten veranstalten Knaben und Mädchen kreischend Wettrennen über den durch die Ebbe freigelegten Lagunenschlamm.

Wenn die heranwachsenden Mädchen mehr und mehr zu weiblichen Tätigkeiten im Haushalt herangezogen werden, folgen ihnen schon langsam die zwölf-, acht- oder fünfjährigen kleinen Schwestern dabei. Erreicht ein Mädchen die Pubertät, dann kommen die jüngeren Mädchen bis hinunter zu den acht- oder neunjährigen einen Monat lang zum Schlafen zu ihm ins Haus. Dies führt die Mädchen näher zueinander. Eine kleine Insel im Dorf war für die Frauen bestimmt. Dort trafen sie sich gelegentlich und führten verschiedene Handarbeiten miteinander aus, und die kleinen Mädchen tanzten bei Sonnenuntergang auf dem Grasplatz am spitzen Gipfel des steilen kleinen Bergkegels, wobei sie ihre Grasröcke abnahmen und sie wie Federn über den Kopf flattern ließen und dazu jauchzten und lärmten.

Die Jungen waren unterwegs, um Fische an den schilfbewachsenen seichten Stellen zu beschleichen; der Haufen kleinerer Jungen, die in ihrem Kielwasser folgten, wurde dabei streng in dieser Kunst unterrichtet. Zwischen den Gruppen der Knaben und der Mädchen entstanden manchmal Streitereien, Gefechte mit Wasserflinten spielten sich ab, oder es gab Flucht und Verfolgung. Hier und da vereinigten sich die Gruppen in halbamouvrösem Spiel; Paare schlossen sich zusammen, bauten Häuser, machten Zahlungen für die Bräute und legten sich in Nachahmung der Eltern Wange an Wange nieder. Es war wohl die Angst vor dem Zorn der Geister, der verhinderte, daß diese Spiele in echte erotische Spiele ausarteten. Jede Kindergruppe glaubte, daß die jetzt erwachsenen jungen Leute viel aufregendere Spiele gespielt hätten, als sie jung waren. Aber wenn man diese Legende vom Goldenen Zeitalter, als die Geister noch nicht so leicht erzürnbar waren, untersucht, schob jede Gruppe sie um eine Generation weiter bis auf die Zeit vor ihrer eigenen Jugend zurück. Diese Spiele werden immer von der ganzen Gruppe unternommen. Es gibt dabei keine Gelegenheit, daß zwei Kinder zusammen auskneifen könnten; denn die Gruppe hält gebieterisch alle ihre Mitglieder zusammen.

Dadurch, daß das Kind nun bewußter zu einer Geschlechtsgruppe gehört und sich mehr mit den Erwachsenen des gleichen Geschlechts identifiziert, wird das Bild der Familie umgeordnet. Bis zum Alter von fünf oder sechs Jahren begleitet die kleine Tochter den Vater mit der gleichen Selbstverständlichkeit wie ihr Bruder. Sie schläft beim Vater, manchmal, bis sie sieben oder acht Jahre alt ist. Dann aber betritt sie das Gebiet des Tabus. Wenn sie selbst noch nicht verlobt ist, so sind es vielleicht ihre jüngeren Schwestern und Kusinen, wodurch auch für sie das Gebot des Meidens der Jungen, mit denen diese Mädchen verlobt sind, eintritt. Ist sie selbst verlobt, so leben im Dorf sicher einige Männer, vor denen sie ihr Gesicht verbergen muß. Sie ist nun nicht mehr das sorglose Kind, das auf des Vaters Rücken in das Heiligtum des Männerlebens, die Bootsinsel, reiten darf. Immer öfter läßt der Vater sie zu Hause und nimmt dafür die kleineren Geschwister mit oder geht ohne Kinder gemessen seinen Geschäften nach. Aber sie ist an die Aufmerksamkeit Erwachsener gewöhnt, die ihr ein angenehmes Machtgefühl verleiht. Vom Vater immer mehr vernachlässigt, fängt sie an, sich mit der Mutter oder einer anderen älteren Frau der Verwandtschaft zu identifizieren. Letzteres tritt merkwürdigerweise viel häufiger ein, es sei denn, daß die Mutter Witwe ist. Es ist so, als hätte die Tochter die Mutter zugunsten des Vaters so sehr beiseite geschoben, daß sie nun den verlorenen Faden nicht wieder aufnehmen kann. Diese Bindungen an ältere Frauen haben nichts mit »Schwärmerei« zu tun; sie bleiben streng im Rahmen der Familie. Oft wird die Großmutter erwählt. Die älteren Frauen haben mehr Zeit, die jungen Mädchen das Herstellen von Perlschnüren zu lehren und sie zur Anfertigung ihrer Aussteuer anzuleiten. Die jüngeren Frauen sind mehr mit dem Kinderhüten beschäftigt, das die kleinen Mädchen nicht interessiert und wofür ihre Hilfe auch nicht erwartet wird. Es gibt keine Puppen und somit auch kein Vorbild für das Spielen mit kleinen Kindern. Wir kauften ein paar kleine Holzfiguren von einem Nachbarstamm, und bezeichnenderweise waren es die Knaben, die sie als Puppen behandelten und ihnen Wiegenlieder vorsummten.

Diese Umstellung geht nicht ohne Kummer und Rebellion vor sich. Die kleinen Mädchen reißen ihre Grasröcke herunter und lehnen sich gegen die Hausarbeiten auf, die man ihnen jetzt auferlegt. Brennholzsammeln, Wasserholen, Perlenauffassen – das sind lauter langweilige Dinge im Vergleich zu den Fahrten mit dem Vater und den lärmenden Spielen in der Lagune. Mit anderen Kindern zusammen sind sie immer noch vergnügt, aber die bereits Verlobten werden immer scheuer. Ein Kalikoschleier, eine Pandanusregenmatte sind eine große Last, wenn man sie ständig mit sich herumtragen muß; noch schlimmer ist es aber, wenn man vergißt, sie mitzunehmen: die Vierzehnjährige sieht sich dann plötzlich gezwungen, eine Viertelstunde lang mit dem Kopf zwischen den Knien im nassen Kanu zu kauern, während der Vater des Bräutigams unbeteiligt in der Nähe steht und sich mit jemandem unterhält. Denn es ist Sache der Frauen und der ganz jungen Männer, die erforderlichen Meidevorschriften zu befolgen, der ältere Mann bleibt vollkommen gleichgültig, während eine Anzahl Frauen wie erschreckte Vögel davonflattert. Geht die junge Verlobte zu einer Freundin, so weiß sie nie, ob nicht plötzlich der Schrei: »Da kommt ein Tabuverwandter von dir!« sie mitten im Gespräch oder bei der Handarbeit aus dem Haus treibt, so daß sie die Perlschnüre vor Schreck im Stich läßt. Nur im eigenen Haus ist sie sicher, rechtzeitig gewarnt zu werden. Beteiligt sie sich an einem Fischzug, so kann ihr das gleiche Mißgeschick passieren. So werden die schönen Freundschaften der Zehn- und Zwölfjährigen langsam zerstört. Das Zusammensein älterer Mädchen ist zu schwierig. Die Abwesenheit von zu Hause und sogar die Gesellschaft von verläßlichen Verwandten wird mit Argwohn betrachtet.

Dies alles findet schon in der Spielgruppe seinen Niederschlag. Eine feierlich dreinblickende Achtjährige äußert sich kritisch darüber, daß die Kameraden sich so frei und unbeschwert geben dürfen, »während wir zu Hause sitzen müssen und Perlschnüre für die Schwestern unserer Männer machen«. Da die Mädchen nun mehr mit ihren Müttern zusammen sind, werden ihnen die Redetabus stärker bewußt, und sie lernen alle Wörter vermeiden, die für die älteren Frauen der Gruppe tabu sind; wenn man sie fragt, antworten sie stolz: »Nein, das ist nicht mein Tabu, es ist Großmutters; aber ich helfe der Großmutter bei ihrem Tabu.« Den kleinen Mädchen wird am frühesten die gesellschaftliche Organisation bewußt, sie kennen alle Verpflichtungen innerhalb der Gruppe. »Kutan heiratet einen Jungen in Patusi. Pikewas war verlobt, aber bei einer Séance wurde die Verlobung wieder aufgehoben.« Solche Kommentare werden nie von Jungen gegeben; ihnen fehlen meistens die Informationen, die für die einfachsten Feststellungen über die gesellschaftliche Organisation notwendig wären.

Der Eintritt der Menstruation besiegelt für immer den Pakt des Mädchens mit seinem Geschlecht. Es erfährt nicht nur, daß es die erste Menstruation ertragen muß, sondern auch die merkwürdige Tatsache, die kein einziger Mann in Manus kennt, daß dies nun jeden Monat eintreten wird und alle Spuren und das

Wissen über diesen Zustand vor jedermann verborgen werden müssen. Dies bedeutet eine weitere Fesselung des früher so ungebundenen Lebens. Dem Mädchen wird nicht gesagt, daß die Menstruation der Unverheirateten ein Geheimnis ist, das kein Mann kennt. Tatsächlich wissen nur wenige verheiratete Frauen, daß sie ein tiefes Geheimnis ist. Das Schamgefühl ist jedoch so fest verwurzelt, daß das Thema völlig verdrängt wird. Die Mutter braucht nur dieses Schamgefühl auf die Tochter zu übertragen, und das Geheimnis ist wieder für eine Generation gewahrt. Würde man den Kindern sagen, daß es sich um ein Geheimnis handelt, wäre es vielleicht schon vor langer Zeit verraten worden. Aber ein Geheimnis, das als eine Maßregel der Scham auferlegt wird, kann seine Wirkung gar nicht verfehlen. Wenn man einem Mann auf Manus sagt, daß bei andern Völkern die Frauen nicht nur bei Beginn der Pubertät, sondern jeden Monat menstruieren, einerlei ob sie verheiratet oder unverheiratet sind, so zuckt er die Schultern und antwortet: »Die Manusfrauen sind anders!«

Aber dieser enge Anschluß der Mädchen an die Frauen ist weder freiwillig noch gefühlsbetont. Für die Frauen der Sippe bringen sie nicht die Begeisterung auf, die sie für den Vater empfanden, den Vater, der seine Tochter immer weiter liebt, aber von ihr durch viele so nötige Beschränkungen getrennt ist. Wenn die Frauen eng beieinander hocken, so tun sie es als Gefangene unter dem gemeinsamen Joch der Vorsicht und der Tabus. Aber die frühe Vorstellung, daß der Mann der Frau Belohnung, Fürsorglichkeit und liebevolles Verständnis gewährt, lebt in den Mädchen noch weiter fort. Wie weit sie dieses teilweise verloren gegangene Bild mit dem ihnen bestimmten Ehemann in Verbindung bringen, ist schwer zu sagen. Die Ehe ist natürlich mit Tabus und Meiden, also mit ihrem jetzigen Leben, gleichzusetzen und nicht mit dem glücklicheren Leben der Kindheit. Aber die Äußerungen eines Mädchens zur Ehe sprechen von gelassener Erwartung – so, als wären sie ein bißchen vom Frieden der Kinderzeit gefärbt. Um so grausamer ist die Enttäuschung der jungen Frau nach der Heirat. Im Haus des Mannes sind die Frauen ihre Feinde, für den Mann ist sie nur interessant wegen des erzwungenen Verkehrs, des Kinderkriegens und der Hausarbeit. Die Beziehungen zu ihrem eigenen Vater kann sie bei ihren Kindern nicht wieder aufleben lassen; denn sie gehören zu einem anderen Clan, sind mehr die Kinder des Mannes als die ihren. Und niemals im Leben, von dem Tag an, als Vater und

Mutter über ihrer Wiege stritten, erfährt sie, daß man Empfindungen mit einem anderen Menschen teilen kann.

Wenn es dem kleinen Jungen langweilig wird, auf des Vaters Rücken zu reiten, so läuft er weg und spielt mit seinen Freunden; aber niemals wird er vom Vater fortgeschoben oder durch Konvention verdrängt. Die Beziehungen zwischen dem Vater und seinen sechs- oder siebenjährigen Söhnen sind besonders erfreulich. Das Kind hat gelernt, seine Bewegungen zu beherrschen und Besitz zu achten – mehr unbequeme Dinge braucht es nun nicht mehr zu lernen. Diesen Unterricht hat es allerdings in der Hauptsache von der Mutter in den ersten achtzehn Monaten erhalten. Dem Vater fallen angenehmere Aufgaben zu. Er behandelt seinen sechsjährigen Sohn wie einen tyrannischen, besonders teuren Zechgenossen, erfüllt ihm freudig jede Laune, so als ob es ihm größtes Entzücken bereite.

Ein charakteristisches Beispiel dafür waren Pokenau und Matawei. Die Mutter war mit einem Neugeborenen beschäftigt, und Matawei war des Vaters ständiger Begleiter. Pokenau hatte ihm den Geist seines Großvaters Gizikau als Schutzgeist gegeben. Matawei wußte, daß der Schädel seines Großvaters in der hölzernen Schale nahe der Türe hing, während der Schädel von Sori, dem älteren Bruder und Schutzgeist des Vaters, in einer anderen Schale verwahrt wurde. Vater und Sohn machten ihre Späße über ihre Geister und drohten sich gegenseitig mit deren Zorn. Pokenau neckte Matawei damit, daß Gizikaus Schädel schon so alt sei, daß er bald auseinanderfallen würde und Matawei ging lustig darauf ein. Wenn Matawei beim Aufwachen feststellte, daß sein Vater ohne ihn zum Fischen gegangen war, hallte das Dorf von seinem Geschrei wider. Für seine Mutter hatte er kaum einen Blick, aber dem Vater folgte er überallhin.

Ging der Vater am Abend fort, so begleitete Matawei ihn und schlief zu seinen Füßen ein. Später nahm der Vater ihn dann auf die Schulter und trug ihn nach Hause, wo er an seiner Seite bis zur Morgendämmerung schlief. Matawei hatte ganze Passagen Pidgin-Englisch gelernt und sagte sie ständig in der bramarbasierenden Art des Vaters auf. Eines Tages schlug Pokenau seine Frau, die darauf mit den beiden jüngsten Kindern das Haus verließ. Den ganzen Tag über fürchtete Pokenau, Matawei würde seiner Mutter folgen; denn bei der Mutter würde er zu essen bekommen. Pokenau hatte keine Schwestern, und die Witwe seines Onkels hatte mit der jungen Frau das Haus verlassen, weil es unschicklich gewesen wäre, allein bei ihm zu bleiben. Also war niemand zum Kochen da. Matawei würde vielleicht in dem feuerlosen, freudlosen Haus hungern. Aber am nächsten Morgen erschien Pokenau mit strahlendem Gesicht. Matawei hatte erklärt, bei ihm bleiben zu wollen. Er gab seiner Freude so stolz Ausdruck, wie ein Liebhaber von seinem Triumph über eine Geliebte spricht.

Die etwas größeren Jungen verbringen weniger Zeit mit dem Vater und mehr mit anderen Kindern. Sie sind dann der Rolle des Zuschauers müde geworden und stürzen sich in eine Tätigkeit. Gibt es dabei Schwierigkeiten, so flüchten sie wieder zurück und suchen Teilnahme beim Vater. Sie haben also nie das Gefühl, aus des Vaters Herzen verdrängt zu werden. Die Väter sind da, herrlich, aber unterwürfig ihren Söhnen gegenüber und immer bereit zu geben, was diese von ihnen verlangen. Und sie erwarten keine Gegenleistung, kein bißchen Arbeit, keinen Dienst. Nur auf dem Meer haben sie Pflichten zu erfüllen, aber das ist Seefahrerdisziplin, kein elterlicher Zwang. Die Knaben verbringen weit weniger Zeit mit Erwachsenen als die Mädchen und wissen daher viel weniger von der gesellschaftlichen Ordnung.

Beim Heranwachsen werden die sexuellen Beziehungen der jungen Menschen immer komplizierter. Die verlobten Mädchen meiden einige Jünglinge als zukünftige Schwäger, einige als etwaige Verführer. Mit den andern, ihren Verwandten, bewegen sie sich unbehindert im Dorf, scherzen, tauschen Geschenke und unschuldige Vertraulichkeiten aus. Hier wird der Grundstein für die starke Bruder-Schwester-Bindung gelegt, die das ganze Leben hindurch andauert. Die einzige den jungen Männern gestattete weibliche Gesellschaft ist die von »Schwestern«, denen sie Zärtlichkeit und Achtung bezeigen müssen, und »Querkusinen«, mit denen sie sich auf derbe, halbsexuelle Spiele einlassen dürfen. In dieser Zeit wird dreierlei Haltung gegenüber Frauen entwickelt, die das Denken des Mannes sein Leben lang beherrscht. Das Verhältnis zur Schwester umfaßt Zärtlichkeit, Sorge, das Gefühl gegenseitiger Verpflichtung und wirtschaftliche Hilfeleistung. »Wir sind Geschwister. Er gibt mir Nahrung, und ich mache ihm Perlenarbeiten. Wir arbeiten füreinander. Wenn er stirbt, werde ich eine schöne Trauerklage für ihn singen.« So beschreibt eine Frau ihre Beziehungen zum Bruder. »Es ist gut, Schwestern zu haben, die Perlarbeiten für einen machen und wehklagen, wenn man stirbt«, sagen die Männer. »Unglücklich der Mann, der keine Schwestern hat.«

Als der Sohn von Talikatin ein verlobtes Mädchen in Taui verführte, wurde das Mädchen von ihrem eigenen Bruder wütend mit einem Holzkissen attackiert, unter der Drohung, daß er zuerst sie und dann sich selbst töten werde. Man hat hier die einzige wirklich gegenseitige Bindung; denn die ebenso starke Bindung zwischen Vater und Kind ist doch sehr einseitig.

Die Bruder-Schwester-Bindung befriedigt das Bedürfnis nach Freundschaft; das Erotische ist ausgeschlossen, die Gemeinschaft gibt ihren Segen, dazu kommt ein kleiner Schuß Sentimentalität. Wenn uns die Verbindung zwischen Bruder und Schwester auch etwas kommerziell vorkommt und einen starken Beigeschmack von Sago und Perlschnüren hat, so sollten wir nicht vergessen, daß überall da, wo Wohlstand das Wichtigste ist, auch der wirtschaftliche Beistand das Band bildet. Diese Beziehung ist mit der Auffassung des Amerikaners zu vergleichen, den ich einmal den Begriff »Freund« so definieren hörte: »Ein Freund ist ein Mann, der einem jede beliebige Summe Geld ohne Sicherheit leiht.« Zur Veranda der Schwester geht der Mann, der finanzielle Unterstützung braucht, und er geht nicht umsonst.

In dieser Bruder-Schwester-Beziehung ist jede Erwähnung des Sexuellen streng verpönt. Oder wie die Manus dies ausdrücken: »Ein Vater kann seiner Tochter sagen, daß ihr Grasrock verrutscht ist, aber der Bruder darf es nicht. Allerdings, wenn ihr Grasrock oft verrutscht ist, darf er sie wegen ihrer Unachtsamkeit auszanken.« Ebenso darf ein Bruder mit der Schwester die finanziellen Details ihrer Heirat erörtern, aber wenn sie nach einem Ehestreit unter seinen Schutz flieht, stellt er keine Fragen. Diese Bindung, die den erwachsenen Männern und Frauen Trost, Unterstützung und Verständnis gibt, schließt alles Erotische ausdrücklich aus. Andererseits: die kameradschaftliche Bindung, die nach unseren Begriffen auch zu einer echten Ehe gehört, fehlt in der Ehe der Manus vollkommen. Sie besteht nur zwischen Bruder und Schwester und wird von den Manus mit »nicht-sexuell« und »gehört der Schwester« bezeichnet.

Eine weitere Bindung, die eigentlich zwischen Eheleuten selbstverständlich ist, besteht bei den Manus zur Querkusine, nämlich durch das unbefangene Spiel, das unbeschwerte Lachen, die Familiarität. Der Mann kann seiner Querkusine Heiraten mit unmöglichen Partnern vorwerfen, er kann ihr Empfängnis und Niederkunft unterstellen – lauter Dinge, die er seiner eigenen Frau gegenüber nicht erwähnen darf. Er kann sie bei ihren kurzen Löckchen ziehen oder ihr unter die Achseln greifen und sie derb hin- und herschwenken. Er darf ihre spitzen Brüste in die Hände nehmen. Dies alles ist Spiel, das nicht zu weit getrieben werden darf, will man nicht die Geister erzürnen. Aber erlaubt ist es trotzdem. Dieses in der Jugend begonnene derbe und ziellose erotische Spiel dauert auch im vorgerückten Alter an, und es ist merkwürdig zu beobachten, wenn ein gesetzter Vierzigjähriger mit einer verbrauchten Witwe muntere Scherze treibt oder herzhafte Beschuldigungen gegen ihre Tugend erhebt. Im Rahmen der seltenen sexuellen Verfehlungen, die die Geister erzürnen und die Lebenden erschrecken, erzählt man auch von gelegentlichen Liebschaften zwischen Querverwandten, aber die Zahl ist so gering, daß sie nicht ins Gewicht fallen. Nichts deutete mir darauf hin, daß dieses erotische Spiel zu wirklichen Geschlechtsbeziehungen führen könnte. Eher ist es umgekehrt: Spielerei und oberflächliche Familiarität werden dadurch, daß sie bei Querverwandten, die ein sexuelles Tabu einhalten müssen, zugelassen sind, ihrer Erotik beraubt und sind daher für Geschlechtsbeziehungen ungeeignet.

Die Wirkung dieser Dreiteilung des sexuellen Verhaltens auf die ehelichen Beziehungen kann kaum überschätzt werden[7]. Der Mann schenkt sein Zugehörigkeitsgefühl dem Vater, gelegentlich der Mutter, Zuneigung und Gegenseitigkeitsgefühl verbunden mit Hilfsbereitschaft binden ihn an die Schwester, Freude am Spiel und Unbeschwertheit an die Querkusine; für seine Kinder ist er der bemühte, sorgende, emsige Vater. Was aber bleibt ihm für die Frau? Da es keine romantischen Vorstellungen und keine Konventionen der Werbung gibt, keine Zärtlichkeit, kein kameradschaftliches Zusammenarbeiten, da auch kein gemeinsames Spielen, keine Vertraulichkeiten vorangingen, wird das Sexuelle als etwas Böses oder doch zutiefst Anstößiges empfunden, als etwas, das in das Dunkel der Nacht verbannt werden muß. Man beobachtet deshalb auch die größte Vorsicht dabei, damit die Kinder niemals Zeugen sind. In dem einen Raum, aus dem das Haus besteht, ist dies aber nicht durchzuführen. Doch die Kinder, die trotzdem Zeugen werden, lernen bald, daß sie ihr Wissen verbergen müssen. Ihre heimliche Kenntnis wird ebenso vom Gefühl des Anstößigen beherrscht wie das Tun der Eltern. Kinder, die in einem fremden Haus übernachten, sagen konventionell zum Gastgeber oder zur Gastgeberin beim Weggehen: »Wir haben fest geschlafen. Wir haben nichts gesehen und gehört.« Aber Sechsjährige sind schon so aufgeklärt, daß ein kleiner Junge einmal bei einem Ehestreit bemerkte: »Warum schläft er nicht lieber mit seiner Frau, als sie die ganze Zeit zu schlagen?«

Von den verheirateten Frauen heißt es, sie empfänden beim Verkehr mit dem Mann nur Schmerzen, solange sie nicht ein Kind geboren haben. Die Hintergründe dieser Feststellung sind leicht erkennbar. Die Frauen vertrauen sich gegenseitig wenig an. Jede verheimlicht ihre eigene demütigende Erfahrung, genau wie es die puritanischen Frauen der viktorianischen Zeit taten. Aber sie gibt ihre Gefühlsreaktion auf die lästige, ekelhafte Sache, die für sie der Geschlechtsverkehr bedeutet, an ihre heranwachsenden Töchter weiter. Den meisten Frauen sind Kinder willkommen, weil sie das Interesse und die unerwünschte Aufmerksamkeit des Mannes von ihr ablenken. Das steigende Interesse des Mannes am Kind, das oftmals bedeutet, daß er die ganze Nacht mit dem Kind im Arm schläft, wird nur begrüßt. Eine Frau formulierte das einmal so: »Das Haus ist gut, in dem es zwei Kinder gibt: das eine schläft mit dem Mann auf der einen Seite des Hauses, das andere mit der Frau auf der andern Seite. Dann schlafen Mann und Frau nicht beieinander.«

Im sexuellen Verhalten des Mannes gibt es wenige Spielarten. Die Geister kümmern sich nicht um erotische Vorfälle, wenn es sich nicht um heterosexuelle Betätigungen von Frauen handelt. Alle übrigen Spielarten sind in eine Atmosphäre der Anstößigkeit gehüllt, bedeuten aber keine Sünde. Onanie wird nur von Kindern getrieben und nur, wenn sie allein sind, und Alleinsein ist etwas Seltenes. Wesentliche psychologische Begleitumstände scheint es dabei nicht zu geben; in einer Gesellschaft, die jeden Akt körperlicher Ausscheidung peinlich findet und sorgfältig verbirgt, wird diesem Vorgang nicht noch ein besonderer Makel angeheftet. Die oberflächliche Selbstbefriedigung der Mädchen scheint ihre Frigidität bei der Heirat nicht zu verringern. Homosexualität kommt bei beiden Geschlechtern vor, jedoch nur selten. Die Eingeborenen nehmen es lachend zur Kenntnis, wenn sie sich zwischen unverheirateten jungen Leuten abspielt, was manchmal öffentlich in den Häusern der Jungen geschieht. Sodomie ist die einzige Form, die mir berichtet wurde. Homosexuelle Beziehungen zwischen Frauen sind selten und werden als unpassend verurteilt. Ich habe niemals einen echten Homosexuellen gesehen oder von einem gehört, doch gab es mehrere Fälle, in denen eine gewisse psychische Labilität geschlechtliche Formen annahm wie Exhibitionismus und derbe Obszönität.

Die Benutzung anderer erogener Zonen und Varianten des Geschlechtsakts bei heterosexuellen Beziehungen scheinen nicht vorzukommen. (Ich muß alle meine Bemerkungen über dieses Gebiet so vorsichtig formulieren, weil es in einer so prüden Gesellschaft schwierig ist, zuverlässige Informationen über diese Dinge zu bekommen.) Das erotische Spiel ist wegen der Besonderheit der Querverwandtschaft ausgeschlossen. Eine Frau, die gefragt wird, ob es dem Ehemann gestattet ist, ihre Brust zu berühren, antwortet entrüstet: »Natürlich nicht; das darf nur mein Quervetter.« Das Fehlen aller Bereitschaft bei den Frauen und die ungeschliffene Brutalität der Männer sind Versuchen in dieser Richtung nicht förderlich.

Die unverheirateten Männer von über zwanzig Jahren bedeuten eine ausgesprochene Bedrohung des starren Geschlechtskodexes. Liebeleien mit jungen Mädchen oder verheirateten Frauen sind fast unvermeidlich, wenn ein ungebundener junger Mann im Dorf wohnt. In Peri gab es zwei solche Jünglinge, der eine ein Junge primitiver Mentalität, brutal, unzuverlässig, unehrlich, Sohn eines unbrauchbaren Vaters, Abkömmling einer unbrauchbaren Familie. Seine kurze Liebschaft mit seiner Querkusine Lauwiyan hatte Krankheit über den kleinen Popitch gebracht und die stattliche Lauwiyan in Schmach und Schande gestürzt. Er schwatzte auch von Liebschaften mit zwei Mädchen, die zu Besuch im Dorf waren. Wegen der Armut und des Leichtsinns seines Vaters war er noch nicht verlobt und bedeutete für das Dorf ein echtes Problem. Der andere Junge war Tchokal, der kürzlich aus dem Dorf geflohen war, weil man ihn des Ehebruchs mit der Frau des Dorfvorstehers beschuldigt hatte, die daran gestorben war. Er war ebenfalls nicht verlobt: niemand wollte ihm seine Tochter geben oder auch nur mit ihm in Verhandlungen eintreten, da er seine Sünde nicht bekennen wollte.

Denn die Manus sind bezüglich der Beichte sehr konsequent. Eine gebeichtete Sünde ist eine ausgelöschte Sünde. Es gibt kein Wort für Jungfrau, und die der Beichte folgende Entehrung ist nur vorübergehend. Eine vereinbarte Heirat wird nicht wegen eines Fehltritts der Braut rückgängig gemacht; doch der Termin der Hochzeit wird vorverlegt. Nur die uneingestandene Sünde erzürnt die Geister; eine Sünde, die gebeichtet und für die eine Buße an die Schützlinge der rächenden Geister entrichtet wurde, ist nicht mehr Anlaß von Krankheit und Tod.

Ein Mann beschreibt dann die Liebschaft mit einer Frau mit ruhigen, unpersönlichen Worten und gibt den Namen der Frau sowie Ort und Datum an, wenn er etwas hinzufügen kann wie: »Später wurde mein Bruder krank. Ich beichtete meine Sünde und zahlte dafür, und darauf wurde mein Bruder wieder gesund.«

Dem Sünder, der sich unbeirrt weigert, seine Sünde zu bekennen, begegnet die Gemeinschaft mit kaltem Mißtrauen. Sich mit so einem zusammenzutun heißt den Tod herausfordern. Tchokal bleibt also unverheiratet, aber sein Ansehen hat jetzt zu sehr gelitten, als daß er den Frauen noch gefährlich sein könnte. Eines Tages, heißt es, wird er eine Witwe heiraten. Er kann nun nicht mehr hoffen, eine junge Frau zu bekommen.

Zu der Pflicht, begangene Sünden zu bekennen, kommt noch die Pflicht, Sünden zu bekennen, die man zufällig entdeckt. Als kleiner Junge kletterte Paleao einmal unangemeldet in das Haus seines Vetters und fand diesen, einen fünfunddreißigjährigen Mann, im Beischlaf mit der fünfzigjährigen Frau seines Onkels. Paleao kletterte schnell wieder hinunter und entfernte sich, vor Scham und Furcht zitternd. Auf wen würde der Zorn der Götter fallen? Er brauchte nicht lange zu warten. Eine Woche später erkrankte der Vetter an Gehirnmalaria. Er war dem Tod nahe, zu krank, um selbst seine Sünde zu beichten, und die Frau des Onkels war zu Besuch in ein anderes Dorf gefahren. Der zehnjährige Paleao zeigte sich der Lage gewachsen und »rettete das Leben des Vetters«. »Hätte ich das nicht getan,« meinte er, »wäre er sicher gestorben, und als Geist würde er mich aus Ärger über seinen Tod getötet haben, weil ich die Wahrheit nicht hätte verheimlichen dürfen.«

Manchmal hat eine Sünde so schwerwiegende Folgen, daß die Heiratsvereinbarungen umgestoßen werden. So geschah es mit Luwil und Molung. Sie lebten beide im gleichen Haus, im Haus des Bruders von Luwils Mutter und der Schwester von Molungs Vater. Beide waren verlobt. Mutchin, der Oberste im Haus, fuhr auf eine lange Expedition nach Mok in einem Kanu, das schwer mit Sago beladen war. Während er fort war und eine taube, alte Frau das Haus führte, schliefen Luwil und Molung zusammen. Drei Nächte lang blieben sie dabei unentdeckt. Dann wurde im Dorf Traueralarm gegeben. Ein Mann war aus Mok gekommen und hatte berichtet, daß Mutchin dort nicht eingetroffen sei. Trommeln ertönten, furchtbares Geheul erscholl durch das Dorf, drei Suchmannschaften wurden ausgeschickt. Zwei Tage lang hingen Zweifel und Trauer über dem Dorf. Dann kam die Nachricht, daß das Kanu in einem Sturm gekentert und alle Ladung verloren gegangen sei; nach zweitägigem Treiben war das lecke Kanu aber schließlich doch noch angekommen. Weder Molung noch Luwil zweifelten daran, daß ihre Sünde Schuld an allem trug; aber da sie Angst hatten, dem zornigen Mutchin unter die Augen zu treten, flohen sie heimlich in den Schutz eines Festlanddorfes, wo Luwil einen Freund hatte.

Die erzürnten und verstimmten Eltern der beiden besiegelten die Heirat durch Austausch von Besitz. Hätte man das junge Paar auch nur einen Tag länger in Sünde leben lassen, wäre weiteres Unheil heraufbeschworen worden. Durch eine rasche Umgruppierung der Schulden wurde eine Heirat zwischen der Verlobten von Luwil und dem Verlobten von Molung verabredet, so daß einige der teuren Arrangements doch noch gerettet wurden. Aber solch verdienstvolle Unbekümmertheit ist selten; nicht oft hat jemand gute Freunde bei einem andern Stamm, und kein Haus auf Manus hätte dem flüchtigen Paar Obdach gewährt. Die beleidigten Geister des Hauses hätten sofort die Bewohner gestraft. Luwil und Molung bildeten einen der seltenen Fälle, in denen die Eheleute glücklich miteinander lebten, vielleicht deshalb, weil sie sich selbst wählen durften.

Die Einhaltung der Geschlechtsmoral wird nicht durch die Achtung persönlicher Beziehungen, nicht durch Liebe oder Loyalität gewährleistet, sondern nur durch Besitzrechte und die Furcht vor den Geistern. Das Ideal eines jeden Mannes ist das Goldene Zeitalter, das, wie alle glauben, gerade eine Generation zurückliegt, als die Geister sich noch nicht um die Liebesangelegenheiten der Menschen kümmerten und man eine Frau, wenn man sie allein antraf, beim Haar nehmen durfte. Einem widerstrebenden Opfer schnell und plötzlich Gewalt antun zu können – das ist noch immer der Wunschtraum der Männer.

Mit Genuß erzählen sie davon, wie Pomalat seine dickliche, widerstrebende Frau bekam. Sie hatte schon allerhand hinter sich: von einem Vetter verführt, von einem aus Rambutchon stammenden Mann weggeholt, dann wieder in ihr Dorf zurückgekehrt, wußte sie mehr vom Umgang mit Männern als die meisten andern Frauen. Ihr Onkel wollte sie mit Pomalat, einem schlanken, kleingewachsenen, unentschlossenen Jüngling, verheiraten. Aber sie lehnte ab. Nun wird für eine widerstrebende Witwe, und eine solche war Ngalowen, ein höherer Preis gezahlt als für eine bereitwillige, vielleicht um die Verwandten für den größeren Aufwand an Mühe zu entschädigen. Ngalowen wollte Pomalat nicht heiraten. Doch Pomalat wollte keinen höheren Preis für sie zahlen. Schließlich entführte er sie mit Hilfe von drei Freunden auf das Festland. Nach dem dritten Tag, so sagten die Männer weise, »widerstrebt sie nicht länger«. Dies war der einzige derartige Fall, an den das Dorf sich erinnerte, aber allen Männern schien ein solches Vorgehen ganz besonders geeignet, um eine Frau zur Vernunft zu bringen.

Im Dorf gab es nur zwei Frauen mit schlechtem Charakter – eine von ihnen war Ngapan, eine von Poiyos zwei Ehefrauen, die andere die Witwe Main. Ngapan hatte ein geheimes Verhältnis mit Selan gehabt und erwartete ein Kind. Die Frauen warfen ihr ihre Schwangerschaft vor, Ngapan spottete jedoch über die Fragen und behauptete, ihr Leib sei durch Zauber so angeschwollen. Dann erkrankte Selans kleine Schwester, und in seiner Verzweiflung beichtete er einem Vetter und bat inständig, seine Verfehlung solle nicht bekanntgegeben werden, solange er noch im Dorf sei. Als Ngapans Schwangerschaft unverkennbar wurde, kleidete ihre Familie sie bräutlich und brachte sie zum Haus von Selans älterem Bruder. Der ältere Bruder, der den Zweck dieses Besuchs erkannte, verschloß die Tür und floh in den Busch. So mußte die abgewiesene Braut wieder nach Hause gebracht werden. Sie gebar ein kleines Mädchen; dieses starb aber bald darauf wieder. Man konnte nicht von den Geistern erwarten, daß sie ein solches Kind beschützen würden. Zwei Jahre lang lebte Ngapan mürrisch daheim und begann dann eine illegale Liebschaft mit Poiyo, der schon ein Weib, eine fleißige, aber langweilige Frau, hatte. Wieder wurde Ngapan schwanger. Ihre Familie drohte, die Angelegenheit vor das Gericht des weißen Mannes zu bringen, worauf Poiyo sie zu seiner zweiten Frau machte, seinen Sohn als rechtmäßig anerkannte und damit dem Dorf gegenüber alles in Ordnung brachte. Der kleine Junge wurde als legitim angesehen, es gab daher kein einziges illegitimes Kind im Dorf.

Die andere Frau, Main, war schon zum fünften Mal verwitwet. Ihr einziges Kind war bei der Geburt gestorben. Ihr erster Mann war gestorben, den zweiten hatte sie verlassen, der dritte hatte sie gewaltsam genommen. Von ihm war sie zum zweiten zurückgekehrt; der starb aber bald darauf. Der vierte und fünfte, die zuerst Liebschaften mit ihr hatten und sie später heirateten, starben ebenfalls. Ihr Lebensweg war voll von Ehebrüchen. Nun lebten von Pontchals Clan nur noch zwei Männer, alle übrigen waren während einer Grippeepidemie gestorben. Nach Ansicht der Eingeborenen verdankten die beiden Überlebenden ihre Rettung nur dem Umstand, daß sie ihre Liebschaften mit Main gebeichtet, während die anderen sie zweifellos verschwiegen hatten. Main war eine hübsche, kecke Frau, eingebildet, sinnlich und selbstsicher. Sie widmete sich verschiedenen Neffen und Nichten – die noch übrig waren, nachdem ihre Geschwister wegen Mains Sünden hatten sterben müssen. Sie war ein bißchen dumm und wanderte aus Furcht vor den Geistern ihrer fünf toten Ehemänner nachts herum.

Sie wäre in jeder Gesellschaft eine leichtfertige, willfährige Frau gewesen. Infolge ihres schon in früher Jugend erworbenen schlechten Rufs fühlten sich die jungen Männer von ihr angezogen; die älteren prahlten damit, daß sie ihren Verführungskünsten widerstanden hätten – hatte sie nicht den ganzen Pontchal-Clan getötet, und würde sie nicht auch ihre Clans vernichten? Ihr Liebesleben wurde nicht als fleischliche Sünde angesehen, sondern rundheraus als tückischer Anschlag auf ihre Mitmenschen. Sie war die Inkarnation des bösen weiblichen Prinzips in der Lehre der frühen Kirchenväter. In einer Gemeinschaft, in der Frigidität bis zur ersten Niederkunft und Abneigung und Überdruß gegenüber geschlechtlicher Betätigung die Regel sind, in der auf sexuelle Verfehlungen Krankheit oder Tod folgen, konnten die Männer eine solche Frau nur als eine Art verfolgender Furie betrachten und die Kraft erhoffen, ihr zu widerstehen. Aber diese Gesellschaft war zu unorganisiert, als daß sie geschlossen gegen ein solches Übel wie Main hätte vorgehen können.

Das Gesamtbild der Manus-Gemeinschaft ist das einer puritanischen Gesellschaft, die ihr Geschlechtsleben rücksichtslos Bedingungen unterwirft, die ihr auf übernatürliche Weise auferlegt werden und die eng mit den Besitzverhältnissen verknüpft sind. Die Störung von Heiratsabkommen, für die Tausende von Hundezähnen bezahlt worden sind, ist Blasphemie. Geschlechtliche Anziehung spielt keine Rolle. Demgegenüber kann man eine merkwürdige Erscheinung beobachten. Intimste Dinge wie Geschlechtsorgane oder erotische Erlebnisse eines Verstorbenen werden in ganz profanen Redensarten ausgesprochen, die man aus jedermanns Mund hören kann, zum Beispiel »In der Vagina meiner Mutter« oder »Schlaf doch mit meinem Vater, der tot ist!« Und dabei darf in dieser Gesellschaft die wirkliche sexuelle Betätigung nur zwischen scherzenden

Verwandten oder von strafenden älteren Personen erwähnt werden.

Kleidung und Schmuck dienen nur der wirtschaftlichen Schaustellung und sind nicht dazu da, beim anderen Geschlecht Gefallen zu erregen. Nur bei wirtschaftlich betonten Festlichkeiten putzen sich die Manus heraus. Wohlriechende Kräuter werden selten benützt. Das Gesicht wird bei Trauer und zur Abwehr feindlicher Geister bemalt. Der kunstvolle Schmuck dient entweder als Geld oder als Ausdruck der Trauer. Obgleich die Manus durch ihr Leben am und im Wasser einigermaßen zur Reinlichkeit gezwungen sind, so findet man sie doch selten wirklich tip-top. Die jungen Männer machen gelegentlich große Toilette, türmen ihr nachgiebiges Haar in der Mitte des Kopfes zu hohen Schöpfen auf und umwinden sich Hals und Arme mit Blättern. So geschmückt, ziehen sie stolz durchs Dorf und schlagen dabei laut auf ihre Trommeln, um die Zwecklosigkeit ihres Tuns zu verschleiern. Die Sprache kennt kein Wort für *Liebe*. Es gibt keine Liebeslieder, keine romantischen Mythen, keine reinen Gesellschaftstänze. Bezeichnenderweise tanzen die Manus nur, wenn eine große Menge Besitz weggegeben wird, oder nach einer Trauerzeit, »um den Staub vom Boden des Hauses zu schütteln«. Eine Hibiskusblüte im Haar ist ein Symbol für Zaubern, nicht für Lieben. Das Dorf ruht freundlich im Mondlicht, auf der stillen Lagune liegen die Schatten der Häuser und Bäume, aber kein Laut von Singen oder Tanzen ist zu hören. Die jungen Leute sind in den Häusern. Ihre Eltern streiten auf den Veranden oder halten spiritistische Sitzungen ab, um Sünden auf die Spur zu kommen.

X
Das junge Mädchen

Pubertät bedeutet für die Mädchen: Beginn des Lebens als Erwachsener, Verantwortung, Ende des Spielens, der sorglosen Freundschaften, der glücklichen Stunden planlosen Herumschweifens im Dorf. Die Tabus, die bei den Mädchen, die schon als Kinder verlobt wurden, ein paar Jahre früher einsetzten, erfassen jetzt fast jedes Mädchen; denn wenige sind nach der Pubertät noch unverlobt. Die Pubertät bedeutet jedoch nicht den Anfang eines ganz neuen Lebens, nur den endgültigen Abschied vom Spiel. Die Mädchen führen dann keine neuen Aufgaben aus, sie beschäftigen sich nur mehr mit Perlarbeiten, mit Sago, mit Fischen. Sie schließen keine neuen Freundschaften, sehen jedoch ihre alten Freunde immer seltener.

Die Stunde der Pubertät selbst wird durch Zeremonien öffentlich gefeiert. Beim Eintritt der ersten Menses wirft der Vater oder der Vormund (d. h. der männliche Verwandte, dem die Verpflichtung des Güteraustausches für die Heirat obliegt) große Mengen von Kokosnüssen ins Meer. Alle Kinder der Nachbarn rennen ihnen nach und balgen sich um die Nüsse. So verbreitet sich die Nachricht, daß ein Mädchen die Pubertät erreicht hat, schnell durchs Dorf. Das Ereignis wird ohne jede Hemmung besprochen und ist wichtig – für die Erwachsenen, weil ihm eine ganze Reihe von Festlichkeiten folgt, für die Kinder, weil in dem Haus des zu feiernden Mädchens eine große Gesellschaft gegeben wird.

Das Mädchen selbst, in unserem Fall Kiteni, wurde in einen aus Matten gebildeten Raum in der Mitte des Zimmers gesetzt. Um ihren Hals wurden Hundezähne gehängt, ihr Haar war makellos glatt gekämmt. Fünf Tage lang mußte sie in diesem kleinen Raum sitzen, ohne sich wegzurühren.

Sie durfte keinen Pudding aus Taroblättern, keinen *tchutchu*-Pudding, keine Schalentiere und keine *ung* genannten Früchte essen. Alles, was sie zu essen bekam, wurde auf besonderem Feuer und in besonderen Gefäßen von der Mutter zubereitet. Sie durfte nicht laut sprechen, niemand durfte laut das Wort an sie richten oder ihren Namen hörbar aussprechen. Jede Nacht kamen die meisten Mädchen des Dorfes, um bei ihr zu schlafen. Nach Sonnenuntergang kamen sie und legten sich zum Schlafen auf die Bodenbretter, eine kleine Gestalt dicht an die andere gerollt. Bei Tagesanbruch schlüpften sie vor dem Frühstück weg; denn die Familie ist nicht verpflichtet, diese Horde von Besuchern zu füttern. Verheiratete junge Frauen, die zum Schlafen kamen, erhielten vor dem Weggehen ein Frühstück. Im Lauf des Tages kehrten einige der Mädchen zurück, um mit Kiteni ein Fadenspiel zu spielen oder auch nur, um zufrieden auf dem Fußboden zu liegen und Lieder vor sich hin zu summen.

Die älteren Leute im Hause waren inzwischen höchst emsig. Jeden Tag mußten große schwarze Töpfe voll Kokosnußsuppe, *bulukol* genannt, zur Familie von Kitenis Bräutigam gebracht werden. Kurz ehe das Kanu das Haus erreichte, wurden noch einmal heiße Steine in die Suppe gelegt, damit das Geschenk in einer Wolke von Dampf ankam. (Bei den Pubertätsriten spielen Hitze und Feuer eine besondere Rolle.) Die Familie des Bräutigams mußte täglich Fische liefern, die die zukünftige Schwiegermutter zum Hauseingang zu bringen hatte, ohne das Haus zu betreten. Auch Kitenis Brüder und die Onkel väterlicherseits mußten für sie Fische fangen, deren Köpfe von der Mutter des Vaters und seinen Schwestern gegessen werden. Nachdem Kiteni die Fische selbst verzehrt hatte, wurden die Gerippe über ihrem Kopf aufgehängt, womit den Besuchern die Erfolge der Familie beim Fischen vor Augen geführt werden sollten. Die Männer waren indessen damit beschäftigt, allen verfügbaren Sago zu bearbeiten, Sago einzuhandeln und über See zu fahren, um Sagoschulden einzutreiben. Alle, die an der geplanten Heirat Kitenis beteiligt waren, wurden dazu herangezogen. Kiteni hatte einen Bruder auf der Insel Mok; auch er mußte seinen Sagobeitrag bereitstellen. Es konnte sich dabei um keine geringe Menge handeln; denn Kiteni sollte Kaloi, den jüngeren Bruder des verstorbenen Panau, heiraten. Paleao, ein Mann von hohem wirtschaftlichen Ansehen, finanzierte die Heirat. Alle Handelspartner der Familie auf dem Festland wurden um Sago gebeten; Sago beherrschte die Tätigkeit der Männer bei Tag und Fischen bei Nacht; denn es mußten Fische gefangen werden, damit noch mehr Sago gekauft werden konnte.

Am Ende der fünf Tage fand das erste Fest zur Befreiung des Mädchens von ihren Tabus statt. Es wurde von allen Mädchen freudig erwartet. Die Männer fanden das Getue der Frauen bei dieser Gelegenheit besonders herausfordernd und aufreizend. Das Fest begann nach Einbruch der Nacht. Große Mengen von

Bambusfackeln und von rohem Sago lagen bereit. Von jeder der vier Feuerstellen leuchteten Fackeln. Das Haus war voll von Frauen und Mädchen. Als letzter Gast hatte Kitenis Großmutter väterlicherseits zu erscheinen. Kiteni, die sich kichernd abseits hielt, mußte aufstehen und, verfolgt von ihrer Großmutter, die eine brennende Fackel über sie schwang, von einem Ende des Hauses zum anderen laufen. Aber Kiteni lief ohne rechte Überzeugung, und alle Anwesenden lachten, als die Großmutter pflichtschuldig die Verfolgung aufnahm. Die Fackel wurde über Kitenis Kopf gehalten, während die Großmutter eine Beschwörung über sie sprach.

Inzwischen hatten die Mädchen die Schalen mit rohem Sago und die Bündel brennender Fackeln in ein großes Kanu geladen, mit dem sie langsam durch das Dorf fuhren. Unterwegs schwenkten sie die Fackeln, daß die Funken aufs Wasser sprühten. Drei kleine Mädchen, die ihnen entgegenkamen, forderten sie auf, kräftig mit Wasser zu spritzen. Überall an den Häusern der Brüder, Großeltern und Onkel, wurden Sago und eine Fackel auf die Plattform gelegt. Sonst war niemand unterwegs. Durch die Rufe oder durch den Schein der Fackeln angelockt, deren Reflexe auf dem Wasser durch die Bodenritzen schimmerten, traten die Leute vor ihre Türen und grüßten fröhlich. Nachdem der ganze Sago verteilt und die letzte brennende Fackel an einem Hauseingang niedergelegt war, kehrte die Gesellschaft in Kitenis Haus zurück, wo das Fest seinen Fortgang nahm.

Kiteni durfte nun ungehindert im Haus herumgehen, die Plattform betreten und im Dunkel oder im Regen in der Nähe des Hauses in der Lagune baden; sie durfte nur noch nicht ins Dorf gehen oder das Haus verlassen, solange die Sonne schien.

Sieben Tage später wurde ein zweites Fest gefeiert, »Das Fest für das Ende der Kokosnußsuppe«. Dazu wurden dreierlei Gerichte bereitet, ein Pudding aus Taro und Kokosnußöl, Kuchen aus Sago und Kokosnüsse und Pudding aus Taro und gerösteten Kokosnüssen. Die Frauen von Kitenis Familie brachten diese Speisen in geschnitzten Schüsseln, die sorgfältig in Kanus aufgebaut waren, zum Haus von Kitenis zukünftiger Schwiegermutter, die die Gaben zeremoniell entgegennahm und sie unter ihren Schwägerinnen verteilte, die bei der Lieferung der Gegenleistungen in Form von Perlarbeiten mitwirkten. Für jede Schüssel mit Speise wurde ein Perlgürtel erwartet. Damit war der Austausch von Fischen und Suppe beendet.

Weitere fünf Tage später fand das dritte Fest statt. Es ist ein Fest für alle Frauen der Sippe und alle Frauen, die hineingeheiratet haben – das liebenswürdigste Fest, das es in Peri gibt. Dabei werden keine Verpflichtungen eingegangen, keine alten Schulden bezahlt. In der Mitte des Hauses vor einer Matte saß Kiteni, die *piramatan*, wörtlich »die Eigentümerin« des Festes. Um die Feuerstelle herum saßen die Frauen der Sippe, an einem Ende des Hauses die Schwägerinnen ihrer Mutter, am andern die jungen Frauen von Kitenis Brüdern. Die Frau des Onkels, der für die Heirat zahlte, verteilte die Speisen. Einige Schüsseln wurden für die mit den Söhnen des Hauses verlobten Mädchen beiseite gesetzt. Jeder Gast brachte eine Schüssel mit Speise. Sie wurden auf die Matte vor Kiteni gestellt, und ihre Tante verzierte jede mit glänzenden Betelnüssen und Pfefferblättern, wobei sie sagte: »Dies ist für Maleans Frau« – »dies ist für Pokus' Frau«. Dann wurden die Schüsseln zwischen den Familien ausgetauscht. Hierauf folgte eine freundschaftliche Auseinandersetzung zwischen Kitenis Tante und Großmutter väterlicherseits, die sich gegenseitig die Tarospeisezeremonie zuschieben wollten. Die Tante siegte; die Großmutter wusch sich sorgfältig die Hände, nahm eine große Handvoll Taro, formte daraus eine Kugel und sagte dazu:

»Pomai!

Tchelantune!

Ich nehme den Taro von Paleiu – er ist stark!

Ich nehme den Taro von Sanan – er ist stark!

Die beiden Großväter sind stark!

Für den Abkömmling von Pomai,

für den Abkömmling von Tchelantune.

Sie ißt unseren Taro.

Feuer sei in ihrer Hand.

Möge sie sparsam das Feuer ihrer Schwiegermutter unterhalten im Hause der Vornehmen, die dieses Tauschgeschenk erhält.

Sie soll das Hausfeuer entfachen,

und sorgen für das Trauerfest,

das Hochzeitsfest,

das Fest der Geburt.

Schnell soll sie das Feuer entzünden,

ihre Augen sollen klar sehen bei seinem Schein.«

(Hier steckte die Großmutter dem Mädchen eine Handvoll Taro in den Mund, ergriff eine weitere Handvoll und fuhr fort:)

»Ich lege dies in ihren Mund,
damit die Trauerfeuer höher lodern
und auch das Feuer des Geschenketausches
und alles, was damit verbunden ist.«
(Wieder gab sie ihr Taro zu essen.)
»Ich gebe Taro der Tochter von Paleiu,
der Enkelin von Sanan,
der Enkelin von Posanau.«
(Sie aß von unserem Taro.)
»Wenn sie um Tote klagt, soll sie nicht nur
›Meine Mutter, meine Mutter‹ rufen,
sie soll zuerst die Namen der Leute rufen,
damit alle sie verstehen.«
(Wieder gab sie ihr Taro. Darauf nahm die Witwe Polyon, die
Schwester von Kitenis verstorbenem Vater, den Gesang auf:)
»Ich gebe ihr dies zu essen,
ich gebe ihr diesen Taro,
sie ißt unseren Taro,
sie singt unsere Trauerlieder.
Wenn sie ihn ißt, wird ihr Mund beweglich.
Sie wird um seinetwillen wehklagen.
Wir (die Sippe der) Kamatachau aber,
sind alle tot,
nur ich bin noch übrig.
Wir geben Taro in den Mund dieser Einen,
ich gebe mein Feuer,
sie wird mein Feuer in ihre Hand nehmen.
Es ist das Feuer des Geschenkaustausches.
Alles was zum Geschenketausch gehört,
wird sie ihrer Mutter, ihren Vätern, Brüdern und Schwe-
stern geben.«
Nun war die Reihe an Ngatchumu, einer anderen Tante.
Ngatchumu kannte die Zeremonie noch nicht recht. Sie stot-
terte und blieb stecken, Kitenis Großmutter half ihr. Mitten-
drin hielt sie inne und fragte hoffnungsvoll:
»Ist das alles?«
Ihr Gesang war:
»Ponkiao,
Poaseu,
Ngakeu,
Ngatchela,
Hier ist euer Enkelkind.«

Sie gab ihr Taro.

»Laßt sie mein Feuer nehmen, um ihres zu entzünden.
Alle Frauen von ihres Vaters Seite,
alle Frauen von ihrer Mutter Seite,
sie alle sollen ihr rasch Muschelgeld geben,
denn sie hat keinen Besitz in ihren Händen.«

Ngatchumus Unwissenheit erregte große Heiterkeit. Die Frauen fingen an, sich gegenseitig mit Taro zu füttern und sich im Scherz mit Zaubersprüchen zu belegen. Nur einmal rief eine Frau die Kinder zur Ordnung, die unter dem Haus spielten. Als die Frauen schließlich das Haus verließen, wartete draußen schon eine Flotte Kanus mit den Ehemännern. Sie sahen alle ein wenig einfältig aus, als wüßten sie nicht recht, wohin mit sich – so wie Männer eben aussehen, wenn sie vor einem Frauenklub warten.

Die Verwandten des verlobten Mädchens gaben später ein Fest, für das die Speisen besonders verziert wurden. Das Fleisch der Kokosnüsse wurde zu sternförmigen Blüten ausgeschnitten, die an das Ende von Stöcken befestigt wurden, so daß sie wie große steife Lilien wirkten. Dazwischen wurden einzelne Betelnüsse auf kleinen Ständern angebracht. Diese Blumen und Knospen wurden in Schüsseln voll Taro gesteckt.

Damit waren die kleinen Zeremonien zu Ende. Es blieb nur noch der große Austausch mit der Familie des zukünftigen Ehemannes. Bis dahin durfte Kiteni das Haus nicht verlassen. Die Tage gingen dahin. Den kleinen Mädchen wurde es langweilig, in Kalat zu schlafen. Kiteni mußte nun an ihre Arbeit gehen, das heißt an die Perlarbeiten für ihre Aussteuer. Endlich, nach fast zwei Monaten, waren Sago, Schweine und Öl bereit. Am Tag vor dem großen Tauschereignis wurde Kiteni von ihren Tabus befreit. Die Frauen ihres Haushalts hatten viele Sagobälle von der Größe einer Pampelmuse hergerichtet, die in geschnitzten Schüsseln in den Kanus verstaut wurden. Kiteni war mit einigen einfachen Schmuckstücken behängt – Hundezähnen und mit bunten Steinen besetzten Beinringen – und wurde von der Großmutter auf dem Rücken die Leiter hinuntergetragen. Das Kanu wurde zu einer schilfbewachsenen seichten Stelle weit von den Häusern entfernt gestakt, wo sich schon alle Frauen des Dorfes versammelt hatten. Die Kanuflotte war hundertfünfzig Meter lang – Mütter und Kinder, alte Weiber und kleine Mädchen nahmen teil. Kiteni stand in der seichten Lagune, während ihre Großmutter ihr singend Öl über den Kopf goß. Dann zerbrach sie eine junge Kokosnuß, ließ den Saft über das Mädchen laufen und sprach eine neue Zauberformel.

Nach dieser Zeremonie sprangen alle Mädchen ins Wasser, bespritzten Kiteni unter Lachen und Schreien und stifteten alle nur erdenkliche Verwirrung. Später schwammen sie herum, feucht glitzernde kleine Diener boten Erfrischungen und Sagobälle bei den verschiedenen Kanus an. Dann kehrte die ganze Gesellschaft zum Haus zurück. Jetzt wurde Kiteni mit dem schweren Putz einer Braut geschmückt, ihre schmale Gestalt verschwand fast völlig unter dem Schmuck. Alle Kisten des Dorfes wurden geplündert, um auch die anderen Mädchen mit Muschelgeld oder Perlenschürzen auszustatten. Zuletzt paradierten sie in einem langen, schmalen Kanu in feierlicher Prozession durch das Dorf. Am nächsten Tag wurde der angesammelte Sago auf einer Fahrt durchs Dorf zur Schau gestellt, dann auf der kleinen Insel deponiert und der Gegenseite mit eindrucksvollen Reden überreicht.

Wenn ältere Mädchen von den Zeremonien sprechen, die zu ihren Ehren aus dem gleichen Anlaß veranstaltet wurden, so heben sie alle die gleichen Punkte hervor: die Zahl der Mädchen, die zum Schlafen kamen, das Wasserspritzen und die Schaustellung von Besitz. Die arme Ngaleap war als einzige im Dorf erst nach ihrer ersten Menses verlobt worden, und ihre Zeremonie war daher wirklich recht armselig. Für die Mädchen bedeutet sie ein lustiges gesellschaftliches Ereignis, eine Gelegenheit für Stolz und Aufwand ohne die unangenehmen Nebenerscheinungen des ebenso großen Aufwands bei der Hochzeit. Der Zusammenhang mit der Menstruation sagt ihnen nicht viel. Die Menstruation ist eine Sache, über die nicht gesprochen wird und von der die jungen Männer nichts wissen, was über dieses erste Ereignis hinausgeht. Die Wiederholung ist für das Mädchen ein anstößiges Geheimnis und wird durchaus von der öffentlichen Zeremonie, auf die es so stolz ist, getrennt. Eine ähnliche Zeremonie, bei der ebenfalls brennende Fackeln und roher Sago verteilt werden und eine Wasserpartie veranstaltet wird, ist das *memandra*, ein Fest, das kurz vor der Hochzeit gegeben wird.

Eine Zeit bestimmter Tabus und des Geschenketauschens zwischen den Verwandten des Vaters und denen der Mutter ist auch die Zeit, wenn die Ohren eines Mädchens durchstochen werden; aber diese Zeremonie, die ausführlich in dem Kapitel über die Knaben beschrieben werden soll, wird bei den Mädchen von der längeren und eindrucksvolleren Pubertätszeremonie vollkommen in den Schatten gestellt.

Nach der Pubertät wird von dem Mädchen, das nun verlobt, tabu und ehrbar ist, erwartet, daß es friedlich seiner Arbeit nachgeht und sich schweigend immerwährender Beaufsichtigung unterwirft. Der geringste Skandal bedeutet Schande und ruft eine öffentliche Szene hervor. Die meisten Mädchen fügen sich deshalb lieber, verrichten nüchtern ihre Arbeiten und werden schließlich resignierte, tugendhafte Ehefrauen. Kein Mädchen kann sich eine längere Zeit der Rebellion leisten. Während es sündigt, ist das Leben der eigenen Familienangehörigen, der Familie des Verlobten, des Verlobten selbst, des Mitsünders durch die stets wachsamen Geister bedroht. Aber gelegentlich kommt es doch zu einer raschen, heimlichen Liebesaffäre. Ngaleap war eine lustige kleine Person, stämmig, drall, gutmütig, schlagfertig und mit achtzehn Jahren unfähig, das Leben ernst zu nehmen. Sie sollte einen Jungen heiraten, der von einer Familie im Nachbardorf adoptiert worden war, den sie nie gesehen hatte und an dem ihr nicht das geringste lag. Sie haßte es, immer nach ihrem Mantel greifen und ihren Kopf verstecken zu müssen, wenn jemand aus Patusi kam. Patusi lag nur eine halbe Meile entfernt, und die Männer von dort kamen und gingen ständig, störten sie beim Fischen und machten ihr die Häuser der anderen Mädchen unerträglich. Es waren doch Männer, die sie ihr Leben lang gekannt hatte, warum sollte sie nicht mit ihnen lustig sein? Im Dorf schüttelte man den Kopf und fand, daß sie ihre Tabus in recht liederlicher Weise einhielte. Zwei Jahre vorher war Kondai zu Besuch nach Peri gekommen, Kondai war dreiundzwanzig Jahre alt und unverheiratet, groß und arrogant, durch viele auf einem kleinen Handelsschoner verbrachte Monate an lockeres Leben gewöhnt. Mehr als einmal war sein Kapitän gezwungen gewesen, rasch den Anker zu lichten, um der Wut der Eingeborenen zu entrinnen, nachdem er Kondai gestattet hatte, an Land zu gehen. Ngaleap schlief im Haus ihres Onkels, und in den frühen Morgenstunden hatte man Kondai beobachtet, als er heimlich das Haus verließ. Niemand konnte beweisen, daß etwas vorgefallen war, aber Ngaleap wurde tüchtig geschlagen. Zwei Krankheitsfälle wurden ihr zur Last gelegt; Kondai wurde aufgefordert, in sein Dorf zurückzukehren. Zwei Jahre später ankerte der kleine Schoner innerhalb des Riffs, und Ngaleap, Ngaoli und eine Strohwitwe, die eine Zeitlang unter weißen Männern gelebt hatte, fuhren zu dem Schoner hinaus und brachten eine Stunde an Bord zu, während Kondai ihr Kanu entlehnte und zum Fischen ging. Seine Boys erzählten es dem weißen Händler, der es Ngaleaps Onkel sagte. Es hieß auch, Kondai prahle damit, daß er Ngaleap heiraten werde. Der Onkel rief die Namen der drei Frauen durch das Dorf. Sie kamen auf die kleine Insel, verlegen, mürrisch, in ihre Tabumäntel gehüllt. Sie gaben nichts anderes zu, als daß sie auf dem Dampfer gewesen waren und leugneten alles weitere ab. Der Onkel wütete: »Dieser Kondai – er hat dich vorher schon gehabt. Ich weiß – er hat dich schon gehabt. Und du denkst immer noch an ihn. Habe ich dich nicht vor seinem Zauber gewarnt und dir gesagt, du sollst dich in acht nehmen, wenn er wiederkommt? Du Mädchen, das zu den Unwürdigen gehört, ich habe fünf Schweine und eintausend Sago für deine Heirat gegeben. Wer hat wohl dafür bezahlt, glaubst du? Ich, ich, dein Onkel. Wo ist dein Vater? Er ist tot. Wo ist deine Mutter? Sie ist tot. Wer wird für deine Hochzeit bezahlen, wenn ich dich im Stich lasse? Willst du Schande über mein Haus bringen?«

Ngaolis Pflegevater verhielt sich anders. Er war klein, unscheinbar und labil. Die vier Frauen, die er nacheinander gehabt hatte, hatten ihm keine Kinder geschenkt. Seine Brüder waren gestorben. In unbeherrschter Hysterie hüpfte er auf der kleinen Insel herum und schrie Ngaoli an, daß er sie ernährt, versorgt, geliebt habe, und nun würde ihre Sünde ihn töten, die Geister würden ihn töten, er müsse sterben, er, der letzte seines Geschlechts, würde durch ihre Schuld getötet.

Als die beiden schwiegen, fingen andere männliche Verwandte zu schmähen an. Schließlich war fast das ganze Dorf versammelt, die Frauen in ihre Mäntel gehüllt. Nach den Männern traten die Frauen zu den drei Sünderinnen, schalten sie aus, wenn auch – wegen der Gegenwart so vieler Männer – in leiserem Ton. Die Ausgezankten standen schutzlos da, mürrisch und unglücklich. Wochenlang gingen sie mit gesenkten Blicken herum und vermieden es, sich zu treffen. Das Dorf wartete – aber es kam keine Krankheit, und nach und nach legte sich die Empörung. Die Mädchen hatten wohl doch die Wahrheit gesagt, sonst würden die Geister ihren Zorn zu erkennen gegeben haben. Aber dieser pragmatische Test ist kein Heilmittel für verletzte Gefühle. Auch ein Mädchen, das nicht gesündigt hat, ist dem verdammenden Beweis in Form von Erkrankung oder Tod eines Verwandten schutzlos ausgeliefert. Ob ein nicht begangenes Vergehen gestanden oder eigensinnig bestritten wird, ist ein Maßstab für die Tiefe der Scham.

Von der Pubertät bis zur Hochzeit wird der Tochter des Hauses keine größere Teilnahme am öffentlichen Leben zugestanden; sie ist unfreier und durchaus nicht wichtiger geworden. Niemals kocht sie bei Festlichkeiten, beteiligt sie sich am Tauschhandel. Bei den großen Geschenkaustauschen wird sie geschmückt und dann wie eine Attrappe herumgeschoben. Wenn nicht ein tollkühner Jüngling sie allein antrifft oder sich unbemerkt ins Haus schleicht oder ihr zwischen Sagofeld und Fluß auflauert, verstreichen diese Jahre ereignislos. Sie lernt etwas von der Sagobestellung, lernt Stroh zusammenzunähen, stellt Perlarbeiten her, geht mehr als früher zum Fischfang in der Riffsee, holt Holz und Wasser.

Um sie herum, über den Perlrahmen, über ihren Kopf, hinter ihren geneigten Schultern, geht das Gerede über den Geschenkaustausch, über listige Pläne, gierige Absichten, Marktgeschwätz. Sie nimmt nicht teil, wird formell nicht unterrichtet; aber trotzdem hört sie jeden Tag mehr Einzelheiten vom Leben der Erwachsenen, lernt die Verwandtschaftsbeziehungen, die Wirtschaftsgeschichte der Gemeinde, die Verpflichtungen der einzelnen Mitglieder kennen. Findet eine Zeremonie statt, so nimmt sie wohl oder übel daran teil, weil sie im Haus arbeitet. Sie sieht die Zauberer ihre Kräuter kochen und ihren hennafarbenen Betelsaft über einen Kranken spucken; sie sieht die rote Farbe des besitzhervorlockenden Zaubertranks, der über den Kopf der Braut oder des Bräutigams gegossen wird; sie hilft beim Ankleiden ihrer verheirateten Schwestern und Schwägerinnen vor einer Geburtszeremonie. Weniger müde als in der Kinderzeit, liegt sie, da sie nachts nicht aus dem Haus gehen darf, wach auf ihrer Matte und hört die stundenlangen Gespräche zwischen den Sterblichen und den Geistern an. Die Kunst des Mediums darf sie ebenso wenig erlernen wie das Geschenketauschen; denn beides ist nur Verheirateten gestattet. Aber zwangsläufig hört sie zu.

Drei oder vier Jahre verbringt sie so als gelangweilter, stark gehemmter Zuschauer; in dieser Zeit hat sie alle das Gemeinschaftsleben betreffenden Dinge gelernt. Wenn sie sich verheiratet, wird sie davon weit mehr wissen als ihr Ehemann, besonders darum, weil die Frau in der Wirtschaft eine private Rolle spielt. Die Frau soll planen, soll alle Schulden in ihrem Kopf haben, soll unter der Hand Besitz erwerben. Ein junger oder dummer Mann hängt von der Schläue, den gesellschaftlichen Kenntnissen und der guten Planung seiner Frau ab; denn in allen seinen Unternehmungen ist sie sein Ratgeber. Die Jungverheiratete, die noch nie für ein Fest gekocht hat, füllt ihren Platz zwischen den Schwägerinnen trotzdem tadellos aus. Sie hat der Zubereitung aller Gerichte hundertmal zugeschaut. Mit gleicher Sicherheit plant und wählt sie bunte Perlen und Nahrungsmittel für den Tausch. Sie hat in diesen vier oder fünf Jahren ihre Erziehung nur durch Anschauung vollendet.

Wenn nicht gerade eine kurze, strafbare Liebesaffäre dazwischentritt, so sind dies keine Sturm- und Drangjahre; es sind aber auch keine Jahre der ruhigen Entfaltung der Persönlichkeit. Es sind Jahre des Wartens, eine uninteressante Zeit ohne Spannungen, die die Brücke zwischen dem sorglosen Spiel der Kindheit und den Pflichten der Ehe bildet. In vielen Gesellschaften ist die Zeit zwischen dem siebzehnten und dem zwanzigsten Jahr die Zeit einer gewissen sexuellen Anpassung. Ob es sich um die zahlreichen Liebschaften der Samoanerin, um das einstudierte gesellschaftliche Verhalten der Debütantin oder die kühne Taktik eines draufgängerischen Teenagers handelt: seine Anziehungskraft auf das andere Geschlecht zu erproben, ist eine faszinierende Beschäftigung. In Manus brauchen sich die Mädchen keinen Mann zu suchen; er ist bereits gefunden. Ein Liebhaber wird vielleicht gar nicht gewünscht; enge Freundschaften mit anderen Mädchen können nicht geschlossen werden. So warten sie einfach, werden größer und weiblicher an Gestalt und, ohne es zu wissen, klüger im Umgang mit ihrer Welt.

XI
Der Jüngling

Für den Manus-Knaben gibt es keine Zeremonie anläßlich der Pubertät. Zwischen dem zwölften und sechzehnten Jahr, sobald die Familienfinanzen es ratsam erscheinen lassen, werden seine Ohren durchstochen. Die dabei veranstalteten Feste bilden einen Ersatz für den großen Aufwand, den der Vater bei seiner Silberhochzeit treiben mußte. Viele Besitztümer müssen zusammengetragen, viele Pläne geschmiedet werden. Größe und Alter des Jungen sind verhältnismäßig unwichtig. Eines Tages, wenn er vom Spielen nach Hause kommt, wird ihm eröffnet, daß seine Ohren in einem Monat durchstochen werden sollen. Ist er der erste unter seinen Altersgenossen, der diese langweilige Zeremonie über sich ergehen lassen muß, so rebelliert er. Manchmal zeigt sich der Vater dann so nachgiebig wie sonst, aber meistens besteht er auf seinem Entschluß. Die Frauen der Mutterbrüder des Jungen kommen geschlossen an, um bei ihm im Hause zu bleiben. Die Familie des Vaters bereitet ein Fest mit gekochten Speisen. Er selbst wird feierlich herausgeputzt – sein kleiner Hals strotzt von Hundezähnen, ein prachtvoller neuer *laplap* kündet von seinem besonderen Status. Steif und gerade sitzt er neben seinem Vater, teils verlegen, teils stolz. Keiner seiner Freunde kommt zur Zeremonie, nur Erwachsene und kleine Kinder. Die Schwestern seines Vaters nehmen ihn bei den Händen und führen ihn die Leiter hinunter zum Landesteg. Hier durchsticht ihm der Bruder seiner Mutter die Ohrläppchen mit einem zugespitzten Stück Hartholz. In die Löcher werden kleine Stückchen Weichholz gesteckt, über jedes Ohr wird zum Schutz Sagorinde gelegt. Jetzt steht der Knabe unter strengem Tabu. Er darf nicht mit Messern schneiden, er darf kein Feuer anzünden, er darf fünf Tage lang nicht baden. Er darf nur Speisen essen, die seine Tanten für ihn kochen. Verläßt er das Haus, so sitzt er steif und prächtig im Kanu, während die andern Jungen ihn staken. Seine Gefährten sind tief beeindruckt von seiner neuen Würde, freudig bedienen sie das Kanu. Sie lassen sich für ihn allen Tabak geben, den sie bekommen können. Am Ende der fünf Tage darf er sich waschen und sich ins Dorf begeben. Die andern Verbote bleiben in Kraft, bis die Verwandten der Mutter ein großes Fest für die Verwandten des Vaters geben. Bis dahin sind seine Ohren gefährdet, wenn er die Tabus nicht einhält.

Das junge Mädchen hält seine Tabus aus einer allgemeinen, unbestimmten Furcht heraus, daß ihr sonst etwas zustoßen könnte. Beim Ohrläppchendurchbohren des Knaben (aber auch des Mädchens) ist die Vorsicht besser zu erklären. Beachtet er die Tabus nicht, so reißen die Ohren, und seine Schönheit ist für immer dahin. Niemals wird er dann die langen, schwer mit Schmuck behängten Ohrläppchen besitzen. Darum ist er folgsam, geht vorsichtig herum, wie jemand, der versucht, mit einem gebrochenen Fuß aufzutreten, nachdem er einen Monat lang auf Krücken gegangen ist. Während dieser Zeit erhält er keine Unterweisungen, er braucht sich noch nicht als Erwachsener zu fühlen. Nur aus Schönheitsrücksichten verhält er sich ruhig.

Lassen die Verwandten sich zu viel Zeit mit den Vorbereitungen, so wird er aufsässig. Bei dem Fest wird er in einem Kanu voller Frauen – seine Großmutter sowie seine Tanten und Kusinen väterlicherseits – auf die Insel der Familie gebracht, wo die Großmutter die Geister der Familie anruft und ihn segnet, damit er stark im Krieg, klug beim Tausch und energisch in Geldsachen wird. Dann kann er zu seinen Gefährten zurückkehren. Es werden ihm keinerlei neue Pflichten auferlegt, und er empfängt auch kein neues Wissen. Er geht wieder auf die Insel zum Bockspringen mit seinen Freunden, er beteiligt sich wieder an Rennen im Mondschein, er fängt Elritzen mit einem Schöpfgefäß. Wenn die Ohren heilen, steckt er aus Angeberei zusammengerollte Blätter hinein, und der nächste Junge, dem das Ohrendurchstechen bevorsteht, wird sich nun weniger sträuben.

Im Leben des Fünfzehnjährigen ereignet sich nur ein einziger Wechsel. Seine Spielgruppe – über die er und drei oder vier seiner Altersgenossen herrschen – ist der Mädchen des gleichen Alters beraubt. Nun herrscht er nur noch über Zwölfjährige, jagt und fängt herumstreunende Zehnjährige. Die Gruppe ist jetzt leichter zu regieren als früher.

Die körperlich gut entwickelten Mädchen seiner Altersstufe mit ihren starken Armen und raschen Zungen wären ein Hindernis für seine Führerschaft. Nun sind sie alle fort. Die kleinen Jungen sind unabhängige, aber ergebene Sklaven. Es gibt keine Pflichten, nur die gleichen alten Spiele. Die Jungen schließen enger Freundschaft, häufig zu zweit, und treiben jetzt öfter die schon in der Kindheit geübten homosexuellen Spiele. Ihre Belustigungen werden gröber und lärmender, aber sie gehen auch gern Arm in Arm umher, besprechen sich im Flüsterton und tauschen heimlich Tabak.

Hin und wieder werden diese engen Freundschaften durch den Weggang des einen oder anderen gestört, der von seinem Vater auf eine Reise über das Meer mitgenommen wird oder mit jungen Männern auf Schildkrötenjagd geht. Sind sie groß und kräftig genug, werden sie in der Schiffahrt ausgebildet; bei ihren Wettfahrten durch die Lagune haben sie Segeln gelernt. Sie sind nun fertig für das Leben der Erwachsenen, werden jedoch nicht gezwungen, einzutreten.

Und nun im Alter von sechzehn oder siebzehn Jahren erlebt der Junge einen scharfen Bruch zwischen dem alten und dem neuen Leben. Noch vor zwanzig Jahren, bevor die Regierung auf den Admiralitätsinseln eingesetzt war, zeichneten sich diese jungen Männer in den Kriegskünsten aus. Sie verstanden, Pfeile mit Obsidianspitzen zu schießen und den auf sie zufliegenden Speeren auszuweichen. Sie waren stark, lebendig und suchten Abenteuer. Und Grund zum Kriegführen war immer vorhanden. Zwar interessierten sie die wirtschaftlichen Streitigkeiten der älteren Leute ebensowenig wie der Zwang, unter dem diese oft lebten, einen Mann zu töten oder wenigstens gefangen zu nehmen, um Lösegeld fordern zu können. Aber sie eiferten gern den älteren Männern nach aus Freude an der Sache und um Frauen zu erbeuten. Die Geister verboten zwar Liebesabenteuer mit Manus-Mädchen, aber wie die meisten Götter kümmerten sie sich nicht um die Frauen des Feindes. Die Mädchen von Usiai, Balowan, Rambutchon waren jagdbares Wild. Sogar die Mädchen aus den übrigen Manus-Dörfern, mit denen Peri in offener Fehde lag, waren Freiwild. Die alten Männer führten die kriegerischen Unternehmen an, und die jungen Leute mordeten mit Genuß und entführten eine Frau, einerlei ob sie verheiratet war oder nicht. Auf irgendeiner kleinen Insel, auf der die Frauen des Dorfes sonst ungestört waren und die kleinen Mädchen beim Tanzen ihre Grasröcke wie Fahnen wehen ließen, wurde die unglückselige Gefangene von jedem Mann des Dorfes, jung oder alt, mißbraucht. Die Männer hielten sie im Knabenhaus; der Mann, der sie geraubt hatte, verlangte Abgaben von den andern; manchmal nahm er sie sogar auf eine einträgliche Tour durch befreundete Dörfer mit. Dabei putzten die Männer sie noch besonders heraus, um die Frauen zu ärgern, die – offenbar im Gegensatz zu den Geistern – dem Unternehmen mißtrauisch und erbost zusahen. Wohin die Männer gingen, überall nahmen sie ihre unglückliche Gefangene mit, da sie nicht wagten, sie dem Rachedurst der Frauen zu überlassen. Sie taten aber auch nichts, um ihr Los zu erleichtern, bezeigten ihr weder Freundlichkeit noch Rücksicht. Kein Wort ist stark genug, um die frohlockende Bosheit wiederzugeben, mit der die fünfunddreißig- und vierzigjährigen verheirateten Frauen das Elend des mißbrauchten Mädchens beschrieben. An ihm ließen die Männer ihren Zorn über die Frigidität ihrer Frauen und den durch die Ehe geschaffenen wirtschaftlichen Druck aus. Und die jungen Männer entluden an ihm ihre ganze aufgespeicherte Energie der Jugend, der die Freuden des Werbens und der Liebschaften versagt waren. War das arme Geschöpf dann nach einem oder zwei Jahren verbraucht und alt oder durch eine Nachfolgerin überflüssig geworden, wurde ihr gestattet, nach Hause zurückzukehren, wo sie dann meist bald starb. Manchmal starb sie schon in der Gefangenschaft.

Krieg, Kriegstänze, herzlose Exzesse mit einer widerstrebenden Frau beanspruchten die Energie der jungen Männer vor der Heirat in früheren Tagen. Die Jahre zwischen der Pubertät und dem zwanzigsten bis vierundzwanzigsten Jahr wurden von ihnen nicht zur Erlernung friedlicher Künste, zur Festigung der Bindung mit der Gesellschaft benutzt. Sie verrichteten keine Arbeit, außer gelegentlich bei gemeinsamem Dachdecken oder Hausbau, dem ein Fest folgte, an dem sich das ganze Dorf beteiligte. Sie waren ein arroganter, lärmender Haufen, der Schrecken der Mädchen des eigenen Dorfes, die Geißel der Nachbardörfer.

Das heutige Bild ist vollkommen anders. Der Krieg ist verboten. Frauenraub ist verboten. Das »Knabenhaus« ist nur noch ein kleines Haus, in dem die jungen Leute des Dorfes sich lärmend gehen lassen oder die Tätigkeiten der Erwachsenen parodieren. Speere werden nur noch beim Tanzen benutzt, und Streitigkeiten mit dem Buschvolk werden gerichtlich geregelt. Aber die Gemeinschaft brauchte sich kein System auszudenken, um mit ihren arbeitslosen Jugendlichen fertig zu werden. Die Rekrutierungen des weißen Mannes besorgen das für sie. Alle jungen Manus gehen jetzt zum weißen Mann in die Arbeit – zwei, fünf, manchmal sieben Jahre lang. Dies ist das große Abenteuer, dem jeder Junge freudig entgegensieht. Für diesen Zweck lernt er Pidgin-Englisch, lauscht er eifrig den Erzählungen der Zurückkehrenden. Die kleinen Knaben ahmen das Benehmen der jungen Arbeiter eifrig nach und bilden Partnerschaften zum Teilen von Verdienst. Unsere vierzehnjährigen Diener teilten ihre wöchentliche Tabakration so, wie die jungen Arbeiter ohne Bank und ohne Sparmöglichkeit ihren monatlichen Verdienst zusammenlegen. Mit einem oder mit zwei Schilling im Monat kann ein Junge sich nichts Rechtes kaufen; die jungen Leute bilden daher Gruppen; jeden Monat erhält ein anderer den Gesamtbetrag, und mit acht oder zehn Schilling kann dann etwas Lohnendes gekauft werden: eine Taschenlampe, ein Messer, eine Kampferholzkiste. In unserem entlegenen Dorf machten unsere kleinen Boys dieses Ritual ganz sinnlos mit ihrem Tabak nach.

Die verschiedenen Arten von Dienstleistungen, die relativen Vorteile des Arbeitens für Engländer, Chinesen, Malaien, werden im Haus der jungen Leute endlos erörtert. Der kleine Junge sieht dreierlei Möglichkeiten vor sich: er kann »Schiffsmannschaft« auf einem Schoner, »Polizeijunge« oder »Kindermädchen« werden. Im ersten Fall sieht man die Welt, im zweiten genießt man Macht und hohes Ansehen, im dritten fällt einem das liebste aller Spielzeuge, ein kleines Kind, zu, und man hat obendrein die Chance, nach Sydney zu kommen. Kehrt man dann beladen mit den Schätzen, die man sich von dem Verdienst dreijähriger Arbeit erworben hat, nach Hause zurück, so ertönen die Trommeln, es gibt Tanz und Lustbarkeit aus Freude über so viel Besitz. Der Rückkehrer zeigt sich großzügig beim Verteilen seines Besitzes an alle die, die einen Anspruch darauf haben, weil sie die Toten der Familie beerdigt und für seine Verlobung bezahlt haben.

Es ist unmöglich, den Weg der Jungen während der Arbeitsjahre zu verfolgen. Einige waren bei der Polizei und kommen mit erhöhtem Respekt vor der Autorität, mit Kenntnissen von den Regierungsmethoden des weißen Mannes, mit Achtung für Zeit und Tüchtigkeit zurück. Diese Männer werden Regierungsangestellte, betätigen sich bei Verhandlungen mit Regierungsbeamten, bei Dorfangelegenheiten. Andere arbeiten auf einer einsam gelegenen Pflanzung, essen und schlafen mit einer Gruppe ihrer eigenen Leute und kehren nur wenig klüger als vorher ins Dorf zurück. Die Jungen, die auf Schonern gedient haben, kommen mit oberflächlicher Kenntnis von fremden Sprachen und mit einigen neuen Freundschaften in nahen Dörfern, die nützliche Handelsbeziehungen abgeben werden, heim. Jeder dieser Arbeiter hat Angst davor, allein in sein Dorf zurückzukehren, während seine früheren Spielkameraden noch fort sind. Von Insel zu Insel werden daher Botschaften geschickt: »Wie lang bist du noch verpflichtet?« »Ein Jahr«, worauf der Empfänger der Nachricht auch nur noch für ein Jahr zusagt. Durch sorgfältiges Planen beenden dann drei oder vier Jungen ihre Zeit beim weißen Mann gleichzeitig, und die Trommeln werden dann gleich für einen ganzen Stapel Kisten und Juteleinen gerührt.

Die Erfahrungen der Jungen auf sexuellem Gebiet sind während ihrer Abwesenheit ebenso unterschiedlich wie alle ihre übrigen Erfahrungen. Einige gehen nach Rabaul, wo es nur noch wenige eingeborene Frauen gibt, die fast immer Prostituierte werden. Auf Plantagen isolierte Jungen werden homosexuell und beenden ihre Arbeitszeit mit heftigem Kummer. Alle Zuneigung, Sympathie, gegenseitige Toleranz, Besitzteilung, die in der Manus-Ehe fehlen, finden sich in diesen Beziehungen. Aber sie ergeben kein Leitbild, das sich auf die durch Vorrangfragen und Tabus eingeengte Ehe der Manus übertragen ließe.

Viele Jungen lernen ein bißchen Zauberei und geben einen Teil ihrer Einnahmen für Zauberformeln aus, mit denen man Krankheiten verursachen und heilen, die Gunst einer Frau gewinnen oder anderen Leuten Besitz ablocken kann. Und was für Errungenschaften bringen sie schließlich mit in ihr Dorf zurück? Ein oberflächliches Durcheinander von Erfahrungen und Kenntnissen, von Gegenständen wie Paradiesvogelfedern und Kasuarknochen, Körben aus Buka und Beuteln von den Ninigos, Kenntnisse von den Eigenschaften des Kalomel, tiefverwurzelten Haß gegen alle Malaien, einen Rosenkranz und ein halb vergessenes Pidgin-Englisch-Vaterunser, ein paar gestohlene Gabeln und Löffel, abgenützte Kampferholzkisten mit den Initialen eines weißen Mannes im Deckel, die zerrissene Photographie eines früheren Arbeitgebers. Drei Jahre lang haben sie in einer Welt der Männer gelebt, einer Welt mit ihren eigenen Gesellschaftstraditionen, Wirtschaftsproblemen, Festen, Fehden, Legenden. Aber von alledem weiß das Dorf nichts, das gehört zu der neuen Welt des weitgereisten jungen Mannes, in der Pidgin-Englisch die Umgangssprache, Tabak und Schilling die Währung sind, in der das starke Gefühl unabänderlicher Verschiedenheit vom weißen Mann das einigende Band und homosexuelle Freundschaft das romantische Element bilden. Die Legenden handeln meist von der Welt des weißen Mannes und der

Zauberei fremder Völker, von den Glaskristallen, mit denen die Eingeborenen von Salamoa Krankheiten hervorrufen und heilen. Oder sie erzählen, was mit dem Jungen von Buka geschah, der eine Flasche Kognak gestohlen hatte, oder von der Frau aus St. Mathias, die durch einen Liebeszauber starb, mit dem ein Junge aus Aitape sie behext hatte, von der unheimlichen Sitte der Eingeborenen von Niederländisch-Neuguinea, die nur heimlich zu ihren Frauen gehen dürfen, von dem Jungen von Kieta und seiner Zauberformel, mit der man Geld, das man dem Kaufmann gezahlt hatte, wieder aus der Ladenkasse herauslocken konnte, von dem Kapitän, der einen Manus-Jungen schlug und dann mit durchschnittener Kehle in seinem Bett gefunden wurde – vom Geist des Vaters des Jungen getötet.

Es ist eine Welt, in der der Junge oft Heimweh hat und sich einsam, überarbeitet, hungrig, verdrießlich, eingeschüchtert und ängstlich fühlt; aber ebensooft ist er gut genährt, vergnügt, von neuen Freundschaften und merkwürdigen Erlebnissen in Anspruch genommen. Diese Welt hat nichts gemein mit dem Leben, das er nach seiner Rückkehr im Dorf führen wird, und bereitet ihn gewöhnlich nicht besser für dieses Leben vor als Krieg und Raub in früheren Zeiten. Hinzu kommt noch, daß die Führer im Dorf, die vermögenden älteren Männer mit der größten wirtschaftlichen und daher auch der größten gesellschaftlichen Macht, nicht zum Arbeiten außer Landes gewesen sind. Ihre Erzählungen handeln vom Krieg, nicht von der Welt des weißen Mannes. Aus Ehrerbietung darf in ihrer Gegenwart nicht Pidgin gesprochen werden, mit Ausnahme von einigen Wörtern, die sogar die Frauen verstehen, wie »Arbeit«, »Sonntag«, »Weihnachten«, »Flamme«, »Reis«, »Fett«. In der Welt des weißen Mannes gab es viel bösen Zauber, aber wenigstens kümmerten sich die Manus-Geister nicht um sexuelle Verstöße. Der junge Mann ist nun plötzlich wieder in die Welt zurückgekehrt, vor der er eine tiefwurzelnde Angst hat, über die er sich im einzelnen nie klar gewesen ist oder deren Ursache er vergessen hat. Die Geister, deren bedrückender Beaufsichtigung er drei Jahre lang entronnen war, nehmen nun wieder lebhaftes Interesse daran, daß er der jungen Komatal, die während seiner Abwesenheit so groß und begehrenswert geworden ist, heimlich Tabak zugesteckt hat.

Die Rückkehr wird durch eine Zeremonie gefeiert, die Familiensegen und -beschwörung mit einem Fest der Heimkehr verbindet. Der Segen heißt *tchani*; für die ganze Zeremonie gibt es nur den Ausdruck »*kan* (Fest) – Er – beendete – die – Zeit«. Speisen werden bereitet und an andere Familien geschickt, die die gleichen Feste schon veranstaltet haben; der junge Mann wird vom Großvater, von der Großmutter oder der Tante väterlicherseits mit Taro gespeist, während folgende Beschwörung über ihm gesprochen wird:

>»Iß du meinen Taro.
>Wende den Mund zu den Hundezähnen,
>wende ihn zum Muschelgeld,
>Muschelgeld ist rar.
>Laß den Taro ihm den Mund zuwenden,
>der Fülle entgegen,
>der Größe entgegen.
>Der Mund sei den kleinen Unternehmungen zugewandt,
>der Speise entgegen.
>Doch soll er auch die großen Geschäfte...
>Laß ihn die andern überholen und zurücklassen,
>die Brüder, unter denen er lebt;
>laß ihn meinen Taro essen,
>möge er reich an Hundezähnen werden,
>viele erwerben,
>dem Erwerb von viel Muschelgeld entgegen.«

(Der Großvater füttert ihn mit Taro; das Stück ist so groß, daß es kaum in den Mund des Jungen hineingeht. Während er eine neue Portion Taro in der Hand rollt, ruft er die Namen der Stammesvorfahren:)

>»Powaseu!
>Saleyao!
>Potik!
>Tcholai!
>Kommt zu uns!
>Über den Taro, den deinen und meinen,
>den ich Poluos Sohn,
>Ngamels Sohn gebe.
>Er wird alle Reichtümer
>für seinen Stamm sammeln.
>Laßt Manuwai reich werden,
>laßt ihn tugendhaft im Haus wandeln;
>er darf nicht auf dem Mittelbrett des Bodens gehen[8],
>er muß auf den knarrenden Dielen gehen,
>er muß am unteren Landeplatz des Hauses warten,
>er muß um eine Aufforderung (einzutreten) bitten,

er muß seine Ankunft den Frauen zurufen,
damit sie aufstehen und ihn empfangen.
Später kann er ins Haus hinaufsteigen.
Laßt ihn meinen Taro essen.
Er darf nichts Böses tun.
Möge er so groß werden wie ich!
Ich verleihe dem Taro die Macht des Krieges!
Ich kämpfe jetzt nicht mehr.
Diesen Taro gebe ich meinem Enkelsohn!
Laßt ihn den Taro essen.
Ich bin der Ältere, dein Vater ist jünger,
dann kommt dieser Knabe.
Ich gebe ihm Taro zu essen,
ich gebe dir Macht.
Er mag in den Krieg ziehen,
er darf sich nicht fürchten.
Vielleicht sind es zwanzig von ihnen,
vielleicht sind es dreißig,
er soll sie alle erschrecken.
Er soll standhaft bleiben,
er soll aufrecht stehen.
Sie werden ihn anschauen,
sie werden ihre Speere fallen lassen,
sie werden ihre Steinäxte zu Boden fallen lassen,
sie werden fliehen.
Laßt ihn meinen Taro essen.
Ich gebe ihm meinen Taro, und er ißt davon.
Laßt ihn leben, laßt ihn lang leben,
bis seine Augen erblinden,
wie die meinen erblindet sind[9].
Laßt ihn dem reifen Alter zuwachsen.«

Diese Beschwörung segnet ihn, so wie die entsprechende Beschwörung das junge Mädchen segnet, und verleiht ihm die Kraft, sich den moralischen Regeln der Alten zu unterwerfen, verleiht ihm zu Reichtum führenden Fleiß, offenes, sündenfreies Verhalten in sexuellen Dingen, Mut im Krieg, Gesundheit.

Mit diesem Fest sind keine Tabus und auch keine wesentlichen wirtschaftlichen Verpflichtungen verbunden. Es ist eine Familienzeremonie des Segnens. Der Jüngling geht wie sonst herum; er ist noch unverheiratet, noch frei von geschäftlichen und sozialen Pflichten, nur der Schatten der herannahenden Heirat hängt über ihm.

XII

Der Triumph der Erwachsenen

Wie der fröhliche kleine Wildfang in ein ehrsames junges Mädchen verwandelt wurde, haben wir schon gesehen. Früh begonnen und etwa mit dem fünfzehnten Jahr vollendet, ist die Aufgabe nicht übermäßig schwer. Die Erziehung der jungen Männer ist schwieriger. Sie sind mit viel mehr Freiheit aufgewachsen als die Mädchen. Der kleine Junge, der der Mutter ins Gesicht schlug, der ein Pfefferblatt vom Vater verlangte und es ärgerlich hinwarf, als der Vater ihm nur ein halbes gab, der die Hundezähne nicht für die Mutter aus dem Wasser holen wollte, der die Zunge herausstreckte, als man ihm befahl, zu Hause zu bleiben, und unter Wasser wegschwamm, ist mit dieser Neigung zum Ungehorsam, mit diesem Mangel an Hilfsbereitschaft und Verantwortungsgefühl zum Mann herangewachsen. Er hat sein ganzes Leben in einer Welt verbracht, von der er keine Notiz nahm, von deren Gewerbe er keines erlernt hat, deren geschäftliche Beziehungen er nicht kennt und um deren Geister er sich nicht gekümmert hat. Aber wenn diese Welt fortbestehen soll, so muß der junge Mann lernen, seinen Teil auf sich zu nehmen, die Rolle zu spielen, die seine Vorfahren gespielt haben. Die Welt der Jungen steht der Welt der Erwachsenen als eine isolierte Gruppe gegenüber, deren eigene Sprache nur eine Sprache des Spiels ist, die zwar die Geister kennt, aber nur wenig ehrt und die nur Verachtung für die Arbeit der Erwachsenen übrig hat.

Die Manus begegnen dieser Situation nicht bewußt oder durch gemeinsames Vorgehen. Doch ist ihre unbewußte, notgedrungene Offensive deshalb nicht weniger sinnreich. Zur Zähmung des jungen Mannes wird das Schamgefühl benutzt, das im dreijährigen Manus schon stark entwickelt ist und später nur wenig gesteigert zu werden braucht. Man hat den kleinen Kindern beigebracht, sich ihres Körpers, ihrer Ausscheidungen, ihrer Geschlechtsorgane zu schämen. Die Erwachsenen zeigten sich empört, verlegen, abgestoßen, und so ist es auch das Kind. Die gleiche Reaktion der Erwachsenen auf Verstöße gegen die Verlöbnistabus zwang den Jungen, sich auch diesem Tabu zu fügen. Der kleine Junge lernt auch, daß er nicht in Gegenwart des Ehemannes seiner Schwester oder der Verlobten seines älteren Bruders essen darf. Der Zuschauer, sei es nun der Schwager oder die zukünftige Schwägerin, hat die gleiche Verwirrung, Unruhe, Verlegenheit zu erkennen gegeben wie die Eltern, wenn er in Gegenwart anderer sein Bedürfnis verrichtete. Essen im Beisein bestimmter Verwandter ist etwas Anstößiges. Auch seine Verlegenheit über seine zukünftige Heirat ist sehr stark. Ein Vierzehnjähriger ergreift die Flucht wie eine im Bad überraschte Jungfrau, wenn jemand ihm ein Bild seiner Schwägerin zeigen will. Er verschwindet, wenn er bemerkt, daß das Gespräch auf das Dorf seiner Verlobten kommt. Alle diese Dinge treffen natürlich auch auf die Mädchen zu, die noch dazu die Pflicht haben, den immer griffbereiten Mantel umzulegen und die Menstruation zu verheimlichen. Das Mädchen ist sogar noch mehr eingeschränkt in seiner Freiheit, noch befangener, noch gehemmter. Aber seine Entwicklung verläuft stetig, ohne scharfen Bruch, vom ersten Tag an, da sie ein Fetzchen Stoff auf dem Kopf trug, bis zum Tag ihrer Hochzeit, wenn sie regungslos, mit schwerem Schmuck behangen, den Kopf fast bis zu den Knien hinuntergedrückt, im Brautkanu sitzt.

Bei den Jungen tritt eine Pause ein. Nachdem die Dreizehn- oder Vierzehnjährigen die erste Lehrzeit durchgemacht haben, brauchen sie nun nichts mehr über Anstößigkeit zu lernen. Wie in den alten Zeiten von Krieg und Raub, so werden ihnen auch heute bei dem neuen Abenteuer der Arbeiten für den weißen Mann die Maßstäbe der Erwachsenen nicht schonungslos aufgezwungen. Aber die alten Schwierigkeiten sind da, sind fast von selbst mit den Jahren gewachsen.

Nun kommt für den jungen Mann die Zeit des Heiratens. Die Mittel für die Zahlungen liegen bereit. Der Vater oder Bruder, der Onkel oder Vetter, der die größte geschäftliche Verantwortung für die Heirat übernommen hat, ist bereit, die endgültige Zahlung, zehntausend Hundezähne und etliche hundert Ellen Muschelgeld, zu leisten. Der Bräutigam indessen ist keineswegs bereit. Er hat kein Haus, kein Kanu, keine Fischereiausrüstung. Er hat kein Geld und keine Einrichtung. Er weiß nichts von den Umwegen, auf denen man diese Dinge erhält. Trotzdem soll er heiraten. Nicht gegen seinen Willen; denn er weiß, daß die, die spät heiraten, es schlechter haben. Jahrelang hat man ihm erzählt, wie froh er sein muß, daß schon für eine Frau gesorgt ist. Er weiß, daß Frauen selten sind, daß sich sogar die Geister um Ehefrauen reißen, so daß der Geist einer toten Frau schon mit Beschlag belegt wird, noch ehe er ganz den Körper verlassen hat. Er weiß, daß Männer ohne Frauen kein Ansehen, kein eigenes Haus, keinen wesentlichen Anteil am Geschenkeaustausch haben. Er lehnt sich nicht gegen die Heirat auf, er kann sich auch nicht im voraus gegen die Braut auflehnen; denn er hat sie noch nie gesehen. Er weiß, daß es nach der Hochzeit weniger lustig zugehen wird. Die Frauen sind anspruchsvoll; verheiratete Männer müssen arbeiten und kommen kaum mehr in das Haus der jungen Männer; aber was hilft's – geheiratet muß werden.

Nun wird Plan um Plan geschmiedet, und er wird immer unruhiger. So hörte zum Beispiel Manoi, Ngalens Verlobter, von dem Plan seiner beiden Onkel, dem Bruder seiner Mutter und dem Mann der Schwester seiner Mutter. Er hält sich lieber im Haus des letzteren auf; dort bleibt er immer über Nacht, wenn er nicht im Haus der jungen Männer schläft. Von Kindheit an hat er geschlafen, wo es ihm paßte, und gebrüllt, wenn er dabei auf Widerstand stieß. Plötzlich nimmt das Gespräch eine neue Wendung, und Ndrosal, der Onkel, für den er weniger übrig hat, sagt: »Du kannst im Hinterraum meines Hauses wohnen und für mich fischen. Ich habe viel zu tun, und dein anderer Onkel hat schon einen Neffen, der für ihn fischt. Du bringst deine Frau, die Enkelin von Kea, mit, und ihr schlaft beide hinten in meinem Haus.« Manoi ist verlegen und verwirrt – noch nie sind seine zukünftigen Beziehungen zu seiner Frau erwähnt worden. Brummig erklärt er sich mit dem Vorschlag einverstanden. Nach der Hochzeit ändert sich seine Lebensweise völlig. Er muß nicht nur seine Frau ernähren, sondern ist auch der Sklave der beiden Onkel geworden, die für sie gezahlt haben. Er selbst hat dazu nichts beigetragen. Sie haben für ihn eine Frau genommen – anstößiger Gedanke! –, er muß für sie fischen, für sie Fahrten unternehmen, zum Markt gehen. Er darf nur mit halblauter Stimme zu ihnen sprechen. Die Onkel ihrerseits sind mit ihren Zahlungen für die Heirat noch nicht fertig, und er befindet sich in einer peinlichen Lage gegenüber allen männlichen Verwandten seiner Frau. Nicht einmal ihrem Vater kann er sein Gesicht zeigen. Die Familie seiner Frau ist im Begriff, ein großes Tauschgeschäft durchzuführen. Seine Mithilfe wird erwartet, aber er kann sich nicht mit seinem Kanu einreihen, weil sein Schwiegervater dabei ist.

Nach allen Seiten hin muß er den Demütigen spielen. Er ist arm, er hat kein Heim, er ist unwissend. Seine junge Frau, die sich seinen ungeschickten Umarmungen nur widerwillig hingibt, weiß mehr als er, aber sie ist unfreundlich und zeigt keine Hilfsbereitschaft. Er ist gesellschaftlich ausgeschaltet. Bei einem Streit darf er die Stimme nicht erheben, er, der als kleiner Junge den ältesten Männern des Dorfes ins Gesicht sagen durfte, sie sollten den Mund halten. Damals war er ein vergnügtes, verhätscheltes Kind, jetzt ist er der letzte und verachtetste der Erwachsenen.

Um sich herum sieht er zwei Typen älterer Männer: die, die das wirtschaftliche System gemeistert haben, die unabhängig von ihren finanziellen Helfern geworden sind und ihre eigenen Geschenktauschaktionen durchführen, und die anderen, die es zu nichts gebracht haben, die immer noch abhängige Habenichtse sind, von ihren jüngeren Brüdern tyrannisiert werden und Nacht für Nacht fischen müssen, um ihre Familie zu ernähren. Die Unabhängigen haben ihr Ziel durch mühsamen Handel, harte Methoden, Geiz, Sparen und Rücksichtslosigkeit erreicht. Wenn er ihnen nacheifern will, muß er die Gutmütigkeit seiner Knabenjahre aufgeben. Die Gewohnheit, mit seinen Freunden zu teilen, läßt sich nicht mit dem Ziel vereinigen, ein erfolgreicher Mensch zu werden. Die Unabhängigkeit der Jugend kapituliert vor der Schmach des Armseins, und die Freigebigkeit früherer Jahre wird unterdrückt, damit die Unabhängigkeit eines Tages wiedergewonnen werden kann.

Nur die Dummen und Faulen versuchen nicht, unabhängig zu werden; aber auch sie können bald nicht mehr freundschaftlich und freigebig sein, weil sie zu arm und zu verachtet sind.

Die Dorfgesellschaft erscheint daher eigenartig vielschichtig: da sind meist die allgewaltigen, eigensinnigen kleinen Kinder, die lauten, dünkelhaften, widersetzlichen größeren Kinder, die eingeschüchterten jungen Mädchen und die verderbten, undisziplinierten jungen Männer mit ihrer lärmenden Mißachtung der Umwelt. Dann kommt die Gruppe der Jungverheirateten – demütig, unterdrückt, mürrisch, an den Hintertüren der Häuser ihrer reichen Verwandten lauernd. Kein einziger der jungverheirateten Männer im Dorf hatte ein eigenes Haus. Nur einer besaß ein Kanu, mit dem man sich auf das Meer hinauswagen konnte. Ihre hochmütige Impertinenz hat sich gelegt, ihre respektlosen Parodien sind erstickt in dem angstvollen Versuch, ihr Leben zu meistern, ihr Verhalten ist ruhig und gedämpft.

Die Gruppe der über Fünfunddreißigjährigen zerfällt in die schwachen, abhängigen Versager und die Selbständigen, die wieder das Recht für sich in Anspruch nehmen, wie in der Kindheit heftig und ungebärdig zu sein; sie stampfen mit dem Fuß, schreien ihre Schuldner an und lassen sich zu unbeherrschten Wutausbrüchen hinreißen, sobald sie Widerstand fühlen.

Tauchen sie aus dem Dunkel auf, so erscheinen ihre Frauen mit ihnen und stimmen in die Schimpfereien ein, die täglich über das Wasser schallen. Sie haben während ihres erzwungenen Fernseins von den lautstarken gesellschaftlichen Beziehungen weder Selbstbeherrschung noch Respekt vor anderen gelernt. Sie haben nur gelernt, daß Reichtum Macht bedeutet und daß man Qualen leidet, wenn man sich nicht leisten kann, nach Belieben Leute zu beschimpfen. Sie gleichen ihren Vorfahren wie ein Ei dem andern. Die fröhliche Kameraderie, die Hilfsbereitschaft, die Unterordnung unter einen Führer, die Freude an gemeinsamen Spielen, das zwanglose Zusammengehen der Geschlechter – alles das, wodurch die Gruppen der Kinder so liebenswert im Unterschied zu den Erwachsenen sind, ist vorbei. Hätte es diese Kindheit nie gegeben, hätte jeder Vater sich bemüht, aus seinem neugeborenen Sohn einen nüchternen, besorgten, berechnenden, übellaunigen kleinen Geschäftsmann zu machen, er könnte kaum einen besseren Erfolg erzielt haben.

Die Gesellschaft hat gesiegt. Sie hat zwar ihre Kinder in glücklicher Freiheit aufwachsen lassen, hat aber ihre jungen Männer der Selbstachtung beraubt. Würde dieser Vorgang früher einsetzen, so brauchten die Methoden nicht so hart zu sein. Die Unterwerfung der Mädchen geht mehr schrittweise, weniger schmerzhaft vor sich. Sie lernen früher die Tradition ihrer Kultur beherrschen. Aber als jung Verheiratete sind sie gezwungen, mit ihren Ehemännern das demütigende Leben von Sklaven zu führen. Wenn Mann und Frau aus diesem sozialen Dunkel ihres jungen Ehelebens auftauchen, haben sie alle Spuren ihrer glücklichen Kindheit verloren, mit Ausnahme des gewissen Skeptizismus, der sie milde-nüchtern gegenüber dem religiösen Leben macht. Dieser eine gute Zug blieb, die anderen sind untergegangen, weil die Gesellschaft keine Verwendung für sie hat.

XIII
Tradition muß mit Anmut vererbt werden

Die Manus-Gesellschaft gleicht in ihren Zielen und Werten so sehr der unseren, daß wir ihre Erziehungsmethoden mit der unsrigen vergleichen, unsere Theorien an ihrem Beispiel erproben können. Die amerikanischen Kinder sind in der Regel wenig diszipliniert und kennen wenig echten Respekt vor Älteren. Der zunehmende Mangel an Disziplin wurde von einigen Enthusiasten als Ergebnis dessen begrüßt, was Erziehung sein sollte. Es gibt heute Theoretiker, die davon ausgehen, daß alle Kinder von Natur aus gut, freundlich, intelligent, selbstlos und einsichtig sind, und die deshalb jede von den Erwachsenen ausgehende Erziehung, Disziplin und Lenkung verwerfen. Andere begründen ihre Mißbilligung disziplinarischer Maßnahmen damit, daß Disziplin das Kind hemmt und seine Entwicklung stört. Alle diese Erzieher berufen sich darauf, daß es so etwas wie »menschliche Natur« gibt, die in Schönheit erblühen könnte, wenn sie nicht durch den beschränkten Standpunkt der Erwachsenen verzerrt würde. Einleuchtender ist jedoch die Auffassung, die menschliche Natur sei das roheste, undifferenzierteste Rohmaterial, das erst durch seine Gesellschaft gestaltet werden müsse, das keine der Anerkennung würdige Form erhalte, wenn es nicht durch kulturelle Tradition geformt werde. Der erwachsene Mensch werde dann das Gepräge seiner Kultur tragen, einerlei, ob seine Gesellschaft ihm die Tradition mit Achselzucken übermittelt hat, sie ihm hinwarf, wie einem Hund den Knochen, ihn alle Einzelheiten mit Liebe und Sorgfalt lehrte oder ihn zum Mannesalter führte, als befände er sich auf einer Touristenreise. Aber die Wahl der Methode hat doch weitgehenden Einfluß auf das heranwachsende Kind, auf den Wachstumsprozeß, darauf, ob es auf den unvermeidlichen Druck der Erwachsenenwelt mit Ablehnung oder Entgegenkommen reagiert.

Die Manus lehren ihre Kinder sehr früh die Dinge, die ihnen am wichtigsten erscheinen: körperliche Geschicklichkeit, Prüderie und Achtung vor Besitz. Sie bringen ihnen dies mit unermüdlicher Bestimmtheit, oftmals mit Strenge bei. Aber sie lehren sie keinen Respekt vor Alter und Wissen; sie fordern von ihnen weder Höflichkeit noch Freundlichkeit gegenüber älteren Personen. Sie lehren sie nicht arbeiten; sie finden es ganz natürlich, wenn ein Kind sich weigert, nach einem verlorenen Halsband zu tauchen oder ein weggeschwommenes Kanu zurückzuholen. Wenn das Strohdach auf ein neues Haus gesetzt wird, klettern die Kinder sinn- und zwecklos schreiend auf dem Gerüst herum. Fangen sie Fische, bringen sie sie nicht den Eltern, sondern essen sie selbst; sie lieben kleine Kinder und unterrichten sie gern, aber sie wollen keine Verantwortung für sie übernehmen. Sie lernen ihren Körper zu beherrschen, aber nicht ihre Gelüste; ihre Hände werden zuverlässig, ihre Zungen unbekümmert. Es ist unmöglich, ihnen eine Medizin einzugeben; denn ihr Leben lang haben sie alles ausgespuckt, was ihnen nicht schmeckte. Sie haben nie gelernt, Autorität anzuerkennen, sich von Erwachsenen beeinflussen zu lassen, mit Ausnahme des geliebten, wenn auch nicht allzu sehr respektierten Vaters. Bei ihren erzwungenen Dienstleistungen für die älteren Brüder oder die Onkel empfinden sie weder Befriedigung noch Stolz. Aus anmaßenden, undisziplinierten Kindern werden anmaßende, streitbare Erwachsene, deren Wutgebrüll über die Lagune schallt.

Es ist kein schönes Bild. Alles, was die Kinder jung lernen, was anzunehmen sie gezwungen werden, lernen sie gründlich und gut. Aber man lehrt sie nie, am Leben der Erwachsenen teilzunehmen, man gibt ihnen nie das Gefühl, dazuzugehören. Wenn man sie zur Teilnahme zwingt, empfinden sie sie als Sklaverei. Niemals lehrt man sie, Alter oder Weisheit zu achten; ihre Reaktion auf die Ansprüche der Älteren besteht daher aus ohnmächtiger Wut. Sie haben als Kinder keine Demut gelernt; als Erwachsene haben sie wenig Würde. Die Respektspersonen haben sich ihre Autorität über die grollenden jungen Leute erzwungen; sie spreizen sich nun, aber sie finden keinen Frieden.

In vieler Hinsicht gleicht dieses Bild dem unserer heutigen Gesellschaft. Unseren Kindern wird gestattet, jahrelang ohne Rücksicht auf ihre Umwelt sich eine eigene Welt aufzubauen, um darin zu leben. Sie dürfen reden, was sie wollen, wann sie wollen, wie sie wollen; die Konventionen der Erwachsenen brauchen sie wenig zu kümmern. Wer versucht, sich dieser Entwicklung entgegenzustellen, wird als »altmodisch«, »philisterhaft«, »engstirnig« verspottet und muß vor diesen hochtönenden Worten die Flucht ergreifen. Dieser Zustand hat sehr reale Ursachen in der amerikanischen Gesellschaft. In einem Einwandererland besitzen die Kinder bereits viel bessere Anpassungsmöglichkeiten, als sie ihren Eltern zur Verfügung standen. Die Flut der Erfindungen und die Veränderungen des materiellen Lebens kamen den Kindern verhältnismäßig mehr zugute als den Eltern. So benutzt die jüngste Generation das Telefon mit viel mehr Selbstverständlichkeit als ihre Eltern; sie ist in Autos mehr zu Hause, als es ihre Väter und Mütter waren. Wenn die Generation der Großeltern die Einführung von Telegraf, Telefon, drahtloser Telegrafie, Radio und Fernsehen, Autos und Flugzeugen miterlebt hat, überrascht es nicht, daß die Gewalt ihren Fingern entgleitet und in die anpassungsfähigeren Hände der Kinder übergeht. Während die Erwachsenen hilflos der künstlichen »Sommerzeit« gegenüberstanden, Verabredungen verpaßten und zu spät zum Essen kamen, haben sich die Sechsjährigen, deren Zeitbegriffe noch gar nicht entwickelt waren, rasch mit der Tatsache vertraut gemacht, daß zehn Uhr nicht unbedingt zehn Uhr sein muß, sondern ebensogut neun oder elf Uhr sein kann. In einem Land, in dem die Leute am beliebtesten sind, die offene Augen und Ohren für das Neueste haben und in dem alte Sachen so wenig geachtet werden, daß man Firmenschilder antrifft, die »Alte und neue Antiquitäten« anpreisen und den Vorübergehenden empfehlen, sie sollen sich ihre Trauringe modernisieren lassen, gehört die Welt der jungen Generation. Sie können die neuen Arten von Technik weit leichter erlernen, als es der traditionsgebundenen älteren Generation möglich ist. Die jungen Menschen in Amerika ergreifen daher von vornherein und ohne jede Übung in Demut von der materiellen Welt Besitz; ihre Zurschaustellung von Macht wird zu einer oberflächlichen Taschenspielerei mit Dingen, Phrasen und Schlagworten.

Dieser schnell wechselnden materiellen Welt haben wir ein weiteres Element hinzugefügt, das es dem kleinsten Kind möglich macht, Erfahrung und Schulung noch zu übertrumpfen, nämlich die Überbewertung des Geldes. Das Ergebnis ist eine Gesellschaft, die der der Manus sehr ähnelt: eine tüchtige, wohlausgestattete, tätige Gesellschaft, deren einziges Ziel Wohlstand ist; in ihr zählt nur, was ein Mann hat, nicht was er ist. Achtung vor dem Alter hat keinen logischen Platz in einem solchen Wertsystem. In einer Welt, in der die Menschen in Schubfächer eingeteilt sind, in der der Wert der Persönlichkeit nach dem Äußeren beurteilt wird, zählt das Schubfach anstelle des Individuums. Häuser, Autos, Kleidung, alles en gros herausgebracht, bestimmen die Stellung des Mannes im sozialen System, und man braucht nichts weiter als Geld, um sich von einem Fach ins nächste vorwärtszuschieben. Die Leute in dem einen Fach gleichen zu sehr denen im nächsten. Die Varianten innerhalb dieser vom Geld bestimmten Kultur sind geringfügig und unwesentlich. Die Unterschiede zwischen den Gesellschaftsgruppen ähneln den Unterschieden zwischen Wohnungen des gleichen Gebäudes. Unsere Vorstellungen von Individualität erinnern an diejenigen der im Appartement 18a eines großen Mietshauses wohnenden Frau, die ihre weniger bemittelte Nachbarin im Appartement 2a beschuldigt, »ihr Bett an den falschen Platz gestellt« zu haben. Wohlstand kann von Alter, Geschlecht, von Verstand oder Schönheit, von Lebensart oder Moral losgelöst werden. Sobald er als Lebensform bewertet wird, gibt es keine Achtung mehr für diese Dinge, die gelernt, erfahren, verstanden werden müssen.

Es ist müßig, davon zu sprechen, wie Kinder erzogen werden sollen, wie ihnen Achtung vor Autorität beizubringen ist, damit ihr Sinn für Proportion geweckt wird, so, als könnte dieses Problem durch den Kauf eines Lederriemens oder etwas Entsprechendem gelöst werden. Die Schwierigkeit wurzelt viel tiefer in der Organisation unserer Gesellschaft. Viel ist darüber geschrieben worden, daß der Handwerker verschwunden und von der Maschine ersetzt worden ist, die von einem Achtzehnjährigen nach einwöchiger Ausbildung bedient werden kann. Dies ist bezeichnend für die amerikanischen Ideale. Früher gab es Gesellschaften, in denen die älteren Männer weise Lebenskünstler waren; sie erkannten die Forderungen des Lebens und verwendeten sein kostbares Material wie Liebende. Die jungen Männer verstanden, daß ihnen Kostbares überliefert wurde, was langsam, sorgfältig und mit Verehrung erlernt werden mußte. Sie senkten ihre Stimmen in tiefem Respekt und hielten die Kinder ruhig im Zaum, die deshalb nicht trotzig aufbegehrten wie die Kinder auf Manus. Aber sowohl auf Manus als auch in Amerika wird das Leben nicht als eine Kunst angesehen, die erlernt werden muß, sondern wird von Dingen bestimmt, die erworben werden können. Die Menschen, die sie erworben haben, können denjenigen befehlen, die nichts besitzen. Und sowohl auf Manus wie in Amerika steht die Jugend dem Alter nicht respektvoll gegenüber. Die Jungen billigen den Alten weder größere Weisheit noch größere Kühnheit zu. Sie betrachten sie nur als reicher und daher als mächtiger.

Wir können zwar in Amerika da und dort die Zügel schärfer anziehen, unsere Kinder zwingen, zu grüßen und zu knicksen, aber wir können keine wahre Disziplin und daher auch keine Würde erwarten, solange wir unser Wertsystem nicht vom Haben auf das Sein umstellen. Wenn der Nachdruck auf dem liegt, was Menschen als Einzelwesen sind, sei es auch nur als gute Jäger, geschickte Fechter oder Reiter oder, auf höherer Ebene, als Künstler, Wissenschaftler oder Staatsmänner, so hat dieses Volk Disziplin. Den jungen Leuten werden dann nicht nur die Grundbegriffe der Technik und der Tabus beigebracht, sie lernen nicht nur, mit einem Kanu oder einem Telefon umzugehen, die Entfernung zwischen Hauspfählen zu schätzen oder einem entgegenkommenden Auto auszuweichen, über Hundezähne oder Vorzugsaktien zu verhandeln, sondern es wird ihnen beigebracht, die Schönheit der Rede und Bewegung zu sehen, die schönen Künste zu begreifen – Erkenntnisse, die erst mit Alter und Erfahrung erworben werden. Wenn das samoanische Kind »o le ali'« (Häuptling) sagt, so meint es damit den Mann, der bestimmte Führereigenschaften, Würde und Weisheit besitzt, derentwegen er gewählt wurde. Aber das Manus-Kind, das sagt: »Er ist ein starker Mann, denn er besitzt viele Hundezähne«, und das amerikanische Kind, das sagt: »Das ist ein reicher Mann«, sprechen nicht von dem Mann, sondern von seinem Besitz. Sie geben dem Mann nicht mehr Qualitäten, als sie selbst haben. Sie zollen seinem Reichtum neidvolle Bewunderung, ihm selbst erweisen sie nur den Lippendienst, der einem Mann gewährt wird, der sich zufällig und ohne besondere Verdienste in einer strategischen Position befindet. Hilaire Belloc hat es als einen Vorzug betrachtet, daß in Amerika ein reicher Mann niemals so sklavisch verehrt wird wie in Europa. Forscht man tiefer nach, so erkennt man darin eher einen Nachteil. In Europa war Reichtum so lange Zeit hindurch von Rang, Bildung und Verantwortung begleitet, daß der vor dem Reichen sich verbeugende Europäer sich tatsächlich vor diesen Qualitäten verbeugte. In Amerika dagegen wird Reichtum nicht mehr mit solchen Maßstäben des Verhaltens gemessen; der Jüngling blickt daher nicht auf den Besitzer, den er vielleicht bewundert, sondern auf den Reichtum, den er begehrt.

Wir können unsere Kinder nicht zwingen, uns als Eigentümer von Dingen zu respektieren, wir können sie nur vorübergehend dadurch unterwerfen, daß wir ihnen diese Dinge vorenthalten. Wir können die undisziplinierten Geschöpfe bändigen, indem wir sie, wie die Manus es tun, mit der Peitsche der wirtschaftlichen Unterlegenheit schlagen. Wenn sie sich ihrer Armut schämen, werden sie – wie die Manus – von morgens bis abends arbeiten, damit sie selbst oder wenigstens ihre Kinder in den Besitz der Dinge kommen, die ihre Eltern mächtig und einflußreich gemacht haben. Das Ergebnis ist ein bedrückendes Schauspiel wie in »Middletown«[10]: alle Klassen der Wirtschaft arbeiten verzweifelt, um ihre Kinder in die nächsthöhere Klasse zu schieben; ein wildes Drängen nach oben durch eine Reihe von Schubfächern, die im wesentlichen alle gleich sind.

In einem derartigen Bild ist wenig Raum für Disziplin und noch weniger für Würde. Die Kinder nehmen unaufhörlich von den Eltern, von ihren Bemühungen, ihrer Gesundheit, ihrem Leben; ebenso wie die Eltern glauben sie, daß der Aufstieg zum nächsten Schubfach das höchste aller Güter ist und betrachten alle diese Opfer als selbstverständlich. Sie nehmen den Tribut von der älteren Generation entgegen, ohne den Geber zu respektieren. Und doch ist es im Leben so eingerichtet, daß der durch die Jahre Gereifte immer im Besitz der Dinge ist, die von der Gesellschaft geschätzt werden, sei es nun Reichtum oder Wissen, Druckpressen oder die Kunst des Kupferstechens. Wenn die ganz Alten von ihren Sitzen geschoben werden und irgendein Jüngling einen Platz erklimmt, der ihn weit über seine Altersgenossen erhebt, bleibt doch immer weiter ein Stamm von Erwachsenen, die die Besitzenden sind, während die Jungen zum größten Teil keinen Besitz haben. Aus dem Konflikt zwischen denjenigen, die die Kultur gemeistert haben, und denen, die sie noch meistern müssen, entsteht eine Spannung, die so sehr dem Lauf der menschlichen Entwicklung entspricht, daß sie unvermeidlich erscheint. Nur in einer Kultur, der in jeder Hinsicht Intensität fehlt, kann diese Spannung fehlen. Kommt zu dem Konflikt zwischen den Alten und den Jungen noch der Konflikt zwischen einer alten Richtung und einer neuen, wie das in einer vielschichtigen, sich rasch wandelnden modernen Kultur der Fall ist, werden die Schwierigkeiten viel größer. Daran ändert sich nichts, wenn die Disziplin gelockert oder wenn das Alter für Heiraten ohne Einwilligung der Eltern herabgesetzt wird. Das Alter, in dem der Konflikt eintritt, mag sich ändern, die Form des Konflikts mag sich ändern, aber in irgendeiner Form wird er immer vorhanden sein, einerlei, ob der Einzelne seine Gesellschaft freiwillig, mit Zurückhaltung oder nur unter Zwang anerkennt. Alle Versuche, diese Tatsache zu umgehen, müssen scheitern, so wie die Mutter Schiffbruch erlitt, der die von dem Wort *Mutter* ausgehende Vorstellung so verhaßt war, daß sie ihrem Kind beibrachte, sie »Alice« zu nennen – mit dem einzigen Erfolg, daß das Kind auch von den Müttern der andern Kinder als »Alice« sprach. Der Eltern-Kind-Situation kann man nicht so leicht entgehen.

Aber wenn man ihr nicht entgehen kann, so kann man doch mit ihr fertigwerden. Wir können den Wachstumsprozeß so leiten, daß er Anmut und Würde erhält. Wir können unsere Kinder Bewunderung für die ältere Generation lehren, ihren Sinn auf das Anerkennenswerte konzentrieren, wir können sie so ausrüsten, daß sie Demut empfinden, dieses beglückende Gefühl, das die Vorzüge der andern in den Vordergrund, das eigene Selbst in den Hintergrund treten läßt. Wenn wir ihnen keine andere Einstellung als Neid und Gleichgültigkeit gegenüber den Mächtigen vermitteln, so entwickeln wir in ihnen statt dessen nur ein Gefühl von Minderwertigkeit, aus dem heraus der Nachdruck nicht auf das gelegt wird, was andere *sind*, sondern auf das, was man selbst nicht hat. Wenn sie das Alter nicht bewundern, können sie es auch nicht verehren; ihr Sinn ist nur auf das eigene Ich gerichtet und sie, die Besitzlosen, fühlen sich minderwertig.

Die Umstellung der Technik, die Veränderung der wesentlichen Kulturgüter, die großen Invasionen von Einwanderern, deren Nachkommen sich zwangsläufig besser anpaßten als die Eltern, der Nachdruck, der auf Besitz und Beherrschen eines gleichförmigen, fließenden Materials, des Geldes, gelegt wird, haben den Respekt vor dem Alter als solchem untergraben. Es wäre wahrscheinlich unmöglich und auch gar nicht wünschenswert, zu der Haltung zurückzukehren, die sich vor grauen Haaren beugt und sich Eltern kritiklos unterwirft oder einfach desertiert. Nachdem einmal der Mythos von der unfehlbaren Überlegenheit des Alters über Bord gegangen ist, einerlei, wie irrelevant die Ursachen dieses Überbordgehens waren (in Amerika war das Vorhandensein unterschiedlicher Sprachgruppen, das plötzliche Anwachsen der mechanischen Erfindungen und das vom Geld diktierte Fließen der Klassengrenzen schuld), kann er nicht so leicht wieder eingesetzt werden. Wenn Eltern und Erzieher, die heute auf Respekt bestehen, spöttischen Blicken und Achselzucken begegnen, so kommt das daher, daß sie diese Zusammenhänge nicht erkennen. Sie fordern Respekt vor der gesellschaftlichen Stellung, aber die jungen Menschen haben die Qualität der auf Reichtum gegründeten Stellung geprüft und sie mangelhaft gefunden. Wenn wir den Wunsch haben, wieder eine Art von Disziplin einzuführen, die es möglich macht, daß die jungen Leute mit mehr Anmut aufwachsen, müssen wir darauf verzichten, Respekt für *alle* Eltern, *alle* Lehrer, *alle* Vormünder zu fordern. Wir können den Scharfsinn der heutigen Jugend nicht täuschen, aber wir können von ihm Gebrauch machen. Sie muß angehalten werden, mit dem gleichen kritischen Sinn, mit dem sie die Mängel einiger Respektspersonen entdeckt hat, die Vorzüge anderer anzuerkennen, wenn die Respektspersonen sich entschließen, ihre Gefechtslinie zu ändern. Die Welt der Erwachsenen ist heute wie eine langgestreckte Gefechtslinie, die von den Verteidigern eines altmodischen Respekts für die Autorität schlechthin zu halten versucht wird. Diese Verteidiger sind zu gering an Zahl, zu verstreut. Viele von denen, die früher an ihrer Seite standen, sind zu den jungen Angreifern übergegangen und geben kleinmütig zu, daß sie kein Bollwerk haben, das zu verteidigen sich lohnen würde. Der Rest hält mit seinen dezimierten Reihen eine allzu lange Linie besetzt, eine Linie, deren schwache Stellen dem Gegner wohlbekannt sind. Bei dem Versuch, alle Stellungen zu halten, wird die Schlacht verloren. Es ist Zeit, die Inhaltslosigkeit der Ansprüche zuzugeben und einzuräumen, daß weder Alter noch Stellung noch Autorität echten Respekt fordern können, wenn sie nicht mit Eigenschaften verbunden sind, die zur Bewunderung herausfordern. Die früheren Verteidiger der Gefechtslinie, die ihre Stellungen aus Trägheit, Verzweiflung oder in echter Demut aufgegeben haben, könnten dann zurückkehren, um einen veränderten, höheren Anspruch auf Überlegenheit zu schützen.

Wenn die Beziehungen zwischen Jugend und Alter in der Weise neugestaltet werden, daß immer einige der Alten sogar die Besten aus den Reihen der Jungen überragen, dabei aber zugegeben wird, daß viele der Alten keinen Anspruch auf Respekt haben, dann leisten die Alten den Jungen einen größeren Dienst als sich selbst. Wenn sie ihnen nichts bieten, fügen sie ihnen nur Schaden zu. Würden die Kinder durch starke innere Impulse angetrieben, sich einen neuen Himmel und eine neue Erde zu schaffen, könnten die Alten ruhig danebenstehen und dem Experiment freien Lauf lassen. Aber die Kinder haben keine schöpferischen Impulse. Sie haben kein anderes Baumaterial als ihre Tradition. Wenn sie sich selbst überlassen bleiben, der Tradition beraubt werden oder keine achtungswürdige Tradition überliefert bekommen, bauen sie ein leeres Gebäude ohne Inhalt. Reif geworden, müssen sie sich mit der Kultur der Erwachsenen auseinandersetzen, mit denen sie zusammenleben, und müssen sich mit deren Werten begnügen. Man nützt ihnen nicht, wenn man sie so erzieht, daß sie mürrisch und mit dumpfem Groll in das Leben der Erwachsenen eintreten. Der Fortbestand der vorhandenen Kultur ist das unumgängliche Schicksal der Mehrheit einer Gesellschaft. Wir können sie nicht von diesem Schicksal befreien, aber wir können ihnen wenigstens zu einem Lebensstil verhelfen, der ihnen das Dasein wertvoll und würdig macht. Wenn wir unsere Kinder auf Manus-Art behandeln, ihnen erlauben, als die Herren einer inhaltslosen Schöpfung aufzuwachsen und die mit Hingebung sich für sie mühenden Erwachsenen geringzuschätzen, und wenn wir dann die Peitsche der Scham anwenden, um sie zu einer Lebensform zu zwingen, die ihnen niemals als edel und würdig dargestellt worden ist, dann reichen wir denen Steine, die ein Recht auf gutes Brot haben.

XIV

Erziehung und Persönlichkeit

Wenn die Erziehung auch nichts an der Tatsache ändern kann, daß das Kind im wesentlichen von der Kultur geprägt wird, in der es aufwächst, so kann sie doch weitreichenden Einfluß auf die Entwicklung des Gesamtgefüges von Temperament, Weltanschauung und Lebensgewohnheiten ausüben, das wir Persönlichkeit nennen. Da die Manus – trotz ihrer doch relativ engen Tradition – die Entwicklung der Persönlichkeit so außerordentlich weit vorangetrieben haben, wirft die Art der Differenzierung der kleinen Manus-Kinder ein starkes Licht auf das Problem. In einer gleichförmigen Kultur zeigt sich die Persönlichkeit ganz einfach und ohne die Vielgestaltigkeit, die eine vielschichtige Kultur mit ihrer zwitterhaften Tradition zwangsläufig hervorbringt. Das Ergebnis dieser äußerlichen Mannigfaltigkeit bezeichnen wir oft unzutreffend als Unterschiede der Persönlichkeit. Vergleichen wir einmal die kulturellen Varianten, die einem erwachsenen Manus zur Verfügung stehen, mit den Varianten, die die Individualität eines Mannes in unserer Gesellschaft ausmachen. Was die kleinen Äußerlichkeiten angeht, so kann ein Manus-Mann sein Haar lang oder in einen Knoten geschlungen oder kurz tragen; er kann Ohrringe tragen, kann sie aber auch weglassen; es steht ihm frei, einen dünnen Halbmond aus Perlmutt oder einen geschnitzten Knochen in der Nase zu tragen. In jedem Fall aber werden Ohren und Nase zur Aufnahme dieses Schmuckes durchbohrt. Sein Lendentuch ist entweder aus braunem Brotfruchtbaumrindenstoff oder aus Juteleinen. Sein Schmuck besteht aus Hundezähnen, Muschelgeld und Perlarbeiten. Die Hundezähne können abwechselnd mit bunten Steinen aufgereiht sein und aus einer oder zwei Reihen bestehen; zwischen das Muschelgeld können rote Steine eingeflochten sein oder auch rote und schwarze – die Varianten sind also geringfügig. Man vergleiche sie mit den bei uns möglichen Varianten, vom Overall des Arbeiters bis zur Kleidung des »eleganten Herrn« im Modenheft. Und wenn es sich um Geschmacks- und Glaubensfragen, um Meinungen handelt, ist der Kontrast überwältigend. Der exzentrischste Mann in Peri – er war noch jung – tat als Junge sein Anderssein allein dadurch kund, daß er einer Kusine, die er verführt hatte, ein Amulett auf den Rücken hängte, damit die Geister sie nicht strafen konnten. Im späteren Leben gebrauchte er ein Vokabular, das mit veralteten Wörtern angefüllt war, die er sorgfältig von alten Männern in den verschiedenen Dörfern gesammelt hatte, ferner lachte er laut bei der Trauerfeier seiner Schwester. In jeder anderen Hinsicht glich er seinen Kameraden; er heiratete, seine Frau verließ ihn, er heiratete wieder. Er fischte und handelte mit Gartenerzeugnissen, er machte Tauschgeschäfte, er beobachtete die Namentabus seiner Schwiegerfamilie, so wie alle anderen Männer in Peri es machten. Eine weitere Ausnahme war ein Mann, der auf andere Weise auffiel: er hatte ehrlich und lange um seine Frau geweint, als sie starb, und hatte ihren Schädel bei sich behalten, zu dem er gelegentlich sprach. Dies stempelte ihn zu einem eigenartigen Menschen, einmalig in der Erfahrung seiner Verwandten und Nachbarn. Aber in der Gesamtheit seiner Ansichten und seines Tuns unterschied er sich nicht im geringsten von allen andern im Dorf.

Betrachten wir nun Menschen aus unserer Mitte. Von zwei Männern mit den gleichen allgemeinen Persönlichkeitszügen – d. h. beide sind vielleicht herrschsüchtig, aggressiv, schöpferisch, selbstsicher – glaubt der eine an die Dreieinigkeit und die Lehre von der Erbsünde, der andere ist ein überzeugter Agnostiker; der eine ist für den Freihandel, die Rechte der einzelnen Staaten, örtliche Abstimmung über Alkoholausschank; der andere ist für Zölle, große Flotten, nationale Gesetzgebung zu sozialen Fragen; der eine sammelt vielleicht alte Stiche von New York, der andere Schmetterlinge; der eine richtet sich im Queen-Anne-Stil ein, der andere hat Möbel von einem Dutzend Stilarten; das Ohr des einen kann den kompliziertesten Fugen folgen, der andere weiß so viel über Picasso, daß er jedes Bild des Meisters zeitlich einordnen kann; der eine liebt Cabell, der andere Proust. Man könnte so die ganze Reihe möglicher Geschmacksrichtungen durchgehen und zuletzt zur Vervollständigung des Bildes jeden dieser beiden Männer mit einem jungen Angestellten in einer kleinen Stadt vergleichen, dessen einziges Vergnügen darin besteht, einen Ford zu fahren, ins Kino zu gehen, *comics* zu lesen; der sein Haus mit abscheulichen Standardmöbeln auf Abzahlung eingerichtet hat und der Republikaner ist, weil sein Vater es war. Antithetische Geschmacksrichtungen der gleichen Art und der Unterschied zwischen vielschichtigem und einfachem Geschmack bilden den Hintergrund, von dem der Mensch unserer Kultur sich schärfer abhebt, als dies in einer einfachen Kultur möglich wäre. Auf Manus besteht das Musikverständnis darin, daß man eine Rohr- oder Holzflöte gut oder schlecht bläst; das Kunstinteresse beschränkt sich auf das Schnitzen traditioneller, von Nachbarvölkern entwickelter Formen. Aber innerhalb dieses begrenzten Gebiets kultureller Entscheidungen und Möglichkeiten ist der Unterschied in echten Persönlichkeitszügen bei den Manus-Kindern ebensogroß wie bei den amerikanischen Kindern; der nachgiebige und der herrschsüchtige, der berechnende und der ungestüme, der schöpferische und der nachahmende Typ sind deutlich zu unterscheiden. Und gerade weil vielschichtige Unterschiede in Tradition, Ausbildung, Lektüre, die das Bild verwischen könnten, fehlen, ist Manus ein günstiger Platz, die Art und Weise zu untersuchen, in der diese grundlegenden Züge der Persönlichkeit in dem kleinen Kind entwickelt werden.

Es handelt sich hier um ein Problem, das für uns ebensoviel Bedeutung hat wie für ein primitives Volk. Wie kann die spezielle Neigung, eine Wahl so und nicht anders zu treffen, in dem heranwachsenden Individuum entwickelt werden? Eine oberflächliche Schau über die heutigen Kulturen läßt die unmittelbare Verbindung zwischen Kultur und Temperament erkennen. Der meditative Mensch, der sich mit den Werten der anderen Welt beschäftigt, gilt überhaupt nichts in Amerika, wo sogar ein Pfarrer Draufgänger sein muß und der Preis immer dem Energischen gebührt. Umgekehrt wäre der aktive Typ, für den Denken nichts Faszinierendes hat und der über philosophische Probleme spottet, im alten Indien im Nachteil gewesen. Bei den Zuni-Indianern ist ein Mensch, der mehr Initiative und Tatkraft an den Tag legt als seine Mitmenschen, in Gefahr, als Hexer angesehen und an den Daumen aufgehängt zu werden. Der Mann, der sein Leben lang einem Traumbild nachjagte und es trotz aller Kasteiungen und Selbstzerfleischungen nicht erreichte, war hoffnungslos im Nachteil gegenüber dem Konservatismus der Prärie-Indianer, die noch nicht dazu übergegangen waren, das religiöse Erlebnis zu kaufen und zu verkaufen. Jede Gesellschaft nähert sich in ihrem Hauptanliegen einem der möglichen Typen menschlichen Verhaltens[11]. Menschen, die diesem Persönlichkeitstyp entsprechen, werden ihre Führer und ihre Heiligen. Diejenigen aber, bei denen diese Hauptzüge weniger stark entwickelt sind, gehören zu den gewöhnlichen Sterblichen; und wer sich verstockt einem gegenteiligen Standpunkt verschrieben hat, wird von seiner Gesellschaft manchmal ins Irrenhaus, manchmal als politischer Agitator ins Gefängnis gesteckt, als Ketzer verbrannt oder darf bestenfalls als hungerleidender Künstler sein Leben fristen. Der Mann, von dem es heißt, er sei »zur rechten Zeit geboren« oder »für sein Zeitalter geboren«, ist einfach ein Mensch, dessen Persönlichkeit mit den herrschenden Grundsätzen der Gesellschaftsordnung übereinstimmt und der auch über die erforderlichen intellektuellen Fähigkeiten verfügt. Gesellschaftsordnungen werden am Leben erhalten, entwickelt und erweitert durch Menschen, die von ihrem Geist sind. Durch neue Abmachungen und neue Programme, die in Not und Rebellion von denen ausgearbeitet werden, die in ihrer eigenen Kultur keine geistige Heimat finden, werden sie untergraben und verdrängt. Auf der ersten Gruppe liegt die Last, ihre Gesellschaftsordnung zu erhalten und ihr vielleicht eine noch bestimmtere Form zu geben. Auf den Begabten unter den Nichtangepaßten liegt die Last, neue Welten aufzubauen. Es ist klar, daß von dem Gleichgewicht innerhalb dieser Typen ein Teil des Geschicks der Kultur abhängt. Ohne Verteidiger der bestehenden Ordnung und ohne Verfechter neuer Formen der gleichen Ordnung ist eine Gesellschaft führungslos und versinkt in Dumpfheit und Mittelmäßigkeit. Ein Beispiel hierfür bietet das heutige politische Leben in Amerika, das weder durch den besten amerikanischen Typ geleitet wird, d. h. den Persönlichkeitstyp, der das amerikanische Ideal am besten verkörpert, noch Kraft und Vitalität aus starken Individualitäten erhält, deren Temperament mit den korrekten amerikanischen Idealen unvereinbar ist. Das Schicksal einer Gesellschaft wird von der Art des Materials beeinflußt, aus dem die Außenseiter schöpfen, ob sie nun ihre Philosophie auf Ideen aufbauen, die ihrer Kultur soweit gemäß sind, daß sie keine tatsächliche Änderung herbeiführen können, oder ob die Quellen, aus denen sie sich nähren, so andersartig sind, daß diese Menschen zu wirkungslosen Träumern werden.

Jede Gesellschaft, auch eine von anderen Kulturen völlig isolierte, hängt daher zu jeder Zeit von der Richtung ab, in der sich die jüngste Generation entwickeln wird. Soweit es die wenigen echten Begabungen angeht, die es in jeder Generation gibt, kommt es darauf an, ob sie für die Fortführung der gegenwärtigen Lebensform eintreten, oder ob sie ihr Leben in rastlosem Suchen nach etwas anderem verbringen. Man kann also sagen, daß das Los einer Kultur von der Qualität des Volkes abhängt, nicht in dem Sinne, ob es intelligenter oder weniger intelligent als ein anderes ist, sondern ob ihre Ideale die Begabten jeder Generation ansprechen und sie fügsam machen oder ob sie das Bedürfnis nach Änderung in ihnen erwecken.

Von den Ursachen, aus denen ein Kind entweder begeisterter Anhänger des Bestehenden wird oder das Gegebene gleichgültig hinnimmt oder dagegen aufbegehrt, wissen wir nur wenig. Die fruchtbarsten Versuche, dieses Problem anzugehen, sind vielleicht von den Psychoanalytikern gekommen, die in unermüdlichem Bestreben, das ganze Leben zu erfassen, die Lösung der Probleme in Angriff nehmen, von denen sich die orthodoxe Psychologie strikt ferngehalten hatte. Eine ihrer brauchbarsten Konzeptionen ist der Gedanke der Identifizierung, d. h. die Art und Weise, in der ein Individuum sich so stark mit einer anderen Persönlichkeit identifiziert, die es entweder persönlich oder aus einem Buch kennt oder die in seiner Einbildung lebt, daß es die Entscheidungen und Auffassungen dieser Person zu seiner eigenen macht. Die Psychoanalytiker verwandten diese Konzeption zur Erklärung von vielen Situationen, angefangen von der Identifizierung mit Personen eines Theaterstücks oder Buches bis zur Identifizierung mit dem andersgeschlechtlichen Elternteil, die schließlich sogar pervertierte sexuelle Bedürfnisse hervorrufen kann.

Die Möglichkeiten der Unterschiede durch Identifizierung sind zahlreich und einander widersprechend. Vater und Mutter, der Lehrer, der Lieblingsfilmschauspieler oder -baseballspieler, eine Person in einem Drama, ein geschichtlicher Held, ein Spielkamerad oder Gott selbst kann zum Brennpunkt werden. Die Irrenanstalten sind voll von Patienten, die diese Identifizierungen über die Grenzen der Vernunft hinausgetragen haben und fest davon überzeugt sind, daß sie selbst Napoleon oder Christus sind und von der blinden, feindlichen Welt schlecht behandelt werden. Daß ein solcher Vorgang in seiner extremen Form nicht nur in unserer Gesellschaft vorkommt, wird durch ein Erlebnis bewiesen, das ich auf Samoa hatte. Dort traf ich einen Mann, der fest davon überzeugt war, Tufele zu sein, der höchste Häuptling der Insel, und verlangte, daß er, ein armer Eingeborener, mit den Titeln angeredet werde, die dem höchsten Häuptling vorbehalten sind. In weniger krankhafter Form wird der Wunsch, sich zu identifizieren, bei jedem Fan, jedem begeisterten Gefolgsmann eines Führers, jedem Menschen angetroffen, der sich bemüht, die bewunderte Person nachzubilden – wenn auch nur in winzig kleinem Maßstab.

Auf Manus steht dem Kind keine solch große Auswahl zur Verfügung. Es gibt keine wesentlichen Rangunterschiede, keine religiösen Führer, keine großen geschichtlichen oder mythologischen Gestalten, so daß die dem Kind zur Verfügung stehende Galerie in keiner Weise mit derjenigen zu vergleichen ist, aus der unsere Kinder ihre Vorbilder wählen können. Bei den Manus hat außerdem die Kultur und die Bereitschaft – man kann es vielleicht auch Tendenz nennen – des Kindes, sich ein Modell zu wählen, in dem Leitbild der Vater-Sohn-Beziehung ihren Ausdruck gefunden. Der Leser wird sich erinnern, wie eng die Kameradschaft zwischen dem Vater und dem kleinen Sohn ist, wie das Kind dem Vater durch alle Stadien des Alltags folgt, ihn bei seinen Plänen, Streitigkeiten, Arbeiten, Ruhepausen, bei der Anrufung der Geister oder den bombastischen Reden an seine Frau beobachtet. Wir haben gesehen, daß die Kinder älterer erfolgreicher Männer sich von den Kindern jüngerer oder erfolgloser unterscheiden. Und – was noch bezeichnender ist – daß die Übereinstimmung der Persönlichkeit zwischen dem Vater und dem adoptierten Sohn ebensogroß ist wie die zwischen dem Vater und dem leiblichen Sohn und größer als die zwischen einem Mann und seinem leiblichen Sohn, wenn dieser von einem in Temperament oder Stand verschiedenen Mann adoptiert wurde. Dieser Tatbestand läßt annehmen, daß jede vererbte Anlage – ein Faktor, den richtig einzuschätzen uns zur Zeit die Möglichkeit fehlt – stark durch diese enge Verbindung mit einer reifen Persönlichkeit beeinflußt wird. Die enge pflegliche Sorge, die die Männer für ihre Kinder aufbringen, ist für die Manus ein vorzügliches Mittel zur Übermittlung persönlicher Charakterzüge an die nächste Generation.

Doch handelt es sich hierbei nicht nur darum, das Gleichgewicht einer Generation zwischen Entschlossenheit und Unentschlossenheit, zwischen Aggressivität und Schwäche auf die nächste Generation zu vererben. Hat ein starker Mann fünf Söhne, so sind sie ihm ja in verschiedenen Stadien seiner Laufbahn geboren worden. Das Kind seiner Jugend wird von gedämpfterem Temperament sein als das Kind seiner selbstbewußten Reife. Dies mag einer der Gründe dafür sein, daß die Erstgeburt bei den Manus so wenig praktische Bedeutung hat, daß jüngere Brüder so oft deutlich über die älteren dominieren. (In manchen Fällen mag natürlich auch ein Intelligenzunterschied die Erklärung sein.) Der Anteil der einzelnen Temperamente kann sich vielleicht von Generation zu Generation leicht verschieben, wie es sich aus den Umständen von Geburt oder Adoption ergibt. Paleao, der aggressive, hat nur einen Sohn; Mutchin, sein beherrschter, zurückhaltender, vorsichtiger Bruder, hat vier. Paleao hat nun einen von Mutchins Söhnen angenommen, zu spät, um des Kindes Persönlichkeit noch merkbar zu ändern. Wo nur zehn oder fünfzehn Männer über das Schicksal einer Gemeinschaft entscheiden, kann ein Mehr oder Weniger von drei oder vier aggressiven, tatkräftigen Menschen von schwerwiegender Bedeutung sein.

Es ist interessant, diese Methoden der Manus nicht nur mit den unsrigen, sondern auch mit denen anderer Südseeinsulaner zu vergleichen, zum Beispiel den Samoanern. Auf Samoa gibt der Gedanke an sozialen Aufstieg den Kindern einen Ansporn, aber der individuelle Ansporn ist gering, da die Männer niemals Kinder um sich dulden. Kinder werden aus der Nähe der Eltern und sonstigen Respektspersonen verscheucht und der Sorge halbwüchsiger Kinder oder alter Frauen überlassen. Es gibt keine Sicherheit dafür, daß der Sohn eines starken Vaters die gleiche Art der Persönlichkeit entwickeln wird. Aber der Standesgedanke hat einigen Einfluß auf die Bildung der Persönlichkeit des Kindes. An den Sohn oder Neffen eines Häuptlings wird ein strenger Maßstab angelegt, und er gibt sich etwas größere Mühe als seine Spielgefährten. Aber das »du bist der Sohn eines Häuptlings« ist ein Leistungsansporn, nicht wie unser verhängnisvoller Hinweis auf die Erfolge des Vaters ein Hinweis, der erschreckend und entwicklungshemmend wirkt. Der Einfluß auf die Persönlichkeit des samoanischen Kindes ist verhältnismäßig gering; die kleinen Jungen unterscheiden sich nur wenig voneinander, viel weniger als das bei den Manus der Fall ist. Erst wenn sie zu jungen Männern herangewachsen sind, interessieren sich die Häuptlinge mehr für ihre vermutlichen Nachfolger; die jungen Männer haben dann Gelegenheit zur Nachahmung, wenn ihre Charaktere schon ziemlich ausgebildet sind. Sechzehn oder siebzehn Jahre lang übte jedoch die Altersgruppe einen stärkeren menschlichen Einfluß aus, nicht die Persönlichkeit eines Erwachsenen. Die Tradition der Anpassung an die Altersgruppe ist so stark, daß der Gedanke an Rang und Stand und die späte Anlehnung an Männer reifen Alters mit der Gewohnheit zu befehlen schwer dagegen aufkommt. Die samoanischen Männer gleichen einander mehr als die Manus-Männer. Die sorgfältig genährte Gewohnheit eines maßvollen, unpersönlichen Verhaltens, das mehr dem Stand angepaßt ist als den natürlichen Neigungen und Begabungen, haben sie weit einheitlicher geformt.

Bei den Manus hat die Altersgruppe unter Kindern wenig Bedeutung. Als Individuen entsprechen sie den Charakteren ihrer Väter, die unmittelbar auf Alter, geschäftlicher Stellung und Erfolg beruhen, wobei der letztere bis zu einem gewissen Grad von der Intelligenz abhängt, mehr aber noch von aggressiver Initiative und Energie. Wir finden auf Manus drei Haupttypen der Persönlichkeit: den aggressiven, gewalttätigen, hochmütigen Typ bei reichen, älteren Männern, die noch keine wirtschaftliche Sicherheit erlangt haben, aber einen guten Start in der Kindheit hatten, und bei den Kindern dieser Männer; den milden, zurückhaltenden, schwachen Typ bei den erfolglosen alten Männern, die vermutlich einen schlechten Start hatten oder unzulänglich begabt sind, und bei deren Kindern. Die Gemeinschaft kann sicher sein, in jeder Generation eine gewisse Anzahl erfolgreicher Männer mit Unternehmungsgeist und Kraft zu besitzen. Da in mehr als der Hälfte der Fälle die Erben erfolgreicher Männer deren eigene Söhne oder wenigstens Blutsverwandte sind, schafft dieses System eine Art von Persönlichkeitsaristokratie, die sich mit Bestimmtheit fortpflanzt. Es ruft starke individuelle Unterschiede zwischen Männern selbst von ganz kleinen Dörfern hervor und erzeugt eine auf Samoa fehlende dynamische Atmosphäre, obgleich dort die Persönlichkeit durch das Häuptlingstum gestützt wird. Dieses lebhafte, ruhelose Volk ist für die Kulturen empfänglich, mit denen es in Berührung kommt, schnell bemächtigt es sich der Ideen des weißen Mannes und nützt sie zum eigenen Vorteil aus. Die Anwendung der weißen Zivilisation durch die Samoaner beruht nicht auf dem Vorgehen Einzelner, sondern auf der Beweglichkeit einer Lebensform, in der das Individuum wenig Wert hat, in der es keine starken Leidenschaften gibt und keine hohen Preise zu zahlen sind. In Manus dagegen gibt es viele Konflikte, viel Reibung zwischen den verschiedenen Typen und viel stärkere Gefühle. Das samoanische System ist eine angenehme Art, die rauhen, unziemlichen Seiten der menschlichen Natur auf eine schöne Harmlosigkeit zu reduzieren. Das System der Manus ist ein Mittel, mit dem Persönlichkeit kapitalisiert und von der Gesellschaft verwendet werden kann.

Wir Amerikaner verfolgen weder das eine noch das andere System. Die Entartung der Rolle des Vaters in die eines müden, oftmals gefürchteten nächtlichen Besuchers hat viel dazu beigetragen, daß eine beglückende Identifizierung des Sohnes mit dem Vater nicht möglich ist. Wenn das Kind diese Identifizierung doch versucht, so muß es sich mehr an die augenfälligeren Seiten des väterlichen Charakters halten, seine Kleidung, seine körperliche Kraft, seine tiefe Stimme; aber das sind gerade die Dinge, die für einen Fünfjährigen am schwierigsten nachzuahmen sind. So sagte mir einmal ein kleiner Junge bekümmert, daß er nie ein großer Mann wie sein Vater werden könne, da er es nicht fertigbringe, sich mit seiner so viel kleineren Nase richtig laut zu schneuzen. Der Vater ist für ihn ein Mann, der einen mit seinen Armen hochheben kann, der abends nach Hause kommt, sonntags zu Hause ist, der den Wagen fährt, Geld verdient, sich jeden Tag rasieren muß und eine tiefe Stimme hat. Eine solche Charakteristik bietet natürlich keine Unterscheidungsmerkmale zwischen beliebig vielen Männern innerhalb einer Gemeinschaft. Das Kind ist gezwungen, sich mit einer Gliederpuppe in Hosen zu identifizieren. Ein engerer Kontakt, der es ihm möglich machen würde, den Vater als Individuum, nicht nur als Angehörigen eines Geschlechts zu erfassen, ist ihm nicht vergönnt.

Nach den Konventionen unserer Gesellschaft wird das Erziehen der Kinder in beunruhigendem Maß als Sache der Frauen angesehen. Dafür zeugt das überwältigende Interesse der Frauen für Probleme der Erziehung, Hygiene usw. und die nahezu vollkommene Interesselosigkeit der Männer für diese Angelegenheiten. Der Knabe gehört ins Reich der Mutter, bis er sechs oder sieben Jahre alt ist. Die dadurch hervorgerufenen Anpassungsschwierigkeiten sind denen der Manus-Mädchen nicht unähnlich. Identifikationen mit Personen des andern Geschlechts sind in einer heterosexuellen Welt eine riskante Sache. Mit sechs oder sieben Jahren wird der Junge anderen Frauen übergeben. Mutter, Kindergärtnerin, Lehrerin, sie alle ziehen in langer Prozession zwischen ihm und einem echten Kontakt mit Männern vorüber. Ihr Einfluß legt sich wie ein Schleier über das Bild des Vaters, das nur verzerrt, vergröbert, unwirklich durch ihn hindurchdringt. Und ein Kind, das stark auf einen beherrschenden Vater reagiert, reagiert nicht positiv und heftig, wie ein Manus-Kind, sondern negativ mit einem Gefühl der Unzulänglichkeit und des unvermeidlichen Versagens. Die Manus würden unsere stattliche Reihe von Versagern, deren Väter berühmt waren und die vielleicht deshalb Versager wurden, *weil* ihre Väter berühmt waren, mitleidig betrachten. Einerlei, ob man an die Vererbung angeborener Fähigkeiten glaubt oder an den Einfluß der frühen Umwelt: der Sohn eines starken Mannes müßte ebenfalls stark sein; jeder von einer Person errungene Vorteil müßte an die nächste Generation weitergegeben anstatt verschleudert werden; niemals dürfte er paradoxerweise das Leben des unglücklichen Nachkommen vergiften. Es ist jammervoll zu sehen, wie im Leben unserer Zeit, ohne die Schulung, die die Manus ihren Knaben zuteil werden lassen und ohne das samoanische Ideal von Rang und Stellung, der von den Männern der einen Generation errungene Gewinn sich so oft bei den Nachkommen nicht mehr vorfindet.

Das Unvermögen der Kinder, sich mit ihren Vätern zu identifizieren, wird in Amerika noch vertieft durch die rasch wechselnden Maßstäbe und den Unterschied zwischen den Aussichten der Eltern und denen der Kinder. Die Umfragen in »Middletown« bestätigen dies: nur wenige Kinder hatten den Wunsch, den Beruf des Vaters zu ergreifen. Das Kind hat folgende Vorstellung vom Vater: er ist eine unbekannte, unberechenbare Kraft, ein widerspenstiger Geldverdiener, der manchmal die Auszahlung des Taschengeldes in der gewünschten Höhe verweigert, ein meist gleichgültiges Mitglied des Haushalts, das plötzlich ein durch größere Kraft und wirtschaftliche Überlegenheit getragenes Veto einlegt, ein Sonderling, dessen altmodische Ideen von der jungen Generation verlacht werden. Aber wenn der Knabe später zu einer befriedigenden Anpassung an das Leben der Erwachsenen gelangen will, muß er sich bis zu einem gewissen Grad mit dem Vater oder mit einem anderen Mann identifizieren. Wie eng verbunden, wie liebevoll, wie bewunderungswürdig und der Anhänglichkeit wert auch die Mutter ist, sie kann dem Knaben keine Lebensform geben. Ist seine Verbundenheit mit ihr sehr eng, so wird seine emotionale Entwicklung gehemmt; identifiziert er sich mit ihr, so besteht die Gefahr, daß er homosexuell wird oder im besten Fall eine verkrampfte, ihm selber lästige emotionale Anpassung erreicht. Der höchste Preis, den das Familienleben von Kindern fordert, ist der, der sich aus dem feindlichen Gegensatz zum Vater und der übergroßen Abhängigkeit von der Mutter im Falle eines Knaben und umgekehrt im Falle eines Mädchens ergibt. Manus verlangt diesen Preis von dem kleinen Mädchen, das sich mit dem Vater auf Kosten der Bindung an die Mutter identifiziert und das mit sieben oder acht Jahren die enttäuschende Entdeckung macht, daß es sich geirrt hat und die Wege der Männer nicht die seinen sind.

Wir machen es bei der Erziehung der Knaben ebenso falsch, was noch schwerer wiegt, da die Hauptlast des kulturellen Geschehens auf dem ungehinderten Mann ruht. Wir wickeln den Jungen in weibliche Zärtlichkeit ein und behüten ihn dem Vater gegenüber zur Verwirklichung der Wünsche der Mutter als der liebevollen Herrin des Hauses. Alle diese aufnahmefähigsten Jahre verbringt er in der Gesellschaft von Frauen, die er sich nicht zum Vorbild nehmen kann, so interessant und bewundernswert sie oft auch sind. Da er sich mit den einzigen erwachsenen Personen, die er kennt, nicht identifizieren kann und ihm die anregende Gesellschaft von Männern versagt ist, beschränkt er sich auf den Verkehr mit seinen Altersgenossen und unterliegt ihrem nivellierenden, normierenden Einfluß, der die Persönlichkeit dem Gruppentyp unterordnet. Immer mehr verlassen unsere jungen Menschen sich auf den Beifall von ihresgleichen und spotten über das Urteil derer, die reifer sind als sie selbst, ohne Verantwortungsgefühl gegenüber den Jüngeren. Der ganze fein abgestimmte Mechanismus, durch den die Gewinne einer Generation der folgenden übermittelt werden, geht verloren. Die Männer, ohne jedes Interesse für Kinder, kümmern sich weder um die Kinder selbst, noch erwecken sie Interesse für diese in größeren Jungen. Jede Altersgruppe wird dadurch zu einer kleinen, sich selbst genügenden Clique, die sich stumpf um sich selbst dreht.

Daß dieses Altersgruppensystem funktioniert, zeigen die samoanischen Verhältnisse. Es ist durchaus möglich, den Einfluß der Altersgruppe über Persönlichkeit, individuelle Gaben und Temperamentsunterschiede siegen zu lassen und diesen dürftigen Querschnitt an die Stelle des vollständigen Bildes zu setzen, zu dem alle Menschen von den Neugeborenen bis zu den Greisen gehören. Der Einfluß der Altersgruppe hemmt jedoch die Individualität. Der Standard der Altersgruppe wird am leichtesten verbreitet, am leichtesten erworben und bringt am wenigsten Initiative oder Originalität hervor. Die Ideale der Erwachsenen, die durch Jahre bewußten, intensiven Lebens differenziert worden sind, lassen sich wohl vom Vater zum Sohn, vom Lehrer zum Schüler weitergeben, können aber schwerlich durch Kino, Radio oder Zeitung verbreitet werden. Ein Appell, der in Tausenden von Hörern oder Lesern eine Reaktion hervorrufen soll, ist selten eindringlich genug, individuelle Seiten eines Kindes anzusprechen und ihnen Form und Zusammenhang zu geben. Persönlicher Kontakt mit reifen

Menschen, die ernsthaft darauf bedacht sind, daß die jungen Leute, für die sie sich interessieren, Persönlichkeit und Initiative entwickeln, ist wahrscheinlich der einzige Einfluß, der die Propagandaflut eindämmen kann, die bestimmt, »was den Neunzehnjährigen beschäftigt« und »was der Schulleiter denkt«.

Wir vereinigen also die Nachteile der Erziehungssysteme der Samoaner und der Manus ohne deren Vorzüge. Das samoanische Kind schuldet den Eltern keine emotionale Ergebenheit. Vater und Mutter gehen in einem großen Haushalt von Erwachsenen unter, die die Kinder umsorgen. Das durch keinerlei Gefühlsbindungen gehemmte Kind findet ausreichend Befriedigung in der milden Wärme, die ihm die Altersgruppe bietet. So erlebt das samoanische Kind weder die Annehmlichkeiten noch die Bürde intimen Familienlebens. Die Manus-Kinder hingegen sind durch Familienbande so fest verknüpft, daß eine Anpassung an die Außenwelt nicht von ihnen erwartet wird und ihnen wohl auch nicht möglich wäre. Als Gegenleistung erhält der Knabe das Beste, das eine solch enge Verbindung gewähren kann: einen lebendigen Eindruck von der Persönlichkeit des Vaters.

Amerikanische Jungen sind nicht wie die samoanischen Kinder davon befreit, starke Gefühle zu haben, sie sind nicht frei genug, Befriedigung in der farblosen Liebenswürdigkeit der Anerkennung spendenden Altersgruppe zu finden. Sie werden auch nicht wie die Manus-Kinder durch die enge Kameradschaft mit dem Vater und die beglückende Identifizierung mit ihm entschädigt. Sie sind mit einem Familienverband verknüpft, in dem die Mutter ihre Zuneigung absorbiert, ohne ihnen jedoch ein brauchbares Leitbild zu liefern, in dem die Mutter zu hohe Ansprüche an sie stellt, als daß sie vollkommen glücklich in ihrer Altersgruppe sein könnten. Der Schatten des Vaters fällt gerade tief genug auf ihre Beschäftigungen, um sie zu stören.

Für unsere Mädchen liegt die Situation oft günstiger. Wenn die Unterschiede zwischen den Standpunkten von Mutter und Tochter wegen des verschobenen sozialen Standards nicht zu groß sind, kann der Tochter eine erste Identifizierung mit der Mutter gelingen; sie erhält dadurch ein brauchbares Leitbild für ihr Leben. Ablehnung dem Vater gegenüber muß nicht unbedingt die gleiche vernichtende Wirkung haben wie auf den Bruder. Häufig entwickelt sie weniger Widerstand gegen den

Vater, der den Töchtern gegenüber vielleicht nicht so konsequent die Rolle des Anwesenden spielt. Möglicherweise genießt die Tochter in ihrem Gefühlsleben auch mehr Freiheit als der Bruder; während die Mutter der Tochter ein Leitbild bietet, liefert sie dem Sohn nur ein emotionales Hindernis, das er überwinden muß.

Auch in der Schule sind die Mädchen besser dran. Es ist nicht ohne Bedeutung, daß Kunstinteresse, sinnvolle Gestaltung der Freizeit und Entwicklung der Persönlichkeit in Amerika fast ausschließlich bei den Frauen zu finden sind oder daß die Kurse für englische Literatur hochstehende Frauen und erfolglose Männer anziehen. In anderen Ländern ist keine spezielle Befähigung der Frauen für die Künste festzustellen, ja die Verfechter der Theorie von der Unterlegenheit der Frauen finden sogar eine Menge Beweise des Gegenteils. In Amerika dagegen ist die Beschäftigung mit den Künsten ein unmännliches Unternehmen, und es kann wohl sein, daß einer der Hauptgründe für ihren Verfall darin zu suchen ist, daß sie von Vertreterinnen eines Geschlechts gelehrt werden, mit dem die männlichen Kunststudenten sich mit dem besten Willen nicht identifizieren können.

Keine Gesellschaft kann es sich leisten, die Entscheidungen ihrer Kinder leicht zu nehmen, um dem Geschlecht, das hierbei den größten Beitrag leistet, die Triebkraft vorzuenthalten, die nur aus enger persönlicher Beziehung entsteht. Die Begriffe des amerikanischen Jungen vom Mannestum sind verschwommen, genormt, gleichförmig. Seine Entscheidungen sind so typisiert wie seine Vorstellungen. Er entscheidet sich, Geld zu verdienen, Erfolg zu haben, er schließt keine individuellen Bündnisse mehr. Der Widerspruch zwischen dem, was wir aus unseren Jungen machen könnten, und dem, was wir aus ihnen machen, ist wie der Widerspruch zwischen schönen Gegenständen aus den Werkstätten liebevoller Handwerker und solchen, die maschinell hergestellt worden sind. Argumente, daß die arbeitssparenden Maschinen zur Bereicherung unseres Lebens dienen, sind schwer auf menschliche Wesen anzuwenden. Wer argumentiert, daß wir ja im Maschinenzeitalter leben und daß daher auch die Menschen standardisiert werden, treibt die Analogie zu weit und nimmt eine Teilerklärung für eine vollständige an. Die Dürftigkeit der persönlichen Kontakte des amerikanischen Jungen sind wahrscheinlich ein ebenso großes Hindernis wie die Allgegenwart der Maschine.

Obgleich es Bestrebungen gibt, die Knaben von dieser intensiven Erziehung durch Frauen wegzuführen und mehr Knabenschulen mit männlichem Lehrpersonal einzurichten, mehr klare Aussagen von Sozialfürsorgern und Psychiatern, die das Bedürfnis des Kindes nach dem Vater betonen, zu erreichen, ist ein Großteil unserer Jungen immer noch im Netz gefangen. Sie sind dazu verurteilt, einer dumpfen, typisierten Vorstellung von *Männlichkeit* angenähert zu werden, anstatt einer Anzahl interessanter, bekannter *Männer*.

Im vorhergehenden Kapitel habe ich gezeigt, in welcher Weise die Persönlichkeit normaler Kinder gestaltet wird, welchen Verlust die Gemeinschaft erleidet, wenn starke, tatkräftige Männer keine Söhne vom gleichen Schlag hervorbringen. Lebende Vorbilder, mit denen sich die Heranwachsenden identifizieren können, bieten eine Möglichkeit, das Wesentliche der Kultur zu bewahren, der nächsten Generation starke Führer auf ihren Weg zu geben, für den sie durch Geburt bestimmt ist. Von gleicher, vielleicht sogar größerer Wichtigkeit ist der Prozeß, durch den die Persönlichkeiten geformt werden, die dazu bestimmt sind, ihre Gesellschaft zu ändern, neue Formen von Kunst oder von Begriffen zu entwickeln, manchmal sogar ihre Träume in neuen sozialen oder politischen Formen zu verwirklichen. Diese rastlosen Geister, die Avantgardisten des Neuen, haben meist ihre Impulse nicht durch Identifikation mit einer vertrauten Person (wenn auch vielleicht die Rebellion gegen den Vater oder Vormund gelegentlich ihre Entscheidungen beeinflußt hat) erhalten, sondern haben sich in ihrer Not phantastische, fremdartige Vorstellungen vom Leben gemacht; sie haben Anregungen aus vergangenen Zeiten und anderen Kulturen aufgegriffen, und aus diesen oft sonderbaren Kombinationen gestalteten sie etwas Neues. Auch für die Begabtesten unter ihnen sind zwei Umstände bestimmend: ein gesellschaftlich bedingter Mangel in ihrem eigenen Leben und reiches Material, mit dem sie gestalten können. Ohne das Bewußtsein eines Mangels bleiben ihre schöpferischen Kräfte ohne Auftrieb, und ohne Material erhalten sie keine Nahrung. Es ist daher interessant, die Möglichkeiten dieser schöpferischen Kräfte zu vergleichen, die Manus und Amerika ihren Kindern bieten.

Unter gesellschaftlich bedingtem Bedürfnis verstehe ich ein besonderes Leitbild für menschliche Beziehungen innerhalb einer Gesellschaft, das einem Kind vermittelt wurde, das aber, wie es deutlich empfindet, in seinem eigenen Fall nicht vorhanden ist. Diese Leitbilder können verschiedener Art sein: die Gesellschaft lehrt das Kind zum Beispiel, daß jeder einen Vater und eine Mutter oder ein Kinderfräulein oder einen Lehrer oder einen Geliebten bzw. eine Geliebte oder einen Gott haben muß.

Die vorgeschriebenen Bedürfnisse können verschiedenster Art sein, aber wie auch immer sie beschaffen sind, sie werden wenigstens in einigen Kindern gewisse Phantasiebilder wecken. Der unsichtbare Spielgefährte, der erträumte Vater, das imaginäre Liebeserlebnis, das alles ist uns wohlvertraut. Aber was nicht immer klar erkannt wird, ist die Tatsache, daß nichts davon ein grundlegendes menschliches Bedürfnis darstellt. In einer Gesellschaft, die sich auf eine unpersönliche, magische Kraft verläßt, wird in den Kindern nicht von selbst das Bedürfnis nach einem persönlichen Gott oder einem besonderen religiösen Erlebnis entstehen. Eine Gesellschaft, die romantische Liebe nicht anerkennt, wird keinen James Branch Cabells und auch keinen Aldous Huxley hervorbringen. Und die Kinder armer Leute, die niemals ein Kindermädchen kennenlernten, werden nie darüber traurig sein, daß sie keines haben.

Eine der häufigsten Entbehrungen, mit denen ein Kind fertigwerden muß, ist der Verlust eines Elternteils durch den Tod, oder aber die Tatsache, daß ein Elternteil nicht seiner Vorstellung entspricht, die es sich durch Vergleiche mit anderen Eltern hat machen können. Das letztere tritt ein, wenn ein Kind unter dem Einfluß von Büchern oder von anderen Kindern an Vater oder Mutter Mängel feststellt oder sich ausdenkt, es sei ein adoptiertes Kind oder als Säugling geraubt worden. Daß solche Phantasien bei Kindern unserer Gesellschaft häufig vorkommen, bestätigen die Kinderpsychologen. Die Manus-Gesellschaft kennt das vaterlose Kind kaum. Die Säuglingssterblichkeit ist so groß und die Kinder werden so sehr geliebt und geschätzt, daß immer begeisterte Anwärter vorhanden sind, die Waisen annehmen wollen. Es gab in Peri nur einen kleinen Jungen, Bopau, der nach dem Tod seines Vaters keinen Ersatz gefunden hatte. Er behauptete, mit Geistern sprechen zu können, und daß Sori, sein Vater, mit ihm geredet habe. Aber selbst er klammerte sich nicht so stark an das Gedächtnis des Vaters, daß er nicht auch einen Nachfolger hätte gelten lassen können, ja er war glücklich über Pataliyans vorübergehende Adoption, nachdem er vorher einem älteren Vetter mit sehnsüchtiger hoffnungsvoller Dienstfertigkeit auf Schritt und Tritt gefolgt war. Das Bedürfnis, einen hingebungsvollen Vater zu haben, ist in der Manus-Gesellschaft weit stärker als bei uns, und infolge der Gewohnheit des Adoptierens und der geringen Zahl der Kinder sind vaterlose Kinder sehr selten.

Bei uns fühlen vaterlose Kinder wohl ein ähnliches Bedürfnis, aber es ist viel schwerer zu befriedigen. Der eindrucksvollste Fall, der mir bekannt geworden ist, war der eines unehelichen Kindes, dessen Mutter das Recht vertrat, auch als unverheiratete Frau ein Kind zu haben. Dem kleinen Mädchen war nie etwas von seinem Vater gesagt worden; es hatte ihn nie gesehen und nie von ihm gehört. Sobald es jedoch in den Kindergarten kam und andere Kinder von ihren Vätern sprechen hörte, fing es an, sich einen imaginären Vater zu schaffen. So sagte es zum Beispiel: »Ach Mutter, warum muß ich ins Bett gehen? Vater läßt mich immer bis zwölf Uhr nachts aufbleiben.« »Bei meinem Vater bleiben alle die ganze Nacht auf.« »Mein Vater gibt mir viel Geld, und ich darf damit machen, was ich will.« Dieses Beispiel zeigt sehr fein die Doppelrolle, die solche vorgestellten Bilder spielen: erstens versuchte das Kind damit, seinen Mangel gegenüber den anderen Kindern zu kompensieren, und zweitens schuf es sich ein Mittel, die Mutter und deren Erziehungsmethoden zu kritisieren. Auf Manus dagegen wird ein toter oder abwesender Vater durch einen neuen Vater ersetzt, der die Lücke vollkommen ausfüllt, so daß ein solches Phantasiebild gar nicht nötig ist.

Ein anderer, ähnlicher Fall war die dreijährige Tochter eines Schriftstellerehepaares. Als einziges Kind war sie viel mit Erwachsenen zusammen, sah stets ihre Eltern von einem Kreis literarisch interessierter Leute umgeben und hörte nichts anderes als Reden über Literatur. Um ihren Platz in dieser anspruchsvollen Welt zu behaupten, erfand sie eine ganze Schar von Dichter-Freunden, die sie ihren romanschreibenden, das heißt prosaschreibenden Eltern entgegensetzte und von denen sie erklärte, daß sie »richtige Gedichte« machten. Ihre Phantasien waren für eine Dreijährige von erstaunlicher Vielfältigkeit. Einen Tag, nachdem die Familie in England angekommen war, erfand sie blitzartig einen englischen Kritiker, den sie »Mr. Stutts Watts« nannte; bei der Ankunft in Frankreich sammelte sie eine Anzahl eingebildeter französischer Gefährten mit typisch französisch klingenden Namen und dazu passenden Manieren um sich. Ungewöhnlich begabt, wie sie war, gab sie ein besonders interessantes Beispiel für dieses Phänomen des Ausfüllens von Lücken ab. Ihre soziale Stellung forderte bedeutende literarische Freunde: sie schaffte sie herbei, so wie andere Kinder echte Spielgefährten oder Kindermädchen in Schwesterntracht mitbringen. Das Material für ihre Phantasie lieferten ihr die anspruchsvollen Gespräche ihrer Umgebung.

Ein anderes kleines Mädchen hatte nur einen Bruder, während viele ihrer Freundinnen und die Gestalten in den Büchern, die sie las, offenbar Schwestern hatten. So erfand sie eine lange Geschichte von einer Zwillingsschwester, die gleich nach der Geburt von Räubern entführt worden war und vielleicht eines Tages doch wiedergefunden werden könnte. Vier Jahre lang beschäftigte die Suche nach der Zwillingsschwester den größten Teil ihres Tagträumens; manchmal durchsuchte sie sogar einsame Wäldchen und Hausruinen, in denen sich vielleicht die Räuber mit der als Gefährtin und Vertrauten so ersehnten Schwester verborgen hielten.

In Manus haben Kinder, abgesehen von Ausnahmefällen, keine derartigen Lücken in ihrem sozialen Leben. Kein Kind ist ohne Spielgefährten, daher bedarf es keiner imaginären Freunde. Die Geisterkinder werden verspottet; sie dienen keinem Bedürfnis, keiner Lückenfüllung. Die Kinder empfinden auch keinen Mangel an nachahmenswerten Leitbildern aus der Welt der Erwachsenen; da sie sich nicht um sie kümmern, haben sie auch kein Bedürfnis sich eine Miniaturwelt der Erwachsenen zu konstruieren, ebensowenig, wie Kinder der Reichen das Bedürfnis fühlen, das Milieu der Armen und Verachteten nachzuahmen. Deshalb hängen sie keinerlei Träumen nach, weder allein noch in Gruppen. Ihr Spiel, ihre Unterhaltungen sind vollkommen phantasielos. Das liegt jedoch nicht immer an einem Mangel an Einbildungskraft. Ein kleiner Junge, der bei einer weißen Familie Dienst tat, gab in einer Unterhaltung, die seine Herrin zufällig mit anhörte, einem ahnungslosen Besucher einen lebhaften Bericht von einer imaginären Reise nach Sydney, einem Job auf einem Burns-Philip-Dampfer, von wunderbaren Kleidern und Uniformen, die ihm die Leute in Sydney für sein hervorragendes Kricketspiel geschenkt hätten, von seiner Rückkehr nach Manus, weil ihm das Klima in Sydney nicht zusagte. Dieses Kind hatte sich gewünscht, ein bedeutender Arbeitsboy zu sein. Als Arbeiter auf der ein paar Stunden von seinem Heimatdorf entfernten Insel spielte er aber nun gar keine Rolle, und so ergriff er die Gelegenheit, wenigstens einen leichtgläubigen Besucher von seiner Wichtigkeit zu überzeugen. Die Erzählungen anderer Arbeitsboys, die in Sydney mit weißen Kindern zusammen gewesen waren, hatten ihm das nötige Material dazu geliefert.

Solche Bedürfnisse treten bei den Manus-Jungen aber erst mit dreizehn oder vierzehn Jahren auf. Nach dem Verlust des

Vaters bleiben sie hilflos zurück, sozusagen gesellschaftlich verstümmelt. Und in diesem Alter setzt das einzige imaginative Spiel ein. Sie halten lange spiritistische Scheinsitzungen in ihrem Knabenhaus ab. (Sie führen auch dramatische Geschichten von Ehebrüchen auf, die ihnen in einem vergangenen Goldenen Zeitalter ungestraft gestattet worden wären.) Dem Vater in der Geisterwelt gegenüber darf die Phantasie freien Lauf nehmen, und hier tritt nun zutage, was die Manus an kümmerlicher Einbildungskraft besitzen. Ihre Mythen sind langweilige Klischees, der Tradition ihrer Rasse entnommen. Ihr Alltagsleben ist eine selbstverständliche, rein praktische und nüchterne Angelegenheit. Ihre stark geschäftlich betonten gesellschaftlichen Bindungen sind ebenso realistisch und nüchtern. Ihre klare, aber arme Sprache, die weder Metaphern noch Analogien kennt, regt sie nicht zum Dichten an. Ihr Tanz ist streng konventionell und würde einem Neuerer keinen interessanten Spielraum bieten. Nur die unbekannte Welt der Geister weckt ihre Phantasie, und auch hier hält sie sich in engen Grenzen. Die Geister sind stets besorgt um anständiges Verhalten und ehrenhaftes Benehmen der Nachkommen. Das Bild des Vaters als eines aufrechten, moralischen, tugendhaften, seine Schulden zahlenden Menschen erhält viel mehr Intensität, seitdem er im Geisterreich wohnt. Die Tatsache, daß den Geistern moralische Qualitäten zugeschrieben werden, ist die Hauptursache des moralischen Verhaltens der Manus. Sie idealisieren die Verstorbenen in der Erinnerung und statten sie mit übernatürlicher Kühnheit aus, damit sie ihrem Willen Ausdruck geben können. (Ich suche den Ursprung der Manus-Religion nicht im Phantasieflug einer einzigen Generation oder einer kleinen Gruppe; aber die besondere Form, die der Spiritualismus der Manus angenommen hat, seine Eigenart innerhalb verwandter Kulte, die aus der gleichen historischen Quelle stammen, weisen doch auf die schöpferische Kraft Einzelner hin.)

Neben der außerordentlichen moralischen Wachsamkeit der Geister gegenüber den Menschen schreibt man ihnen auch noch andere Eigenschaften zu. Die Geister üben das Levirat aus, das heißt: ein Geistermann kann die Frau seines Bruders oder die Frau seines Vaters heiraten; auch bemühen sich die Geister alter Männer, alle vorhandenen Mädchengeister zu erbeuten. Diese beiden Praktiken werden bei den auf dem Festland lebenden Menschen eifrig geübt, von den Manus dagegen streng mißbilligt. Ob es sich dabei um Bräuche handelt, die auch bei den Manus früher im Schwange gewesen und inzwischen aufgegeben worden sind, oder nur um Verhaltensweisen, um die sie ihre Nachbarn insgeheim beneiden, spielt keine Rolle – es sind bekannte Formen verbotenen Verhaltens, die sie in der Phantasie den Abgeschiedenen gestatten. Ebenso behaupten manche, daß die Geister die Meidetabus zwischen Verschwägerten nicht einzuhalten brauchen, die die Bewegungsfreiheit der Manus so stark einschränken. Tatsächlich kann in der Geisterwelt ein Vater die verstorbene Frau seines Sohnes heiraten. (Dies war angeblich die Ursache des Todes eines Mannes. Es wurde durch das Medium berichtet, daß die tote Frau sich weigere, den alten Vater ihres Mannes als Ehemann anzuerkennen; sie tötete daher ihren früheren Mann, um sich der Heirat mit dem Vater zu entziehen.) Wie die Manus wissen, kennen die Matankor auf der nahegelegenen Insel Balowan diese Tabus zwischen Verschwägerten nicht; dort können sich verlobte Paare treffen und miteinander plaudern, und Schwiegereltern sind bei der öffentlichen Eheschließung ihrer Kinder anwesend. Ihrer Tabus überdrüssig, stellen einige Manus sich daher vor, daß die Verstorbenen davon befreit sind.

Der Kontakt mit dem weißen Mann, der sich fast immer schlecht auf den Eingeborenen auswirkt und ihn oft demütigt, erhält in der Welt der Geister eine andere Färbung. Es gibt in Peri eine große Familiengruppe, die als Schutzgeister die Geister verstorbener weißer Männer hat. Wenn ein Knabe dieser Familie zur Mannbarkeit heranreift, wird dem ursprünglichen weißen Geist – dem Geist eines weißen Mannes, der vor Jahren auf der Insel Mbuke getötet wurde – aufgetragen, einen neuen, manierlichen, ruhigen, namenlosen weißen Mann anzuwerben, der die Wünsche der Eingeborenen mit der überlegenen Leistungsfähigkeit des weißen Mannes, jedoch ohne dessen Anmaßung erfüllt. Auch Mitglieder anderer Familien haben manchmal Geister weißer Männer. Andere wieder haben für ihre toten eingeborenen Beschützer weiße Frauen erfunden. So wird der unerfreuliche Umgang mit den Weißen für die Welt der Geister umgearbeitet.

Ebenso versuchen die Frauen den Umstand, daß sie keine Ansprüche auf ihre Söhne haben, auszugleichen. Kleine Jungen, die zu Lebzeiten der Mutter die Zunge herausstreckten, spuckten und schmollten oder bei dem kleinsten Versuch der Mutter, Disziplin oder Zwang anzuwenden, nach ihr schlugen, werden sofort nach Eintritt in die Welt der Geister unterwürfig, sanft und unermüdlich diensteifrig. Die Geister der verstorbenen Frauen wohnen nicht in den Häusern ihrer Blutsverwandten, die ihre Leichen zu sich holen und die Beisetzungsriten durchführen, sondern bei dem Geist des toten Ehemanns. Das Ehebündnis, das auf Erden so schwach und unerfreulich ist, erhält im Jenseits Ansehen.

Verglichen mit all den Phantasien, mit denen wir selbst die übernatürliche Welt ausschmücken, sind die der Manus sehr gering. Sie sind vollkommen das Werk Erwachsener, nicht von Kindern. Der Druck seiner Kultur lastet nur auf dem erwachsenen Manus, nicht auf dem Kind, und regt seine Phantasie an. Diese wenigen imaginativen Versuche zeigen, wie die Manus das Jenseits, die verschwommene Welt der Toten, mit – manchmal geborgten – Wunschideen erfüllen. Man darf wohl annehmen, daß die strenge puritanische Moral der Geister eine der Hauptgrundlagen für das Kulturideal der Manus bildet. Die Nachbarvölker, deren Kultur der Manus-Kultur in vieler Hinsicht gleicht, teilen diesen Puritanismus nicht. Ihre Toten legen nur Wert auf angemessene Beisetzungszeremonien. Den Usiai-Mädchen zum Beispiel wird vor ihrer Verheiratung an alte, mächtige Männer, die es sich leisten können, als zweite oder dritte Frau ein junges Mädchen zu kaufen, ein Jahr ungebundener Liebelei in eigenen Häusern für junge Menschen beiderlei Geschlechts zugestanden. Und von den lachfreudigen Bewohnern der Insel Balowan brachten unsere Boys nur einen einzigen Satz in der Balowansprache nach Hause: »Komm mit in den Busch und liege bei mir.« Die Nachbarvölker, die von den Sexualvorschriften der christlichen Lehre gehört haben, nennen die Manus »lauter Missionare« und lachen über ihren Puritanismus. Die Manus selbst betrachten ihren Puritanismus als gesellschaftliche Weiterentwicklung. Ihr Goldenes Zeitalter, das immer genau vor der Erinnerung der jeweils ältesten Generation liegt, war die Zeit, da die Geister weniger streng über diese Dinge dachten. Aber, so erklären sie, damals, als es anfing, daß Männer wegen Ehebruchs sterben mußten, wurden ihre Herzen nach dem Tod so verhärtet, daß sie die nächsten Übeltäter bestraften. Und indem dieser so menschliche Wunsch nach Rache auf die Toten übertragen wurde, wuchs und verhärtete sich auch die Moralität. Ebenso wurde die Angst wegen unbezahlter Schulden und einzulösender geschäftlicher Verpflichtungen den Geistern zugeschrieben, die so die Macht erhielten, geschäftliche Ehrlichkeit zu erzwingen. (Der strenge kaufmännische Ehrenkodex der Manus übertrifft denjenigen fast aller bekannten Völker der Erde erheblich; es gibt zwar infolge des Fehlens von Aufzeichnungen häufig Meinungsverschiedenheiten über die Höhe der Schulden, aber auffällig wenig Versuche, Verpflichtungen zu entgehen oder sie zu fälschen.) Über die Leere, die der Tod bedeutet, haben sich die Manus ein neues eigenes Bild gemacht, das das Leben des Einzelnen beeinflußt und sie so von ihren Nachbarn stark unterscheidet.

Auch die Träume des zivilisierten Menschen werden manchmal durch einen ähnlichen, aber unendlich vielschichtigeren Prozeß erzeugt. Während den Manus nur die wenigen Einzelheiten zur Verfügung stehen, durch die ihre Kultur sich von der ihrer Nachbarn oder der nur halbverstandenen Kultur der weißen Eroberer unterscheidet, können wir uns durch Geschichte, Literatur und Kunst von Jahrhunderten anregen lassen. Der Manus-Mann kann seinen toten Vater und die Welt der Geister mit den intensivierten Eigenschaften seines Stammes oder mit den kühnen, fremdartigen Sitten und Gebräuchen der Usiai und der Balowan ausstatten. Bei uns dagegen kann der vater- oder mutterlose, der mit den Eltern zerfallene, der einsame, einen Kameraden ersehnende Mensch oder der Mann, der keine seinem romantischen Ideal entsprechende Gefährtin findet, die unbekannten Eltern oder eine erträumte Geliebte Napoleons, eine Gestalt aus der Ilias oder aus Shakespeare-Dramen, aus den Bildern von Michelangelo, aus Wagner-Opern oder aus Keats-Gedichten erstehen lassen. Er kann sich einen Vater ausdenken, der aussieht wie der Apoll von Belvedere, eine Mutter, die so schön ist wie eine Madonna von Raffael oder ein Engel von Leonardo. Er kann seinen Vater mit dem Heldentum eines Wilhelm Tell oder Robert de Bruce, der demütigen Askese des heiligen Franziskus oder der Tapferkeit Cäsars oder Alexanders ausstatten. Er kann die Bilder, die der Genius von Generationen geschaffen hat, entlehnen und den Zügen seines Vaters unterlegen. Diese idealisierte Gestalt kann er in eine Welt hineinversetzen, die er sich aus griechischer Geschichte, irischen Epen, arabischer Poesie oder den indischen Veden geschaffen hat. Er kann widersprüchliche Begriffe, unmögliche Träume, die Überlieferungen früher Kulturen und das Werk schöpferischer Künstler, die ihnen zu entfliehen suchten, vereinigen, um den Platz auszufüllen, der von seinem Vater, seiner Mutter unbesetzt geblieben ist; so wird er als Erwachsener die Kluft zu schließen versuchen, die er zwischen der Gesellschaft, in der er lebt, und der Welt seiner Phantasie empfindet. Wenn die wirkliche Welt aber neben diesen Träumen zu unerträglich düster erscheint, so kann Wahnsinn oder Selbstmord die Folge sein. Solche Träume sind immer gefährlich, aber es ist ebenso möglich, daß aus ihnen kraftvolle Visionen entstehen können, die die Phantasie eines Volkes zu erwecken vermögen – sofern diese leuchtenden Visionen von jemandem entdeckt werden, der die Gaben eines Künstlers oder eines Menschenführers besitzt.

Jede Gesellschaftsform, die die Erfüllung bestimmter Leistungen fordert, mögen es nun die eines Vaters oder einer Mutter, die von Gefährten oder Liebenden sein, wird nicht immer die von ihr hervorgerufenen Bedürfnisse befriedigen können. Im Leben mancher Menschen werden Lücken entstehen, die sie versuchen werden zu schließen, um die friedliche Erfüllung zu finden, die in dieser Gesellschaft als angemessen gilt. Die Manus besitzen nur wenig Möglichkeiten, sich von ihren Toten ein adäquates Bild zu machen; darin besteht die einzige ernsthafte Lücke, die ihre Gesellschaft aufweist, in der es Eltern und Spielkameraden für alle gibt und die lebendige Freundschaft oder romantische Liebe nicht kennt. Wir dagegen besitzen reiches Material für unsere Phantasie, und auf diesen vom Menschen geschaffenen Bildern, die die Macht haben, ihn mit Heimweh nach dem Land seiner eigenen Träume zu erfüllen, liegt die Last, wichtige Veränderungen an unserer Lebensordnung herbeizuführen.

Wenn wir die menschlichen Beziehungen zu sehr verallgemeinern, zu wenig von ihnen fordern, verlieren wir das Gefühl für die Lücken und Mängel, die manche Kinder zum Träumen veranlassen. Wir laufen Gefahr, die wertvollen Schöpfungen der Einbildungskraft derer zu verlieren, die sich aus der Geschichte einen abwesenden Vater oder eine ideale Liebe aufgebaut haben. Denn es handelt sich hier nicht um etwas von vornherein Gegebenes, wie einige Theoretiker glauben. Das Kind wird nicht mit der Sehnsucht nach dem Vater geboren, das Bedürfnis wird erst durch das Glück der andern in ihm geweckt. Das samoanische Kind würde in seiner Gesellschaft, in der sich das Eltern-Kind-Verhältnis auf Dutzende von Erwachsenen erstreckt, nie von einem idealen Vater träumen. Die Samoaner, die friedlich unter ihren anspruchslosen Mitmenschen leben, würden sich auch niemals einen Himmel bauen, der auf die Erde zurückstrahlt. Ebensowenig entwerfen auf Manus Kinder oder Erwachsene Bilder von der idealen Ehefrau oder Mutter; denn ihre Gesellschaft sagt ihnen nicht, daß es möglich ist, ein solches Wesen zu finden. Setzen wir an die Stelle der Vater-Kind- die Lehrer-Kind-Beziehung, ausschließliche Kontakte mit Erwachsenen des andern Geschlechts und den Beifall der Altersgenossen, schaffen wir oberflächliche Beziehungen zwischen den Geschlechtern, Beziehungen ohne Kraft und Verantwortung, so werden wir niemals den Einzelnen dazu anregen, auf neuen Pfaden der Phantasie das reiche und vielfältige Material unseres kulturellen Erbes zu nutzen.

Das Beispiel von Manus zeigt auch, daß es notwendig ist, Kindern etwas zu geben, was ihre Phantasie anregt; es zeigt, daß sie nicht spontan reiche und schöne Ergebnisse hervorbringen, sondern nur als Reaktion auf das, was sie von den Erwachsenen erhalten.

Wenn man diese Grunderziehung voraussetzen könnte und mehr Geschick beim Lehren der Elementarkenntnisse anwenden würde, bliebe den Schulen eine Menge unausgefüllte Zeit. Es wäre nicht nötig, den Kindern fünf Jahre lang jedes Jahr von neuem die Geschichte der amerikanischen Revolution beizubringen, und die auf den herkömmlichen Lehrstoff verwendete Zeit könnte durch geeignete Methoden erheblich eingeschränkt werden. Trotzdem sollte die Schulzeit eher noch verlängert als verkürzt werden. Denn das Leben in den Städten bedeutet für unbeaufsichtigtes Spielen eine Gefahr oder macht es ganz unmöglich. In Stadtwohnungen gibt es für Kinder keinen Platz zum Spiel. Infolge der zunehmenden Verstädterung des Landes, der wachsenden Zahl der Familien, die in Wohnungen anstatt in Häusern wohnen, der immer umfangreicher werdenden Berufstätigkeit der Mütter und vieler anderer Umstände beginnt die Schule eine immer wichtigere Rolle zu spielen, da sie die Aufsicht über das Kind übernehmen muß. Fortschrittliche Schulen versuchen bereits, die durch den verbesserten Unterricht in den herkömmlichen Fächern freiwerdende Zeit mit Stoff aus anderen Gesellschaften – Griechenland, Ägypten, Europa des Mittelalters – zu füllen. Der Unterricht über die nötige Technik zum Bau eines griechischen Hauses oder der Papyrosherstellung wird in spielerische Tätigkeit gekleidet. Was auch für Einwände gegen diese Art Erziehung erhoben werden mögen – sie trägt doch einem wichtigen Punkt Rechnung: dem Bedürfnis nach Inhalt im kindlichen Leben. In scharfem Gegensatz dazu stehen die in »Middletown« beschriebenen Tendenzen; dort wird dieser Inhalt immer mehr zugunsten von

Lehrkursen vernachlässigt, die die Kinder lediglich stärker an das Leben binden, wie es in »Middletown« gelebt wird. Es genügt nicht, den Kindern die amerikanische Kultur nahezubringen, so wie sie heute ist, und sie mit den Einzelheiten ihrer Technik vertraut zu machen. Die amerikanische Kultur ist zu sehr nivelliert; der Konflikt zwischen gegensätzlichen Bestrebungen, europäische Traditionen einzuführen, die einander häufig widersprechen und nur zum Teil verstanden werden, hat die Wirkung dieses Neuen aufgehoben. Wenn in Amerika eine reichere, schöpferischere Kultur erblühen soll, dann brauchen wir mehr Inhalt, der, wie von jeher alle neuen Ideen, auf den Grundlagen älterer, individualisierter Kulturen beruht.

Wenn die Phantasie der Kinder geweckt werden soll, muß sie Nahrung erhalten. Ein sehr begabtes Kind wird vielleicht aus sich heraus etwas schaffen, die große Mehrzahl aber wird nicht einmal so viel Einbildungskraft besitzen, einen Bären unter dem Bett zu finden, wenn nicht die Erwachsenen den Bären dazu liefern. Die langen Jahre, die die Kinder an die Schule gefesselt sind, könnten mit reicher, erregender Nahrung für ihre Phantasie erfüllt sein. Kinder, die am Leben Gefallen finden, werden ihre Kultur um so besser fortpflanzen können, je mehr sie von den Reichtümern anderer Gesellschaften wissen. Wer das Bedürfnis spürt, sein Leben wirklich zu leben, freigebliebene Stellen auszufüllen, kann diese Fülle dazu verwenden, seine eigene Kultur zu bereichern, weit über das hinaus, was er aus den Händen der Vorfahren empfangen hat.

XVI
Die Abhängigkeit des Kindes von der Tradition

Wir haben gesehen, daß die Manus ihren Kindern, ebenso wie wir den unsrigen, wenig zum Verehren bieten und ihnen daher auch keine Rücksicht und Freundlichkeit beibringen, daß man ferner den Kindern einen schlechten Dienst erweist, wenn man in ihnen Neid und Geringschätzung gegenüber Respektspersonen erweckt. Wir haben andererseits gesehen, wie die Manus ihre Kinder zu Persönlichkeiten entwickeln, besonders den Knaben, wie wir aber dagegen unsere Knaben vernachlässigen, indem wir ihnen den engen Anschluß an Männer vorenthalten, die ihnen als Vorbild dienen könnten. Wir haben ferner gesehen, eine wie unendlich viel reichere Überlieferung wir besitzen, aus der begabte und im Leben nicht befriedigte Kinder Anregungen schöpfen können; wir haben aber gleichzeitig erkannt, daß wir Gefahr laufen, die menschlichen Beziehungen so abzuschwächen und zu normen, daß niemand das Bedürfnis haben wird, sich diese Überlieferung zunutze zu machen. Dies alles sind Einzelfragen, für die die Manus besonders gute Beispiele liefern. Aber wie steht es mit der Erziehung als Ganzes gesehen? Was für Erkenntnisse können wir aus dem Leben der Manus gewinnen?

Wir sind dem Manus-Kind durch seine Entwicklungsjahre zum Erwachsensein gefolgt, haben gesehen, wie sich seine anfängliche Gleichgültigkeit gegenüber dem Leben der Erwachsenen in aufmerksame Teilnahme, sein Spott über Metaphysisches in ängstliche Unterordnung unter die Wünsche der Geister, seine lässige Freigebigkeit in individualistische Habsucht verwandelt. Die Erziehung ist nun beendet. Der junge Manus steht fest in der Tradition seines Volkes, die ihm seine Eltern mit einer Methode übermittelt haben, die uns zufällig, improvisiert und wenig erfolgversprechend vorkommt.

Was in dieser Hinsicht für die Erziehung der Manus gilt, gilt auch für die Erziehung in allen unberührten, homogenen Gesellschaften. Gleichgültig, was für eine Methode angewandt wird, ob die Kinder zur Disziplin erzogen, zurechtgewiesen, gewissenhaft belehrt werden, oder ob sie in ungebundener Freiheit, ja sogar in Feindschaft mit der Welt der Erwachsenen leben dürfen, das Ergebnis ist das gleiche. Aus dem kleinen Manus wird der große Manus, aus dem kleinen Indianer der große Indianer. Wenn nur eine einfache Tradition weitergereicht zu werden braucht, so genügt jede Methode. Die Kräfte der Nachahmung sind viel stärker als die Methoden der Erwachsenen, sie auszunutzen; die Aufnahmefähigkeit des Kindes für seine Umwelt ist viel entscheidender als alle Methoden der Anregung, und solange alle Erwachsenen, mit denen das Kind in Berührung kommt, in ihrer Tradition verwurzelt sind, wächst auch das Kind zwangsläufig hinein.

Obgleich dies natürlich nur für eine homogene Kultur gilt, hat es doch auch weitreichende Folgen für die Erziehungstheorie, besonders für die Änderung des für Amerika so charakteristischen Glaubens an die Erziehung als Allheilmittel. Der ganze schöne Optimismus derjenigen, die glauben, daß die Hoffnung in der Zukunft liege, daß das Versagen einer Generation in der nächsten wieder wettgemacht werden könne, wird Lügen gestraft. Der Vater, der nicht lesen und schreiben kann, mag seinen Sohn in die Schule schicken, damit er die Kenntnisse erwirbt, die seinem Vater fehlen. Eine Fertigkeit, die bei einem Mitglied einer Generation fehlt, bei anderen jedoch vorhanden ist, kann natürlich dem Sohn des ersteren beigebracht werden. Sobald eine Fertigkeit Teil der kulturellen Tradition wird, verschieben sich von einer Generation zur andern die Proportionen. Aber die auffallende Art und Weise, in der die Söhne ungebildeter Väter gelehrt werden, sah man als typisch für den ganzen Erziehungsvorgang an. (Die Theoretiker vergessen dabei die Jahrtausende vor der Erfindung des Schreibens.) Man betrachtete nur die Möglichkeiten, wie man neue Errungenschaften, bekannte Fertigkeiten weitervermitteln konnte – etwa in Kursen für den »Unterricht in Elementararithmetik« oder »Elektrotechnik«. Wenn man unter Erziehung nur diese konventionelle Art der Vermittlung versteht, dann sind keine Analogien zu primitiven Gesellschaften möglich. Selbst wenn, wie es manchmal der Fall ist, eine neue Technik durch einen Kriegsgefangenen oder eine Ausländerin bei einem Stamm eingeführt wird und eine ganze Generation von einer einzelnen Person lernt, so ist dieser Vorgang für uns nur von geringem Interesse. Die plumpen Methoden und primitiven Faustregeln, mit denen solche Kenntnisse übermittelt werden, haben wenig gemein mit unseren hochspezialisierten, bewußten Lehrmethoden.

Wenn ich von Erziehung spreche, so meine ich nur jenen Vorgang, durch den der heranwachsende Mensch in sein Kulturerbe eingeführt wird, nicht die spezifischen Methoden, mit denen den Kindern in ihren engen Schulzimmern die komplizierten Techniken des modernen Lebens beigebracht werden. Soweit das Schulzimmer eine wirkliche allgemeine Bildungsstätte ist, kann man darüber diskutieren; wenn aber dort nur eine Schulmeistermethode von einer weniger langweiligen abgelöst wird, paßt es nicht in unseren Rahmen. Unsere beruflich ausgeübte Erziehung ist eine moderne Erscheinung, sie ist das Endergebnis der Erfindung des Schreibens und der Arbeitsteilung, mehr ein Problem der quantitativen als der qualitativen Übermittlung von Kultur. Gerade der auffallende Kontrast zwischen der geringen Zahl von Dingen, die das primitive Kind erlernt, und den Kenntnissen, die das amerikanische Kind erwerben muß, zeigt, daß trotz der großen quantitativen Unterschiede der Vorgang qualitativ nahezu der gleiche ist.

Der kleine Amerikaner muß genauso lernen, ein großer Amerikaner zu werden, wie aus dem kleinen Manus ein großer Manus wird. Die Weiterentwicklung unseres kulturellen Lebens hängt davon ab, in welcher Weise die Kinder das unauslöschliche Gepräge ihrer gesellschaftlichen Tradition erhalten. Ob sie nun mit Zärtlichkeit oder Schlägen, durch Bestechung oder Schmeichelei ins Leben der Erwachsenen gelangen, sie haben keine andere Wahl, als solche Menschen wie ihre Eltern zu werden. Aber unsere Gesellschaft ist nicht homogen. Jede Gemeinschaft unterscheidet sich von allen andern, jede gesellschaftliche Klasse von den andern Klassen, die Werte der einen Berufsgruppe sind nicht die Werte einer andern. Religionsgruppen mit so zutiefst verschiedenen Auffassungen wie die römisch-katholische Kirche und die Christliche Wissenschaft vereinigen eine Menge Anhänger, die stets bereit sind, ihre eigenen und anderer Leute Kinder in die Tradition ihrer Gruppe einzuführen. Vier Kinder eines Elternpaares können so verschiedene Richtungen einschlagen, daß sie vielleicht als Fünfzigjährige ihre Standpunkte gegenseitig nicht mehr verstehen und sie als feindlich empfinden. Bricht hier nicht der Vergleich zwischen der primitiven und der zivilisierten Gesellschaft zusammen? Hört hier die Erziehung nicht auf, ein einfacher, geradliniger Prozeß zu sein, und wird statt dessen zu der lebenswichtigen Frage, welche Methode verfolgt werden soll?

Sicher ist dieser Einwand richtig. Innerhalb der allgemeinen Tradition gibt es zahlreiche Gruppen, die einander den Rang streitig machen, die darum kämpfen, ihre Anhängerschaft für die nächste Generation aufrechtzuerhalten oder zu vergrößern. Bei diesen Gruppen zählen Erziehungsmethoden wohl, jedoch nur zu Vergleichszwecken. Nehmen wir an, in einer kleinen Stadt gibt es drei religiöse Bekenntnisgemeinden. Es spielt keine Rolle, ob die Sonntagsschule als Zwang empfunden wird, ob man zu Hause Schläge bekommt, wenn man seine Aufgabe nicht gelernt oder einen Penny vom Kollektengeld für sich ausgegeben hat, oder ob die Sonntagsschule eine erfreuliche Einrichtung ist, wo man viele Belohnungen bekommt und wo von einem jungen Lehrer Erfrischungen an die ehrerbietigen Schüler verteilt werden. Es spielt keine Rolle, solange alle drei Sonntagsschulen die gleichen Methoden anwenden. Nur dann, wenn die eine Sonntagsschule sich auf die väterliche Autorität verläßt, die zweite mit Belohnungen arbeitet und die dritte mit Parties auf der Basis der Gemeinschaftserziehung, wird die Frage der Methode wichtig. Damit hat aber der Gegenstand unserer Erörterung aufgehört, Erziehung zu sein, und ist Propaganda geworden.

Wenn man also Erziehung als einen Vorgang ansieht, durch den die kulturelle Tradition der nächsten Generation übermittelt oder in Ausnahmefällen auf Angehörige einer anderen Kultur übertragen werden soll – zum Beispiel, wenn ein primitives Volk plötzlich in den Einflußbereich von organisierten Kräften der Zivilisation gerät –, dann kann man Propaganda als Methode betrachten, mit deren Hilfe eine Gruppe innerhalb der vorhandenen Tradition versucht, die Zahl ihrer Anhänger auf Kosten anderer Gruppen zu erhöhen. Das kundige Lehren von Handfertigkeiten, Lesen, Schreiben, Nieten, Landvermessen, Klavierspielen, Seifensieden, Kupferstechen bleibt dann außerhalb dieser beiden Kategorien.

Amerika bietet das Schauspiel aller drei Vorgänge, die durcheinander ablaufen. Die allgemeine Tradition – Sprache, Umgangsformen, Einstellung gegenüber Besitz, Staat und Religion – wird dem heranwachsenden Kind durch die Schule ohne Anstrengung übermittelt; den Komplex der minutiösen, Präzision erfordernden Handfertigkeiten mitzuteilen, kostet dagegen viel Mühe. Da und dort sammeln Propagandisten der Christlichen Wissenschaft, der Kommunistischen Partei, der Vegetarier, der Tierschutzvereine, der Steuerreformer, der Humanisten kleine kompakte Gruppen um sich. Diese Gruppen haben ganz bestimmte religions- oder sozialphilosophische Ziele, aber in den meisten anderen Beziehungen schwimmen sie in dem allgemeinen amerikanischen Kulturfahrwasser mit. Die rasche Assimilierung von Tausenden von Einwandererkindern durch das Medium der öffentlichen Schulen hat den Amerikanern einen starken Glauben an die Erziehung gegeben, einen Glauben, den eine weniger buntgemischte Gesellschaft schwerlich entwickelt haben würde. Wir haben aus den Kindern von Deutschen, Italienern, Russen und Griechen Amerikaner gemacht und denken nun, daß wir aus unseren Kindern alles machen können, was wir wollen. Und weil wir einen Kult nach dem anderen durch das Land haben rauschen sehen, denken wir, daß mit der richtigen Methode alles erreicht werden könne, daß Erziehung mit der richtigen Methode alle Schwierigkeiten zu beseitigen, allen Mängeln abzuhelfen, die Bürger für ein nichtvorhandenes Utopia auszubilden vermöchte. Bei näherer Betrachtung sehen wir aber, daß unser Glaube an die richtige Methode sich nur auf die Assimilierung der Einwanderer, auf den erfolgreichen Unterricht von immer mehr Personen in immer komplizierter werdenden Verfahren gründet oder auf die Tatsache, daß es schlauen Anhängern der einen Gruppe gelungen ist, Anhänger einer andern Gruppe abzuwerben. Auf diesen beiden Gebieten ist die Methode in der Tat von größter Wichtigkeit. Eine gute Lehrmethode kann die Zeit des Lernens wesentlich abkürzen und die Fertigkeit der Kinder in Rechnen oder Buchhaltung stark verbessern. Eine sinnvolle Verteilung von Belohnungen, Abzeichen oder Uniformen läßt die Teilnehmerzahl der Baptistensonntagsschule oder die Reihen der jungen Kommunisten erheblich anschwellen. Der Vater, der als Ausgleich für die eigene fehlerhafte Grammatik seinen Sohn unermüdlich verbessert, erzieht den Sohn vielleicht dazu, richtig zu sprechen. Aber er wird nicht richtiger sprechen als Leute, die nie schlechtes Englisch gehört haben. Die Methode ermöglicht es, das Erlernen bestehender Verfahren zu beschleunigen oder die Zahl der Anhänger eines bestehenden Glaubens zu vergrößern. Aber die Änderung in beiden Fällen ist quantitativ, nicht qualitativ; sie ist im wesentlichen unschöpferisch. Wir schaffen auch nicht etwas Neues, wenn es uns gelingt, aus Kindern fremdländischer Eltern Amerikaner zu machen; wir geben einfach eine fertige Tradition an sie weiter.

Wer an die durch Erziehung bewirkten Änderungen glaubt, weist dabei stolz auf die Verbreitung der Abstammungslehre. Aber auch dies ist nur eine quantitative Deutung. Die schrittweise Änderung des menschlichen Denkens, die dadurch hervorgerufen wurde, daß Darwins Gedankengänge an die Stelle derjenigen von Thomas von Aquino traten, ging in Bibliotheken und Laboratorien vor sich, nicht in Schulzimmern. Mittelalterliche Scholastiker und ihre deduktive Einstellung mußten erst aus den Universitäten vertrieben werden, ehe die induktive Methode in den Schulen gelehrt werden konnte. Und ob nun Induktion oder Deduktion mit der Peitsche oder mit einem freundlichen Lächeln oder bewußt überhaupt nicht gelehrt wurde: die geistige Anpassung der Kinder an Lehrer und Eltern wurde davon verhältnismäßig wenig berührt.

Alle, die die Welt durch die Erziehung retten wollen, lassen sich zu einem großen Teil von der Auffassung leiten, daß in der Kindheit viele Neigungen und Fähigkeiten latent vorhanden sind, die im erwachsenen Menschen verschwinden. Sie versuchen, kindliche Vorzüge wie die natürliche »Liebe für die Kunst«, »Liebe für die Musik«, »Freigebigkeit«, »Erfindungsgeist« zu pflegen und für den erwachsenen Menschen zu erhalten. In dieser Auffassung steckt ein Körnchen Wahrheit, aber es ist eine negative, keine positive Wahrheit. Zum Beispiel ist die Liebe der Kinder für die Musik (abgesehen von den wenigen Fällen, die wir etwas ratlos »genial« nennen) wahrscheinlich nur eine unverdorbene Aufnahmefähigkeit für Musikunterricht. Manus-Kinder bis zum Alter von fünf oder sechs Jahren versuchten eine Melodie, die sie gehört hatten, ungeschickt wiederzugeben. Aber ältere Kinder waren für unsere Begriffe in jeder Hinsicht unmusikalisch. Aus der gleichen Melodie, die das kleine Kind mit gewissem Erfolg nachsingen konnte, hörten die größeren Kinder und die Erwachsenen nur eine Änderung der Betonung heraus. Die Silben auf den hohen Tönen wiederholten sie mit starkem Nachdruck, ohne den Ton zu wechseln. Trotzdem glaubten sie allen Ernstes, daß sie das Lied richtig wiedergaben. Nur ein einziger Manus konnte richtig Melodien singen, aber er war auch sechs Jahre lang ununterbrochen auf Schulen gewesen.

Wenn wir also unter »natürlicher Begabung des Kindes« verstehen, daß ein Kind leicht lernt, was ein in seiner Kultur festgelegter, in mancher Hinsicht eingeengter Erwachsener nur mit größter Mühe erlernt, so ist das insofern richtig, als jede Fähigkeit, auf die die Gesellschaft keine Prämien aussetzt, bei einem Kind wohl leichter als bei einem Erwachsenen zu entwickeln ist. Unsere Kinder haben sicher darum mehr Phantasie als Erwachsene, weil vom Erwachsenen praktisches, auf Sinneserfahrung begründetes Verhalten verlangt wird. Die Manus-Kinder erscheinen dagegen praktischer, nüchterner als die erwachsenen Manus, weil diese in einer Welt leben, in der unsichtbare Geister viele ihrer Handlungen dirigieren. Ein unter den Manus-Kindern arbeitender Erziehungstheoretiker wäre von ihren »wissenschaftlichen Möglichkeiten« beeindruckt, so wie er bei uns von den »imaginativen Möglichkeiten« der Kinder beeindruckt ist. In beiden Fällen wären die Beobachtungen nur richtig in Verbindung mit der Kultur der Erwachsenen. Bei uns werden die von einer reichen Sprache und von mannigfaltiger literarischer Tradition genährten imaginativen Neigungen beim Erwachsenen durch die Forderung nach praktischer Anpassung verwässert, unterdrückt und verzerrt; während der offene Skeptizismus der Manus-Kinder, ihr Eingestelltsein auf das, was man sehen, fühlen und hören kann, später von den Ansprüchen der Geisterwelt überlagert werden. Aber die Erzieher, die erwarten, daß diese nicht mit der Tradition der Erwachsenen übereinstimmenden Möglichkeiten angesichts der fremden Erwachsenenwelt zum Blühen und Früchtetragen gebracht werden könnten, erkennen nicht die Kraft der Tradition, die sich vor dem geschicktesten methodologischen Angriff der Welt behauptet.

Nehmen wir ein Beispiel für eine Fähigkeit, die wir durch besondere Erziehungssysteme zu entwickeln versuchen: das Zeichnen. Manche Erzieher finden, daß es in unserer Kultur bedauernswerterweise an künstlerischem Interesse oder künstlerischen Taten mangelt; sie stellen also Gruppen von Schulkindern zusammen, geben ihnen Material und lassen sie zeichnen. Nun haben aber die Kinder überall, an den Wänden des Schulzimmers, in ihren Büchern, Kopien berühmter Gemälde der europäischen Tradition gesehen. Nach einigem Kampf mit der Perspektive beginnen sie zu zeichnen, und zwar nach den Regeln, die seit langem gelten, die in einer Zeit aufgestellt worden sind, als die Malerei hochgeschätzt wurde. Wenn wir die Zufallserfolge beiseite lassen, die bei Kinderzeichnungen so häufig vorkommen und auf Frische, Naivität und zufälliger, aber gelungener Anordnung von Linien beruhen, so finden sich trotzdem noch immer eine Reihe guter Arbeiten. Der Lehrer wird dann stolz darauf hinweisen, was erreicht werden kann, wenn man den künstlerischen Impulsen gestattet, sich unter günstigen Bedingungen zu entfalten.

Meine Manus-Kinder dagegen kannten keine Zeichen- oder Maltradition. Den Kindern wurde beim Zeichnen vollkommene

Freiheit gelassen. Ich versorgte sie mit Bleistiften, Papier und glatten Unterlagen, auf denen sie arbeiten konnten. Sie wurden weder gelobt noch getadelt; die kleineren Kinder wurden manchmal ermutigt, jedoch nur auf ganz allgemeine Art. Sie stürzten sich mit Begeisterung auf die neue, lustige Beschäftigung, und monatelang bedeckten sie ein Blatt nach dem anderen eifrig mit Zeichnungen. Ihre Arbeiten wiesen die meisten Ornamente auf, die sich in hochentwickelter Form bei verschiedenen Künstlern finden: Stilisierung, Realismus, perspektivische Versuche, Symbolismus, willkürliche Verwendung von Einheiten des Entwurfs, Verzerrung des Gegenstandes zugunsten des verfügbaren Raumes usw. Aber – und dies ist das Entscheidende – es gab dabei keine Arbeit, die man als Kunstwerk bezeichnen konnte. Auf dem Bug der Kanus, auf den Betelspateln, auf den Schüsselrändern gab es Schnitzereien von wirklicher Schönheit, die von den Händen benachbarter Stämme angefertigt worden waren. Aber den Kindern fehlte für ihr Zeichnen jede Richtschnur, und ihre Arbeiten ließen diesen Mangel erkennen. Ohne anleitende Tradition sind solche Bemühungen wohl interessant, aber sie helfen den Theoretikern nicht weiter, die sich große Dinge erwarten, wenn man die Möglichkeiten der Kinder denen der Erwachsenen gegenüberstellt. Man kann auch nicht sagen, daß die Manus etwa weniger künstlerische Begabung besäßen; denn die Holzschnitzereien ihrer Nachbarn der gleichen Rasse gehören zu den feinsten Arbeiten dieser Art. Hätte man den Kindern Federmesser zum Arbeiten gegeben, wären die Ergebnisse höchstwahrscheinlich weit besser gewesen.

Doch kehren wir zu der Kinderzeichengruppe einer amerikanischen Versuchsschule zurück. Mit Hilfe einer Tradition, mit Muße zum Zeichnen, mit der Gelegenheit, frühzeitig die technischen Voraussetzungen zu erwerben, und sozialer Anerkennung, wie sie im späteren Leben keinem Künstler unseres Landes zuteil wird, können wir Künstler heranbilden, die aber dazu verurteilt sind, innerhalb der eigenen Gemeinschaft hart um Anerkennung zu kämpfen oder schließlich nach Europa zu fliehen und dort als Halbfremde zu leben. Da andere Traditionen leicht erreichbar sind, die so viel Substanz und Vitalität haben, daß sie aus ihrem eigenen Land auf eine Gruppe von Schulkindern verpflanzt werden können, können sie ohne weiteres die Kinder in Harmonie mit einer fremden Kultur aufwachsen lassen. Bei einem primitiven Volk wäre dies nahezu unmöglich. Aber der Lehrer, der in einem Kind Liebe zu einer anderen Kultur auf Kosten der eigenen erweckt, schafft damit nichts Neues. Er lenkt nur den Fluß der Tradition ab, so daß das Kind, ohne es zu wissen, aus einer fremden Quelle trinkt. Es wird von Äußerlichkeiten, Ideologien, Maßstäben einer anderen Welt gefangen genommen, bis es schließlich mehr zu dieser neuen Welt gehört als zu der Tradition seines eigenen Landes. Wenn dann der erwachsene Mensch verständnislos auf die Kultur blickt, an der er keinen Anteil hat, wird deutlich, daß Erziehung alles vermag.

Aber dies ist nur teilweise richtig. Hätte man den Manus-Kindern die Werke guter Künstler gezeigt und sie zur Bewunderung und Nachahmung angeregt, sie für Schlechtes getadelt und für Gelungenes gelobt, so könnten die Arbeiten dieser Kinder, deren Eltern nichts von Zeichnen und Malen wissen, doch den Stil, die Gesetze einer Kunst aufweisen, mit der sie in Berührung gebracht worden sind. Aber Fertigkeit in der graphischen Technik und Interesse für die Kunst würden den Künstler nicht unbedingt für Manus im sozialen Sinn akzeptabel machen. Im Gegenteil: Wenn er sich so in diese Arbeit versenken würde, daß er sich weigerte, zu fischen oder Handel zu treiben, Kanus oder Häuser zu bauen, würde vermutlich ein Kulturschädling aus ihm werden.

Wenn wir uns in den verschiedenen Kulturen umsehen und die verschiedenen Arten des Lebensstils beobachten, zu dessen Entwicklung das Individuum beizutragen und dem es sich anzupassen hat, können wir neue Hoffnung für die Menschheit und ihre Möglichkeiten fassen. Aber diese Möglichkeiten sind passiver, nicht aktiver Art. Ohne kulturellen Nährboden, in dem sie gedeihen können, sind sie fruchtlos. So entwickeln die Manus-Kinder eine Freigebigkeit, die sie in ihrer Welt des Spiels ausüben, aber in der Welt der Erwachsenen nicht beibehalten können, weil der Preis für das Überleben die Habsucht ist. Männer, die als Knaben ihre letzte Zigarette miteinander geteilt und ihren einzigen *laplap* für den Freund in der Mitte durchgerissen haben, bedrängen sich später gegenseitig wegen eines Topfes oder einer Kette Hundezähne.

Wer glaubt, daß man unsere Gesellschaft dadurch weniger habsüchtig gestalten kann, daß man die Kinder in einer Welt des Teilens und Mitteilens großzieht, macht die Rechnung ohne den Wirt. Er kann eine solche Welt für ein paar Kinder errichten, die sich vollkommen unter seiner Führung befinden, aber er verbaut dadurch den Kindern den Weg in die Welt der Erwachsenen. Aus dem so erzogenen Kind wird vielleicht ein krankhafter Außenseiter oder Bilderstürmer, der sich mit seiner Gesellschaft nicht einigen kann, wenn er nicht Verhaltensweisen seiner Kindheit über Bord wirft, für die die bestehende Gesellschaft keine Verwendung hat.

Das Experiment in Rußland mußte zuerst mit den Erwachsenen gemacht werden, ehe es bei den Kindern durchgeführt werden konnte. Kinder sind nicht dafür geeignet, die nötige Brücke zwischen einem vollständig fremden Standpunkt und ihrer Gesellschaft zu errichten. Solche Brücken können nur langsam, geduldig, durch besonders Begabte gebaut werden. Bildet man in Kindern Charakterzüge, Neigungen und Gewohnheiten heran, die ihrer Kultur fremd sind, so wird dadurch nichts erreicht. Jede neue Religion, jede neue politische Doktrin muß zuerst die Erwachsenen gewinnen, ehe sie bei den Kindern gedeihen kann. Das Beispiel »Middletown« zeigt, wie bildende Kunst und Literatur, Musik, Geschichte und die Klassiker in den Schulen wohl gelehrt, später aber von den Erwachsenen vollkommen beiseite geschoben werden. Sicher fehlt auch bei den Lehrern fundiertes Wissen oder echte Begeisterung, aber selbst, wenn man die besten Lehrer einsetzen würde, könnten die Lehrergebnisse nicht dem Gegendruck des »Middletown«-Lebens standhalten. Die kleinen Gruppen von Malern und Schriftstellern, die in entlegenen Orten Amerikas oder in Pariser Cafés zusammenhocken, bestätigen dies. Die Berührung mit anderen Kulturen haben sie in das Leben des Künstlers gedrängt, das sie im Rahmen ihrer eigenen Gemeinschaft nicht ausleben können. Und wenn auch die Produktion begabter Künstler, die der Tradition entfliehen, von der sie nur halb ernährt wurden, immer noch besser ist als überhaupt keine Produktion, so ist dies doch nur ein dürftiges kulturelles Ergebnis, wenn man es damit vergleicht, was innerhalb einer reichen, vitalen Tradition erreicht werden kann.

Wenn es nun auch möglich ist, einige wenige Kinder in eine kulturelle Tradition einzuführen, deren direkte Erben sie gar nicht sind, so werden diese Kinder dadurch doch nicht über ihren kulturellen Hintergrund in seinem weitesten Sinn hinausgehoben. An die Stelle der Tradition des geschäftlichen Erfolgs in Des Moines, Iowa, tritt die Tradition italienischer Malerei; Jazzregeln werden gegen die Regeln des deutschen Musiklebens ausgetauscht. Aber die Kinder haben nichts Neues entwickelt; sie haben nur entgegengenommen, was ein Erwachsener ihnen aus dem Schatz der Kultur übermitteln wollte. Nur durch die Beiträge der Erwachsenen werden echte Änderungen erzielt; nur dann kann die Erziehung der jungen Generation gute Früchte tragen.

Die Richtigkeit dieser Schlußfolgerung erweist sich überzeugend auf Manus, wo die Gesellschaft zwar viele ihrer Erziehungsprobleme bis zum Mannesalter vernachlässigt, ihren aufsässigen Jünglingen gestattet, sich über ihre heiligen Begriffe lustig zu machen oder ihre Gebote zu mißachten, wo aber dem jungen Mann zuletzt doch nichts anderes übrigbleibt, als sich anzupassen, da seine Kultur, ihm selbst zum Trotz, ein Teil seines Wesens geworden ist. Das Kind nimmt den allgemeinen Gehalt seiner Kultur in sich auf, einerlei wie er ihm übermittelt wird; es absorbiert diesen Gehalt unter allen Umständen, ist aber von dessen Beschaffenheit hilflos abhängig.

Wie sehr wir den Gehalt zugunsten der Methode vernachlässigen, wie sehr wir darauf vertrauen, daß eine mechanische Formel alles ist, was wir brauchen, geht aus der Art der Kurse hervor, die in den Lehrerausbildungsschulen abgehalten werden und die sich stark von den Kursen für Geisteswissenschaften unterscheiden. Den zukünftigen Lehrern wird zwar beigebracht, wie man etwas lehren soll, aber sie lernen selbst nur wenig über bildende Kunst, Literatur, Geschichte. So wird ein dürftiger, schlechtverstandener Kern von Material vom Lehrer an den Schüler in umständlicher, unfruchtbarer Weise weitergegeben. In den Ausbildungsschulen nimmt der »Wert, mit Daten zu unterrichten«, »der Gebrauch von Tabellen« die Stelle der tatsächlichen historischen Lektüre ein. Dreißig Unterrichtsstunden in Pädagogik, Kurse, in denen der Geschichts- und Biologieunterricht gelehrt wird, sind in den Augen der Schulbehörde wichtiger als die eigenen wissenschaftlichen Kenntnisse. Die zukünftigen Lehrer, die oft aus Familien mit wenig kulturellen Interessen stammen, treten in eine solche Schule ein, die ihnen nichts zur Behebung dieses Mangels bietet. Und trotzdem verlassen wir uns immer weiter auf den einzelnen Lehrer, der den reichen Gehalt der literarischen und wissenschaftlichen Tradition, wie er uns heute zur Verfügung steht, übermitteln soll. Wenn wir von dieser Tradition Gebrauch machen, wenn wir eine reichere Kultur haben wollen, dann dürfen wir uns entweder nicht mehr auf die Lehrer verlassen, oder wir müssen ihnen während ihrer Ausbildungszeit eine bessere Grundlage geben. Wenn die Lehrer die Vorhut der Kultur sein sollen, muß man ihnen zuerst einmal Gefühl und Verständnis für diese Kultur vermitteln.

Eine Alternative würde darin bestehen, daß wir uns von den Lehrern freimachen und uns anderer Methoden der Übermittlung des Kulturgehalts bedienen. Eine solche Methode hat kürzlich ein großes Museum in einer Stadt der Oststaaten in einem Erziehungsplan veröffentlicht. Das Museum schickt Serien von Diapositiven an eine Reihe von städtischen höheren Schulen. Die Kinder werden dann zu einer bestimmten Stunde in die Aula der Schule geführt, wo sie durch Radio den Vortrag eines besonders qualifizierten Sachverständigen des Museums hören. Die Diapositive werden dazu gezeigt. Auch das Signal für den Wechsel der Bilder wird über das Radio gegeben. Mit Methoden wie diesen, die vom Radio, von Projektionsapparaten und Filmen Gebrauch machen und auch Bücher weit mehr ausnutzen, als das jetzt geschieht, könnten den Kindern große Mengen guten Materials zugänglich gemacht werden. Eine verhältnismäßig kleine Zahl von intelligenten Erziehern könnte die vorgeschriebenen Lehrstoffe an Millionen von Schulkindern übermitteln. Im Gegensatz zu den bisherigen Lehrbüchern würden diese neuen Methoden selbst unterrichten. Die Lehrer hätten nicht viel mehr zu tun, als die Disziplin aufrechtzuerhalten und Listen zu führen. Es ist besser, sich auf mechanisch übermitteltes Material zu stützen, das unpersönlich aus entfernten, aber zuverlässigen Quellen kommt, als auf einen Lehrer, der selbst nichts von Dichtung versteht, aber seinen Schülern Shakespeare näherbringen soll. Diese mechanischen Methoden könnten so lange als Notmaßnahme durchgeführt werden, bis wir die Ausbildung der Lehrer verbessern und unseren Schulen Lehrer zur Verfügung stellen können, die diese reichhaltigen Stoffe wirklich beherrschen und mit ihrem Wissen auch zugleich persönliche Autorität verbinden.

Wer den Wunsch hat, das Herkömmliche zu ändern und die utopische, aber vielleicht nicht aussichtslose Hoffnung hegt, daß ihm dies gelingt, muß auf jeden Fall zuerst eine ausreichend große Zahl von Erwachsenen aufbringen, die den gleichen Wunsch haben wie er. Dies trifft auch auf diejenigen zu, die einen Teil der Traditionen anderer Gesellschaften übernehmen möchten. Sie müßten allerdings eine zusammenhängende Erwachsenenkultur schaffen, ehe sie hoffen können, Kinder in der neuen Tradition zu erziehen – auch wenn das per Radio zu geschehen hätte. Solche Änderungen im Denken der Menschen kommen aber nur langsam zustande und hängen mehr von besonders begabten, klugen Menschen ab als von großen Erziehungssystemen.

Die Überschätzung des Erziehungsvorgangs und die Unterschätzung der eisernen Stärke der Kulturmauern, in deren Mitte der Mensch sich betätigt, bringt nicht nur einen höchst unbegründeten Optimismus, sondern noch ein weiteres unerwünschtes Resultat hervor: Jedes in die amerikanische Kultur hineingeborene Kind ist dazu verurteilt, das Opfer von hundert selbstbewußten Verkündern zu werden, die sich nicht genügend Zeit nehmen, eine klar erkennbare Kultur aufzubauen, in der das heranwachsende Kind sich in Ruhe entwickeln kann. Eine jede dieser Gruppen negiert die andere, so daß das moderne Kind Nöten ausgesetzt ist, die das Manus-Kind nicht kennt, weil es mit selbstverständlicher Endgültigkeit in die Welt der Erwachsenen hineinwächst. Erst wenn wir uns klar machen, daß eine arme Kultur niemals reich wird, auch wenn man sie durch die sachverständigen Methoden zahlloser Pädagogen hindurchfiltert, und daß eine reiche Kultur ohne Erziehungssystem ihre Kinder besser versorgt als eine arme Kultur mit dem besten System der Welt, erst dann werden wir anfangen, unsere Erziehungsprobleme zu lösen. Nur wenn wir uns von den verallgemeinernden Erziehungsformeln freimachen, die mit Hilfe der passiven Fähigkeiten der Kinder ein Etwas aus einem Nichts erschaffen sollen, können wir uns mit der lebenswichtigen Frage beschäftigen, wie wir junge Menschen heranbilden, die als Erwachsene Schritt für Schritt unserer alten Gesellschaftsordnung neue und inhaltsreichere Formen geben können.

Anhang

1. Das Verhältnis von Ethnologie und Sozialpsychologie

Den vorliegenden Studien liegt die Hypothese zugrunde, daß es unmöglich ist, die Natur unmittelbar in ihrem Ursprung zu untersuchen, es sei denn in solch einfachen, undifferenzierten Bedingungen, wie sie Watson bei seinen Grundlagenexperimenten studierte. Sie basieren auf der Annahme, daß die ursprüngliche Natur des Kindes so stark den Umwelteinflüssen unterliegt, daß man, um eine Vorstellung von der ursprünglichen Natur zu erhalten, ihre Abwandlung durch die verschiedenen Umweltbedingungen untersuchen muß. Die Wiederholung solcher Beobachtungen gewährt uns mit der Zeit eine weit bessere Grundlage für Verallgemeinerungen, als man sie von der Beobachtung einzelner innerhalb der einengenden Schranken einer einzigen Art von gesellschaftlicher Umwelt erwarten kann. Es mögen Beobachtungen an Tausenden von Kindern unserer Kultur vorgenommen werden; sie bestätigen sich vielleicht immer wieder bei Nachprüfungen im Rahmen unserer Gesellschaft, aber außerhalb dieser Grenzen werden sie sich oft als nicht stichhaltig erweisen.

Wenn wir die Untersuchung aus unserer Gesellschaft, wo alle Mittel der Forschung, insbesondere die Sprache, uneingeschränkt zur Verfügung stehen, in eine primitive Gesellschaft verlegen, in der völlig andere Arbeitsbedingungen gegeben sind und eine neue Sprache zu erlernen ist, muß die methodologische Genauigkeit natürlich bis zu einem gewissen Grad geopfert werden. Aber die Nachteile dieser Methode dürften doch durch die Vorteile, die die homogene Kultur gewährt, mehr als aufgewogen werden. In unserer Gesellschaft können wir eine große Zahl von Fällen in aufeinanderfolgendem Alter studieren, müssen dabei aber ständig den kulturellen Hintergrund berücksichtigen, der so heterogen ist, daß niemand hoffen kann, damit fertigzuwerden. In einer primitiven Gesellschaft bieten sich weniger Fälle; ihr chronologisches Alter, das Alter der Eltern bei der Geburt der Kinder, die Reihenfolge der Geburten, die Entbindungsart usw., alle diese Einzelheiten sind meistens nicht erhältlich. Aber Lebensart, Sittenbegriffe, Ansichten, Abneigungen, Vorlieben der Eltern, das alles entspricht genau der kulturellen Norm. Bei der Beobachtung von Persönlichkeit, gesellschaftlicher Anpassung usw., d. h. bei den Untersuchungen, für die die soziale Umwelt der ausschlaggebende Faktor ist, wird der Forscher bei der primitiven Gesellschaft reich entlohnt. Religiöse Ansichten, sexuelle Gewohnheiten, disziplinarische Methoden, gesellschaftliche Ziele der Personen, die die Familie des Kindes bilden, können durch eine Analyse der Kultur selbst erkannt werden. Der einzelne unterscheidet sich innerhalb einer solchen Kultur in diesen Dingen nicht wesentlich von seinen Alters- oder Geschlechtsgenossen. Man darf nicht vergessen, daß in einer Kultur wie der der Manus die Tradition so einfach ist, daß sie fast vollständig im Gedächtnis eines durchschnittlichen Erwachsenen bewahrt werden kann: die Arbeitsteilung zwischen den Individuen wird allein durch deren Geschlechtszugehörigkeit bestimmt (es gibt natürlich auch Arbeitsteilung zwischen den einzelnen Orten), ein Priesterstand mit einem großen Schatz esoterischen Wissens ist ebensowenig vorhanden wie eine Methode für ausführliche Aufzeichnungen. Ein in diese Gesellschaft kommender Forscher, der auf Grund seiner ethnologischen Ausbildung die Phänomene der Manus-Kultur in passende und voll erfaßte Kategorien einordnet, ist den Eingeborenen gegenüber allein dadurch enorm überlegen, daß er jede ihm bekannt werdende kulturelle Einzelheit sofort schriftlich festhalten kann; er befindet sich für seine – in verhältnismäßig kurzer Zeit durchzuführenden – Studien in einer ausgezeichneten Position. Da mein Mann mit einer ethnologischen Arbeit über die Manus beschäftigt war, konnten wir die vorgesehene Zeit noch abkürzen. Eine primitive Kultur ist als sozialer Hintergrund weniger schwer zu überblicken als selbst ein völlig isoliert gelegenes Dorf unserer Gesellschaft; denn dieses wird vom Widerhall und von Bruchstücken Hunderter verschiedener Arten von kulturellen Äußerungen erreicht.

Das Studium der menschlichen Entwicklung in einer primitiven Gesellschaft bietet also zwei Vorteile: erstens einen Kontrast zu unserer eigenen sozialen Umwelt – die verschiedenen Aspekte der menschlichen Natur werden aufgezeigt, und oft muß man erkennen, daß ein fast unveränderliches Verhalten von Menschen unserer Gesellschaft nicht ihrer ursprünglichen Natur, sondern der sozialen Umwelt entspringt; zweitens einen homogenen, leicht zu bewältigenden gesellschaftlichen Hintergrund, vor dem die Entwicklung des einzelnen Menschen untersucht werden kann.

Der Anthropologe prüft die Forschungsergebnisse des innerhalb unserer Gesellschaft arbeitenden Psychologen in anderen Gesellschaften nach. Er versucht niemals, die Beobachtungen des Psychologen abzuwerten, sondern bemüht sich vielmehr, auf einer breiteren Basis gesellschaftlicher Daten die Interpretationen dieser Beobachtungen zu überprüfen. Er verfügt über eine besondere Technik für eine rasche Analyse primitiver Gesellschaften. Um diese Technik zu erwerben, hat er viel Zeit auf das Studium verschiedener primitiver Gesellschaften und die Analyse der gesellschaftlichen Formen verwendet, die am ehesten typisch für sie sind. Er hat nichtindoeuropäische Sprachen studiert, so daß sein Gehirn fremde linguistische Begriffe leicht aufnehmen wird. Er hat Phonetik studiert, um Lautarten erkennen und aufzeichnen zu können, die für unser Ohr schwer zu unterscheiden und noch schwieriger für unsere an andere phonetische Muster gewöhnten Sprachorgane auszusprechen sind. Er hat verschiedene Verwandtschaftssysteme studiert und eine gewisse Fixigkeit im Umgang mit den verschiedenen Kategorien erworben; so hat das System der Manus, nach dem z. B. Personen der gleichen Generation sich gegenseitig mit Großelternbezeichnungen anreden, für ihn nichts Verwirrendes, sondern fügt sich ohne weiteres in eine klare und leichtverständliche Gedankenordnung ein. Er ist ferner bereit, die Annehmlichkeiten der Zivilisation aufzugeben und mehrere Monate lang die Beschwerden und Unerfreulichkeiten eines Lebens unter einem Volk auf sich zu nehmen, dessen Sitten, sanitäre Einrichtungen und Denkweise ihm vollkommen fremd sind. Er ist bereit, die Sprache der Menschen zu lernen, sich in ihre Sitten und Gebräuche zu vertiefen, ihrer Kultur so nahe zu kommen, daß er ihre Abneigungen nachempfinden und an ihren Triumphen teilnehmen kann. Bei den Manus mußte man zum Beispiel lernen, entsetzt zu sein, wenn zwei Tabu-Verwandte zusammentrafen, man mußte sich hüten, ein Tabu-Wort auszusprechen, Bestürzung und Reue zeigen, wenn einem in dieser Beziehung ein Versehen unterlaufen war; jede Nachricht von Krankheit oder Unglück mußte mit der Frage aufgenommen werden, welcher Geist da wohl seine Hand im Spiel hatte. Forschungstätigkeit dieser Art erfordert einschneidende Umordnung der Denkweise und der täglichen Gewohnheiten. Die Bereitschaft hierzu und die Kenntnis der besonderen Technik der ethnologischen Forschung bilden das Rüstzeug des Ethnologen bei der Lösung psychologischer Probleme. Der Psychologe hat lange, sorgfältige Untersuchungen im Rahmen unserer Gesellschaft durchgeführt, aus denen er vielleicht Schlüsse zieht, die er als endgültig ansieht; der Anthropologe sagt dazu: »Ich möchte Ihre Ergebnisse einer neuen Probe unterziehen. Sie haben die und die Verallgemeinerung über den Gedankeninhalt von kleinen Kindern, den Zusammenhang zwischen geistiger und körperlicher Entwicklung, zwischen einem bestimmten Typus von Familienleben und der Möglichkeit glücklicher Anpassung in der Ehe, über die Faktoren, die zur Persönlichkeitsbildung führen usw. gezogen. Ich finde diese Ergebnisse wichtig und bedeutsam. Ich will sie daher in einer anderen sozialen Umwelt einem Test unterziehen; im Lichte dieser Beobachtungen, auf der Grundlage unserer vereinten Forschung, auf der Grundlage Ihrer ursprünglichen Darstellung der Probleme und Beobachtungen innerhalb unserer Gesellschaft und meiner Nachprüfung in einer anderen Gesellschaft, werden wir zu Schlüssen gelangen, denen man nicht vorwerfen kann, die Einwirkung der gesellschaftlichen Umwelt sei nicht genügend berücksichtigt worden. Und Sie können dann Ihre Beobachtungen einzelner Personen in unserer Kultur teilen: erstens in Feststellungen über das der heutigen Kultur angepaßte Verhalten des Menschen, die von höchster Wichtigkeit für die Behandlung erzieherischer und psychiatrischer Probleme der Menschen ein und derselben Kultur sind, zweitens in Theorien von der ursprünglichen Natur, den Möglichkeiten des Menschen, wie sie aus unseren vereinten Beobachtungen zu erkennen sind.«

Bei Psychologen, die an der Lösung grundlegender theoretischer Probleme interessiert sind, muß ein solcher Appell Widerhall finden. Der Psychiater, der Fürsorger, der Erzieher, dessen Anliegen die unmittelbare Anpassung des Menschen ist, wird vielleicht mit Recht sagen: »Ich anerkenne Ihre Behauptung, daß viele Phänomene der menschlichen Natur, die wir als erbbiologisch verursacht behandeln, in Wirklichkeit gesellschaftlichen Ursprungs sind. Theoretisch haben Sie wahrscheinlich recht. Aber leider liegen mir fünf Fälle von Anpassungsmängeln vor, die ich heute bearbeiten muß. Was ich brauche, sind gerade die vielen aufgehäuften Daten über Verhaltensweisen, wie sie in diesen Fällen vorliegen – gerade, wenn sie von Menschen unserer Gesellschaft stammen und zeitlich und räumlich begrenzt sind. Bei dem ersten der mir vorliegenden Fälle handelt es sich um Exhibitionismus. Es ist interessant zu wissen, daß sich Exhibitionismus auf Samoa, wo unsere Tabus nicht gelten, kaum entwickeln kann. Aber Hans ist eben Exhibitionist, und man muß sich mit dem Fall im Licht des über exhibitionistische Kinder unserer Gesellschaft gesammelten Materials beschäftigen.« Diese Einstellung stark überlasteter Praktiker kann man verstehen. Das kann jedoch nicht für jene gelten, die hinter ihnen stehen: die, die über die Natur des Menschen Theorien aufstellen, die dann als Grundlage für Erziehungssysteme und psychologische Schulen dienen.

Es ist außerordentlich wichtig, daß der Psychologe sich von den Forschungsmöglichkeiten in anderen Kulturen ein Bild macht und in engem Kontakt mit der modernen ethnologischen Forschung steht. Denn die Ethnologie nimmt eine besondere Stellung ein.

Bei vielen Zweigen der Wissenschaft spielt es keine ausschlaggebende Rolle, wenn ein bestimmtes Forschungsgebiet von einer Forschergeneration vernachlässigt wird. Die Nachlässigkeit der einen Generation kann von der nächsten mit gleichem oder vielleicht sogar größerem Erfolg gutgemacht werden. Dies ist zum Beispiel in der Tierpsychologie bei Untersuchungen mit in der Gefangenschaft aufgezogenen Ratten der Fall. Vermutlich werden in der nächsten Generation ebensoviele Ratten zur Verfügung stehen wie heute; ihre rasche Vermehrung macht sie auch weiterhin für Experimente geeignet. Wenn aber der Tierpsychologe erkennt, daß Experimente mit Primaten im Urwald äußerst wertvoll wären und er gleichzeitig erfährt, daß durch das progressive Eindringen der Zivilisation in die Wildnis die Zahl dieser Tiere verringert wird und sogar ihre völlige Ausrottung droht, so sieht er darin gewiß einen alarmierenden Anlaß, andere Psychologen und wissenschaftliche Institutionen nachdrücklich auf die Notwendigkeit hinzuweisen, die Studien an den Primaten in der Wildnis aufzunehmen, ehe es zu spät ist. Dabei wäre seine Lage nicht so schlimm wie die der Sozialpsychologie; denn von einem Paar wilder Affen könnten ja die Reihen der wilden Affen wieder aufgefüllt werden.

In der Sozialpsychologie ist dies jedoch nicht der Fall. Da unsere Studien sich nicht nur auf Menschen schlechthin, sondern auf Menschen als Produkt ihrer Umwelt erstrecken müssen, brauchen wir unbedingt eine Reihe von Umwelttypen zum Vergleich. Im Zuge der rapiden Ausbreitung der westlichen Zivilisation über die Erdoberfläche nähern sich die Gesellschaften immer mehr dem gleichen Kulturtyp – wenn sie von dem herrschenden Typ zu stark abweichen, sterben sie aus. Immer mehr gute Testfälle gehen durch die westliche Zivilisation verloren, die mit ihrer christlichen Ideologie und ihrem industriellen System in Japan und in China und in das bisher schienenlose Innere von Afghanistan eindringt; die wenigen noch lebenden Moriori oder Lord-How-Inselbewohner, letzte Überbleibsel einst lebender Kulturen, die dem Zusammenprall mit der weißen Zivilisation nicht standgehalten haben, sterben aus. Es ist natürlich nicht zu erwarten, daß die Sitten und Gebräuche der ganzen Menschheit so genormt werden, daß überhaupt keine Unterschiede mehr existieren; aber es ist möglich, daß es infolge der verbesserten Verkehrs- und Verbindungsmöglichkeiten nie wieder verhältnismäßig isolierte menschliche Gesellschaften geben wird. Nie wieder wird dann eine kleine Menschengruppe Gelegenheit haben, über Zeiträume von Jahrhunderten eine einmalige Kultur zu entwickeln, wie es in der Vergangenheit möglich war. Nie wieder wird ein Kontinent seine Anpassungsprobleme selbst, ohne Beeinflussung von außen, lösen dürfen, wie die Eingeborenen Amerikas ihre Maisanbau-Probleme lösten. Angesichts der anhäufenden Natur unserer materiellen Tradition ist es wohl möglich, daß wir dem Ende einer unwiederholbaren Ära zusteuern. Indessen gibt es jetzt noch in Neuguinea, Indonesien, Afrika, Südamerika und in Teilen von Asien Gruppen, die als unschätzbares Vergleichsmaterial bei allen wissenschaftlichen Bemühungen um das Verständnis der menschlichen Natur herangezogen werden können. Der Gesellschaftspsychologe fünfhundert Jahre später wird sagen müssen: »Wenn wir diese Folgerung an Menschen testen könnten, die in einem vollkommen anderen Gesellschaftssystem aufgewachsen sind, kämen wir vielleicht zu anderen Ergebnissen. Das aber ist jetzt nicht mehr möglich. Es gibt keine Gesellschaften, bei denen das Problem untersucht werden könnte; auch wenn wir wollten, könnten wir solche Gesellschaften nicht schaffen und experimentell die erforderlichen Kontrastbedingungen herstellen. Uns sind die Hände gebunden.« Wir sind hingegen keineswegs so benachteiligt. Die verschiedenen Vergleichsgesellschaften sind da und können studiert werden. Die Zahl der Ethnologen, die mit der erforderlichen Forschungstechnik ausgerüstet sind, nimmt zu. Der Erfolg eines Unternehmens dieser Art hängt von der Zusammenarbeit des Psychologen mit dem Ethnologen ab. Soll die Ausbildung des

Ethnologen voll ausgenützt werden, so muß er den größten Teil seiner Zeit, wenigstens in den ersten Jahren, mit der Feldforschung zubringen, um so schnell wie möglich diese rapid dahinschwindenden, unschätzbaren Beweisstücke der menschlichen Anpassungsfähigkeit und Möglichkeiten zu sammeln. Der Beitrag des Ethnologen zu den Problemen, die der Psychologe in Laboratorium und Bibliothek aufstellt, ist sehr wichtig.

Wer sich heute mit dem Studium der menschlichen Gesellschaft beschäftigt, blickt hoffnungslos auf die Anfänge der Kultur zurück, weil er weiß, daß Fragen wie die nach dem Ursprung der Sprache nie beantwortet werden können, daß eine Vermutung so gut ist wie die andere und alle im Reich der Spekulation bleiben. Der wissensdurstige Geist empfindet dies als empfindlichen Mangel, aber nicht als einen Umstand, für den unsere wissenschaftlichen Vorfahren aus der Steinzeit unserer Verzeihung bedürften. Es ist unbestreitbar, daß sie diese wichtigen und interessanten Sprachexperimente nicht aufzeichnen konnten, die den frühen Menschen von seinen weniger gebildeten Ahnen unterschieden. Für uns dagegen gibt es keine derartige Entschuldigung. Uns stehen Experimente auf sozialem Gebiet zur Verfügung, die wir nur zu studieren und zu erhalten brauchen. Wir besitzen jetzt Forschungslaboratorien, wie spätere Zeiten sie nicht mehr haben werden. Nur durch die gemeinsamen Bemühungen von Psychologen, Psychiatern, Genetikern können die Probleme aufgeworfen werden, für deren Lösung diese Gesellschaften Laboratoriumsmethoden anbieten. Fehlt der vom Psychologen ausgehende Anreiz, so ist die Arbeit des Ethnologen weit weniger wertvoll, als sie sein könnte. Verwendet der Psychologe ethnologische Unterlagen, macht er sich so mit ethnologischem Material vertraut, daß er dessen Wirkungsvermögen erkennt, berücksichtigt er bei der Formulierung seiner Theorien den Einfluß der kulturellen Umwelt, so wird die Aufgabe des Ethnologen außerordentlich vereinfacht. Er möchte sich nicht auf die negative Aktivität explosiver Theorien beschränken, die, aus einer einzigen Gesellschaft abgeleitet, einer Prüfung nicht standhalten; er hat auch nicht die Zeit und Ausbildung, sich in Bibliothek und Laboratorium zurückzuziehen und auf eigene Faust neue psychologische Theorien auszuarbeiten, was er außerdem auch aus Loyalität gegenüber seiner eigenen Wissenschaft nicht tun könnte. Seine Pflicht ist in erster Linie, seine Ausbildung dazu zu verwenden, Fakten bei primitiven Gesellschaften aufzuzeichnen, ehe diese untergehen. Feldforschung ist mühsam und entbehrungsvoll. Der Ethnologe sollte sich mit ihr beschäftigen, solange er jung ist, und später zur Theorie übergehen. Der Psychologe sollte Anregungen zur Forschung geben. Viele wissenschaftliche Expeditionen sind wohl sehr wertvoll, weil sie unsere Kenntnisse von der menschlichen Gesellschaft und deren Einfluß auf das menschliche Verhalten erweitern, stellen aber doch nur historische Untersuchungen dar und sind als solche nicht halb so aufschlußreich, wie es der Fall wäre, wenn gleichzeitig psychologische Probleme in Angriff genommen würden.

Ich schildere in meinem Buch einen Typus von Bedingungen, wie sie in primitiven Gesellschaften vorhanden sind, und verweise auf die Bedeutung, die sie für Probleme der Erziehung und der Persönlichkeitsentwicklung haben. Es liegt mir sehr viel mehr daran, daß fruchtbare Denker auf anderen Gebieten mein Material im Hinblick auf Probleme prüfen, die durch Erkenntnisse dieser Art gelöst werden könnten, als daß sie mit meinen Folgerungen einiggehen. Die Sozialpsychologie steckt noch in ihren Kinderschuhen. Es ist von höchster Wichtigkeit, daß alle Möglichkeiten des Forschens, besonders die nur zeitweise benutzbaren, in weitestem Umfang ausgeschöpft werden.

Die Grundlagen dieser Studien

Meine Beobachtungen an melanesischen Kindern wurden zur Lösung eines besonderen Problems unternommen, von dem in meinem Buch nur nebenher die Rede ist: es handelt sich um die Beziehung zwischen spontanem Animismus und den Denkcharakteristika geistig unreifer Personen, insbesondere von Kindern unter fünf bis sechs Jahren. Die Ergebnisse dieser Untersuchungen waren negativ, d. h. es ergaben sich Nachweise für die Auffassung, daß Animismus keine unwillkürliche Äußerung kindlichen Denkens oder in irgendeiner Denkform begründet ist, die für eine unfertige geistige Entwicklung charakteristisch ist; ob er im Denken der Kinder vorhanden ist oder nicht, hängt von kulturellen Faktoren, von Sprache, Folklore, Einstellung der Erwachsenen usw. ab; diese kulturellen Faktoren haben ihren Ursprung im Denken einzelner Erwachsener, nicht in den falschen Vorstellungen der Kinder. Diese Ergebnisse werden an anderer Stelle eingehend erörtert.

Melanesien wurde als ein Territorium gewählt, in dem es viele relativ unverdorbene primitive Gruppen gibt und das in ethnologischen Diskussionen immer wieder als ein Gebiet hervortrat, in dem man ein gewöhnlich unter der Bezeichnung »Animismus« zusammengefaßtes Phänomen reichlich antreffen kann. Die Wahl des Ortes wurde von der Erwägung bestimmt, welche Regionen noch relativ unbekannt waren. Es blieb dabei nur der Bismarck-Archipel und zuletzt das Gebiet der Admiralitätsinseln als jener Gebietsteil übrig, über den wir die wenigsten Informationen besaßen. Der Manus-Stamm wurde durch eine Reihe von Zufälligkeiten gewählt: ein Distriktsbeamter hatte uns diesen Stamm als besonders umgänglich empfohlen, ein Missionar hatte einige Texte in der Sprache des Stammes veröffentlicht, ferner fanden wir in Rabaul einen Schuljungen, den wir in der ersten Zeit als Dolmetscher verwenden konnten. Da wir von keiner der verschiedenen Stammesgruppen auf den

Admiralitätsinseln etwas wußten, war unsere Wahl rein zufällig. Ich stelle das so ausdrücklich fest, weil die eigentümliche Relevanz der Einstellungen und der Sprache der Manus für meine Ergebnisse mehr als auffallend ist. Meine Wahl fiel auf diese Kultur nicht wegen ihrer Einstellung zu Kindern oder wegen ihrer armen, unmetaphorischen Sprache oder wegen der Ergebnisse, die ich dort erzielte. Ich wählte einfach eine melanesische Kultur in einem primitiven Land, wo ich die Erziehung und geistige Entwicklung von kleinen Kindern beobachten konnte.

Die von mir eingeschlagene Methode bestand zuerst in der Beobachtung der Kinder unter normalen Bedingungen beim Spiel, zu Hause, mit ihren Eltern. Für die Untersuchung des besonderen Problems sammelte ich spontane Zeichnungen der Kinder, ließ sie Tintenkleckse interpretieren und Vorkommnisse erläutern, stellte ihnen Problemfragen, die Licht auf ihre animistischen Vorstellungen werfen sollten. Die Kinder hatten noch nie einen Bleistift in der Hand gehabt; ich gab zuerst den Vierzehnjährigen Papier und Bleistifte und forderte sie auf zu zeichnen, wobei ich ihnen die Wahl des Gegenstandes überließ. Am nächsten Tag erhielt die nächstjüngere Gruppe Zeichenmaterial, bis schließlich die Dreijährigen erfaßt wurden. Ich war der Ansicht, daß dieses Verfahren sich am besten normalen Lehrmethoden anpaßte, ohne daß Erwachsene zum Zeichnen herangezogen wurden, was den Zweck der Untersuchung verfälscht hätte. Die Zeichnungen wurden mit Namen, Datum und gegebenenfalls mit Erläuterungen der Kinder versehen. Ihre ins Einzelne gehende Analyse bleibt einer späteren Arbeit vorbehalten.

Dem Buch liegt eine genaue Kenntnis der Kultur, der gesellschaftlichen Organisation, der religiösen Ansichten und Gebräuche zugrunde. Alle Ereignisse des Dorfes wurden sorgfältig verfolgt und auf ihre kulturelle Bedeutung und ihre Rolle im Leben der Kinder untersucht. Die Beziehungen zwischen Eltern und Kindern wurden beobachtet und im Lichte genauer Kenntnis der Vaterschaft und der Lebensgeschichte des Kindes sowie des gesellschaftlichen Standes und der Persönlichkeit der Eltern aufgezeichnet. In jedem Fall wurde der soziale Hintergrund des Kindes, dessen häusliche Verhältnisse und Umwelt jeweils genau bekannt waren, mit herangezogen. Man kann von dieser Arbeit sagen, daß sie die Gesamtsituation erfaßt; eine Gruppe von zweihundertzehn Menschen bildete den Hintergrund – sie war leichter zu überblicken als irgendeine größere Gemeinschaft in einer vielschichtigen Kultur.

Durchweg wurde die Eingeborenensprache verwendet; natürlich war mir auch Pidgin-Englisch geläufig, so daß ich Unterhaltung und Spiel der Jungen in beiden Sprachen verfolgen konnte. Mit den Frauen und kleineren Mädchen sowie den ganz kleinen Kindern spielte sich die Unterhaltung nur in der Eingeborenensprache ab. Aufzeichnungen von Gesprächen, von Erläuterungen, wurden ausschließlich im Manus-Dialekt gemacht. Übersetzungen prüfte, soweit erforderlich, unser junger Dolmetscher nach, der Englisch ganz gut und Pidgin perfekt sprach.

In diesem Buch sind diejenigen meiner Beobachtungen festgehalten, die wohl unmittelbar mit erzieherischen Fragen zu tun haben. Die Beschreibung der konsequenten Erziehungsmethoden eines ganzen Stammes und der im Erwachsenen erkennbar werdenden Ergebnisse sollten für Erzieher wertvoll sein, die Theorien über ein Erziehungssystem entwickeln müssen, mit dessen Hilfe die Möglichkeiten der Menschheit am besten entfaltet werden können.

Bezüglich der von mir verwendeten Terminologie möchte ich noch einige erklärende Bemerkungen anfügen. Technische Ausdrücke habe ich so viel wie möglich vermieden: nicht weil ich die Vorzüge einer speziellen und exakten Terminologie leugne, sondern weil meiner Meinung nach keine der von den verschiedenen psychologischen Schulen verwendeten Terminologien so eingeführt ist, daß man ihr den Sieg über alle anderen voraussagen könnte. Eine Studie dieser Art hingegen besitzt eine gewisse Endgültigkeit. In ein paar Jahren wird das Dorf Peri von Missionaren überschwemmt sein; Schulen werden errichtet werden, die primitive Kultur wird ihr Ende gefunden haben. Es schien mir daher richtig, diese Darstellung in eine Sprache zu betten, die außerhalb der Domäne von Kontroversen liegt, in die Sprache eines Erzählers, so daß sie auch dann noch verständlich ist, wenn manche der gegenwärtigen Streitobjekte und die dazugehörige Terminologie aus der Mode gekommen sind. Dieses Vorgehen bringt außerdem noch den Nutzen, daß das Material auch Wissenschaftlern anderer Gebiete zugänglich gemacht wird.

2. Ethnographische Anmerkungen über den Manus-Stamm

Eine vollständige Ethnologie der Manus-Kultur wurde von Reo F. Fortune herausgegeben. Leser, die die im vorliegenden Buch gesammelten Beobachtungen in einer mehr ins Detail gehenden Fassung übermittelt bekommen möchten, seien auf diese Monographie hingewiesen. Ich gebe hier nur einen knappen Überblick, um das Material dieses Buches den an Ozeanien interessierten Forschern zugänglich zu machen.

Zu den Admiralitätsinseln gehören etwa vierzig Inseln nahe dem Bismarck-Archipel nördlich von Neuguinea. Sie liegen zwischen dem 1. und 3. Grad südlicher Breite und dem 146. und 148. Grad östlicher Länge. Die große Admiralitätsinsel im Zentrum des Archipels ist etwa sechzig Meilen lang. Die Bevölkerungszahl wird auf ungefähr dreißigtausend geschätzt. Die Einwohner werden der einfacheren Klassifizierung halber in drei Hauptgruppen eingeteilt: die in Pfahlbauten lebenden Manus, die Usiai auf der großen Admiralitätsinsel und die Matankor-Stämme, die auf den kleinen Inseln leben und ihre Häuser auf Land bauen, aber auch Kanus benutzen. Die Manus stellen von diesen drei Gruppen die einzige homogene dar; sowohl zu den Usiai wie zu den Matankor gehören Stämme, die sich mit ihren Dialekten untereinander nicht verständigen können und in ihren Gebräuchen große Unterschiede aufweisen. Diese Einteilung stammt von den Manus; als die unternehmendste Gruppe des Archipels haben sie den Weißen ihre Ausdrucksweise aufgedrängt.

Die Manus bauen ihre Hütten auf Pfählen in den Lagunen bei der großen Admiralitätsinsel oder im Windschutz kleiner Inseln. Die etwa zweitausend Menschen verteilen sich auf elf Dörfer: Papitalai an der Nordküste, Pamatchau, Mbunei, Tchalalo, Pere (in diesem Buch Peri genannt, da die neuere Schreibweise für den, der mit ozeanischen Sprachen nicht vertraut ist, irreführend ist), Patusi und Loitcha, die alle in den Lagunen entlang der Südküste liegen, und Niederlassungen in der Nähe der Inseln Mbuke, Taui, Mok und Rambutchon, lauter Inseln auf der Höhe der Südküste. Die Sprache besteht aus zwei Dialekten: in dem einen wird der *l*-Laut anstelle des *r*-Lauts gebraucht, in dem andern werden sowohl *l* wie *r* gebraucht (dieser Dialekt wird in Peri gesprochen). Es handelt sich dabei nur um eine phonetische Abweichung; die beiden Dialekte sind gegenseitig verständlich. Die Dörfer, die den gleichen Dialekt sprechen, haben jedoch ein gewisses Zusammengehörigkeitsgefühl gegenüber den Dörfern, die den anderen sprechen. Die Manus-Dörfer stehen unter keiner gemeinsamen Verwaltung, wenn auch die Regierung kürzlich einem Mann von Mbunei mit ausgezeichneten Führungsqualitäten die Sorge für die Beziehungen zwischen diesen Dörfern und dem Sitz der Verwaltung übertragen hat. Die Bewohner der verschiedenen Dörfer treffen sich als ganze Gemeinschaft nur bei zwei Anlässen: bei den äußerst seltenen gemeinsamen Festlichkeiten, die nur ein oder zwei Mal während einer Generation abgehalten werden, und bei gelegentlichen kriegerischen Unternehmen. Einige Male wurden Frauen des einen Manus-Dorfes von einem anderen Manus-Dorf geraubt und zu Prostituierten gemacht. Aber die gewöhnliche Form der Beziehungen zwischen Dörfern bestand weder in großen Festen, die mit ihren rituellen Herausforderungen zu Wettbewerb und Zurschaustellung etwas kriegsmäßig anmuteten, noch in wirklichen kriegerischen Unternehmen, sondern in einem Netz von Wechselwirkungen zwischen den Personen und Familien der verschiedenen Dörfer. Es wurden viele Ehen zwischen den Dörfern geschlossen, und jeder Ehevertrag entfesselte eine Flut von wirtschaftlichen und sozialen Verpflichtungen zwischen den beteiligten Verwandten.

Die Manus-Stämme leben, mit Ausnahme der Bewohner von Mbuke, das zu weit von der Hauptinsel entfernt liegt, vom Fischfang und tauschen ihre Fische gegen die landwirtschaftlichen Erzeugnisse ihrer Nachbarn auf Usiai oder Matankor. Für den Austausch von Nahrungsmitteln wird täglich ein Markt abgehalten, bei dem auch andere Waren wie z. B. Bast zum Stricken, Körbe und Speere usw. eingekauft werden. Jede der nicht zum Manus-Stamm gehörenden Gruppen ist auf ein besonderes Erzeugnis spezialisiert, das sie in dem nächstgelegenen Manus-Dorf gegen Fische oder Töpfe (hierfür ist Mbuke Lieferant) tauscht. Von dort werden sie mit den Kanus der Manus in andere Manus-Dörfer und zu deren Nachbarn gebracht. Die großen Auslegerkanus mit ihren zwei Lugsegeln und einem behaglichen kleinen Aufbau verteilen die Güter an nah und fern gelegene Orte. Die Manus beherrschen den Handel an der Südküste. Mit Ausnahme der Leute von Mbuke, die Töpfe herstellen, fertigen die Manus nichts als Häuser und Kanus für ihren eigenen Gebrauch, Schnüre für ihre eigenen Arbeiten und Teile ihrer Fischereiausrüstung an. Ihre feineren Fischnetze werden jedoch in Lou und sonstigen weiter entfernten Niederlassungen auf Matankor geflochten. Ihren ganzen sonstigen Bedarf müssen sie von dem täglichen Markt und dem unregelmäßig stattfindenden Überseehandel beziehen. Mit den Usiai tauschen sie Sago, Yamsfrüchte, Taro, Taroblätter, Betelnüsse, Pfefferblätter, Limonensaftflaschen und Spachteln, Paraminiumnüsse, die als Klebemittel benutzt werden, Bast zu Seilen und Schnüren, mit Paraminiumnuß bezogene Körbe, Ölsiebe, Tragkörbe usw. Von ihren eigenen Leuten auf der Insel Mbuke bekommen sie Töpfe. Von den Leuten auf Balowan und Lou beziehen ihre Manus-Nachbarn Yamsfrüchte (»mammies«), geschnitzte Schüsseln und andere schöne Holzwaren, Fischnetze, Limonensaftflaschen, Ölbehälter, Speere und Werkzeuge aus Obsidian. Aus Rambutchon und Nauna kommen geschnitzte Betten, aus Pak geschnitzte Talismane, die Köpfe darstellen, und Fregattvogelfedern; alle Inseln liefern Kokosnüsse und Kokosöl. Peri ist das größte der nahe dem Festland gelegenen Dörfer; die Bewohner haben den Vorteil, eigene Sagosümpfe zu besitzen, die ihnen von den Usiai durch Heirat und Eroberung zugefallen sind; sie sind daher nicht, wie die übrigen Manus, vom örtlichen Markt vollkommen abhängig. Das bei den Stämmen der Admiralitätsinseln gebräuchliche Muschelgeld besteht aus Schnüren mit flachen, weißen Muschelscheiben, die den Muschelhalsbändern der heutigen Südwestindianer gleichen. Dieses Geld wird von den Matankor von Ponam an der Nordküste hergestellt und auf der ganzen Insel getauscht. Die Bewohner der Nordküste von Matankor haben ferner ein Monopol für Dugong- und Schildkrötenfischerei; letztere ist dort besonders ergiebig. In früheren Zeiten gab es öfters Krieg zwischen ihnen und den Manus, da die Manus auf ihre Fischereirechte pochten. Die Nordküste hat ihr eigenes Töpfereizentrum auf der Insel Hus, wo weiße Töpfe hergestellt werden, während die Südküste schwarze Töpfereiwaren von der Insel Mbuke bezieht.

Während die Manus den Handel der Südküste praktisch beherrschen, haben sie an der Nordküste Rivalen, die gute Kanus bauen und vorzügliche Fischer sind. In ihrem Teil der Admiralitätsinseln sind sie jedoch Zwischenhändler; sie beherrschen die Fischerei, den Seeverkehr und sind die Spediteure zwischen Usiai und Matankor. Einige Manus-Leute haben zwar von Verwandten in einem anderen Stamm das Schnitzen gelernt, aber als Gruppe produzieren sie mit Ausnahme von Perlenarbeiten keine Kunstgegenstände; Exportwaren stellen sie ebenfalls nicht her – die einzige Ausnahme bilden die Töpfereierzeugnisse der Insel Mbuke. Sie sind auch keine Sammler; ihre Regale sind zwar mit einer Vielzahl von Artikeln angefüllt, mehr als je ein Haus auf Usiai oder Matankor aufweisen kann, aber diese dienen alle dem Tauschgeschäft. Bereitwillig verkaufen sie die schönste Schale von Balowan, die köstlichste Schnitzerei von Usiai. Wenn sie alle von den Nachbarn erworbenen schönen Sachen hergegeben haben, bieten sie dem weißen Besucher für einen hohen Preis die Knochen oder mit bunten Kugeln geschmückten Haare ihrer Toten an.

Obgleich der Sinn für Geld vollkommen entwickelt ist und Muschelgeld und Hundezähne ständig verwendet werden, bedient man sich bei den täglichen Märkten und beim Handel mit entfernteren Gebieten doch oft der Tauschform. In erster Linie geschieht das, wenn man damit die Herstellung oder den Verkauf einer bestimmten Ware erzwingen will. So wird zum Beispiel ein Kanu von Mok mit Kokosnüssen der Matankor auf den nahegelegenen Inseln beladen und nach Peri gefahren; dort fordert man Sago und weigert sich, Geld oder sonstige Güter anzunehmen. Die Last, Geld in Sago umzusetzen, wird damit den Leuten von Peri aufgebürdet; die Leute von Mok, die die Reise unternommen haben, warten einfach, bis ihre Forderung erfüllt wird. Oder die Leute von Balowan, die Sumpfhuhneier an den Südküstenhandel liefern, geben drei Eier für zwei Hundezähne, aber zehn Eier für einen Büschel Sago, der auf dem Festland zwei Hundezähne kostet.

Neben dem Handel mit Gegenständen des täglichen Bedarfs, der den ganzen Archipel mit den Erzeugnissen der verschiedenen Gebiete versorgt, läuft auch der Handel mit Amuletten: Zaubermitteln, die Krankheiten hervorrufen oder heilen, einen Schuldner veranlassen, seine Schulden abzutragen, Verwandte dazu bestimmen, großzügig zu einem Unternehmen beizusteuern, den Ehemann dazu bringen, rechtzeitig zu den Mahlzeiten nach Hause zu kommen oder seine Nebenfrau etwas zurückzusetzen. (Polygamie ist ungewöhnlich, kommt aber vor.) Diese Dinge werden von Volk zu Volk gehandelt und scheinen mit jedem gewinnbringenden Besitzwechsel an Wert zuzunehmen. Wer ein Medium werden will, läßt sich von einem berühmten Medium eines anderen Dorfes ausbilden. Ständig sind die Kanus mit Menschen, Handelswaren und Zaubermitteln, mit Geburts- und Todesnachrichten, mit Klatsch über eine spiritistische Sitzung von einem Manus-Dorf zum anderen unterwegs.

Gelegentlich geschieht es, daß eine nur lose verbundene Sippe väterlicherseits sich spaltet und die vergrämte Hälfte in ein anderes Dorf zieht. In einem solchen Fall wird zwischen den Mitgliedern der beiden Dörfer ein Mindestmaß von Beziehungen aufrechterhalten; die Sippenzugehörigkeit wird in Anspruch genommen, wenn dies beim Arrangieren einer Heirat usw. opportun erscheint. In der Regel bleibt jedoch der Clan geschlossen in ein und demselben Dorf. Die Clans sind klein, bestehen manchmal aus zehn, oft auch nur aus zwei bis drei erwachsenen Mitgliedern. Sinkt die Zahl jedoch bis auf zwei erwachsene Männer herab, so verbindet sich der Clan entweder mit einem anderen kleinen Clan oder geht vollständig in einem großen auf. So ist in Peri zum Beispiel Malean der einzige Vertreter des Clans der Kapet; er wurde von Ndrosal adoptiert und wird wahrscheinlich für immer zu Peri gezählt werden. Pokanas und Poli sind die einzigen Vertreter des Lopwer-Clans und Kea der einzige noch vorhandene Mann der Kamatatchau; diese drei Männer haben sich dem kleinen Clan der Kalo angeschlossen und werden bereits als Mitglieder dieser Sippe betrachtet. Die Namen der Clans – soweit sie überhaupt in Peri erklärt werden konnten – rühren von den verschiedenen Fischereiausrüstungen her, deren Herstellung dem betreffenden Clan auf Grund eines Erbrechts vorbehalten war. Theoretisch bauen die Clan-Mitglieder ihre Häuser nahe beieinander, aber die Sitte, das Haus nach einem Todesfall zu verlegen, lockert diese Lokalisierung (vergleiche Lageplan).

Die ganze Einstellung zur Clan-Zugehörigkeit und zum Sippenwesen ist in Peri sehr vage. Verwandtschaft wird auf beiden Seiten gezählt, ein Kind gehört jedoch gewöhnlich zum väterlichen Clan, es sei denn – was oft vorkommt –, daß es vom Bruder der Mutter oder von ihrem Clan-Bruder adoptiert wird. Die Kinder von zwei Schwestern reden sich mit der gleichen Bezeichnung an wie die Kinder von zwei Brüdern, wobei sie, falls nötig, noch »aus einem andern Haus« hinzufügen. »Haus« ist das Äquivalent von »Vaters Linie« und »Ort« das Äquivalent von »Vaters Clan«. Dies läßt erkennen, daß die Wohnung als das Wichtigste angesehen wird. Altersunterschiede finden im Verwandtschaftssystem ihren Ausdruck: die älteren Geschwister werden zu der Generation der Eltern, die jüngeren zu der der Kinder gezählt. Im Mittelpunkt des ganzen Verwandtschaftssystems steht das Bruder-Schwester-Verhältnis bei den Abkömmlingen. Die Schwester des Vaters und ihre Abkommen der weiblichen Linie sind »Spaßende Verwandte« und haben die Macht, die Nachkommen des Bruders zu verfluchen oder zu segnen. Kreuzvettern werden durch die bevorrechtete Heirat ihrer Kinder als aussichtsreiche Geschäftspartner angesehen. Das System ist zwar starr, läßt aber jeden Schwindel zu, wenn jemand zur Durchführung eines Heiratsplanes in eine bestimmte Kategorie eingereiht werden soll.

Von einem Mann kann angenommen werden, er sei Schwestersohn des Clans der zweiten Frau seines Vaters oder der Frau des älteren Bruders, so daß er das Recht hat, dorthin zurückzukehren, um eine Frau für seinen Sohn zu fordern. Nur erste Heiraten werden auf Grund des Verwandtschaftssystems organisiert, und diese Heiraten, bei deren Abschluß die Beteiligten gar nicht gefragt werden, haben am wenigsten Bestand. Große Unterschiede im Intelligenzniveau sind die häufigsten Ursachen dafür, daß Ehen, besonders auf Veranlassung der Sippe des Ehemanns, auseinanderbrechen. Manchmal wird einem Mann auch von seinen Verwandten eingeredet, sich von seiner dummen Frau zu trennen, wenn er selber dumm ist; er soll dann eine kluge Frau nehmen, die ihn beraten kann, damit er in der Gemeinschaft eine Rolle spielt. Es fällt auf, daß alle wohlhabenden und einflußreichen Männer schon lange mit der gleichen Frau verheiratet waren. Das kann man verschieden auslegen. Man könnte sagen, daß sie so lange beieinander geblieben sind, weil sie beide gleich intelligent sind und durch Intelligenz und Schwung ihren Erfolg herbeigeführt haben. (Für dieses Argument würde sprechen, daß manche Männer, die lange Zeit mit der gleichen Frau verheiratet sind und viele Kinder mit ihr gezeugt haben, dumm und schüchtern sind und keine Rolle in der Gemeinschaft spielen.) Man könnte auch geltend machen, daß ein häufiger Wechsel der Ehefrau eine fürchterliche wirtschaftliche Belastung für den Mann darstellt. Wird eine Ehe durch den Tod des einen Ehepartners beendet, so wird sie durch die dann stattfindenden Tauschgeschäfte in angemessener Weise aufgelöst; aber eine Ehe, die mit Scheidung endet, läßt vieles ungeordnet und bereitet den Personen, die zum Zustandekommen der Heirat materiell beigetragen haben, viel Verlust. Ein Mann, der oft geschieden wird, gilt bald als schlechte Investition, und die Leute stecken ihren Besitz lieber in Tauschgeschäfte bei Ehen, die sich als haltbar erwiesen haben.

Eine gewisse Rangordnung spricht aus den Privilegien, die von den sogenannten *lapan*-Familien (im Gegensatz zu den *lau*-Familien) geltend gemacht werden. Beide Klassen können innerhalb des gleichen Clans vorkommen. Die Privilegien der *lapan* sind mehr dekorativer Natur: sie haben das Recht, Muscheln am Haus aufzuhängen, an einer Schnur hundert Hundezähne statt nur fünfzig aufzureihen; sie dürfen ihr Haus nahe einer der kleinen Inseln bauen; und in erster Linie sind sie berechtigt, mit ihrem *lapan*tum zu prahlen und bei Streitigkeiten die *lau* zu beschimpfen. Aus einer *lapan*-Familie jeden Dorfes wird ein Kriegsführer, der *luluai*, gewählt; er genießt innerhalb dieser Familie das größte Ansehen. Er repräsentiert auch das Dorf bei den gelegentlich von mehreren Dörfern veranstalteten Festen. Außer diesen Funktionen und dem Ansehen, das ihm der Titel gewährt, hat er keine Gewalt über die Dorfgemeinschaft und kein Recht, Forderungen zu stellen. Die Dorfeinheit ist eine lockere Demokratie, die von einem unserer Mittelsmänner auf Pidgin-Englisch als ein Ort charakterisiert wurde, wo »Junge zusammen und redet«. Sie ist eine Anhäufung von locker organisierten, väterlicherseits exogamen Clans, die alle durch gegenseitige wirtschaftliche Verpflichtungen aus Heiraten zwischen ihren Mitgliedern verbunden sind. Diese Verpflichtungen werden durch die über Medien sprechenden Geister der Toten erzwungen. Eine einzige Pubertätszeremonie kann alle Bewohner des Dorfes in Aufruhr bringen, aber jeder einzelne handelt nur als Mitglied seiner Familie oder Sippe, nicht als Mitglied des Dorfes.

3. Kulturelle Kontakte der Manus

Im Jahre 1912 wurde auf den Admiralitätsinseln eine Dienststelle der Regierung errichtet. Seitdem steht der Archipel unter ihrer Aufsicht. Steuern werden erhoben; Krieg, Kopfjagden, Frauenraub zu Prostitutionszwecken, das Halten von öffentlichen Prostituierten im Männerhaus sind durch Gesetz verboten; Übertretungen werden mit Gefängnis bestraft. Regierungsbeamte machen jedes Jahr Kontrollfahrten, manchmal ärztlicher Inspektionen wegen, einmal jährlich zum Einziehen der Steuern usw.; zivilrechtliche Streitigkeiten werden während dieser Patrouillenfahrt geregelt. Die Eingeborenen können ferner jederzeit bei dem Distriktsbeamten strafrechtliche oder zivilrechtliche Klagen stellen.

Die Verwaltung wird in den Eingeborenendörfern durch eingesetzte Beamte vertreten, und zwar durch den *kukerai* (leitender Beamter), einen *tultul*, der im Verkehr mit der Regierungsdienststelle als Dolmetscher und Assistent fungiert, und einen *doctor boy*. Das Dorf Peri war in zwei Verwaltungseinheiten aufgeteilt; die Ursache war ein Streit, der vor etwa zehn Jahren dadurch entstanden war, daß junge Männer eine Usiai-Frau entführten, die mit dem *kukerai* des Dorfes verschwägert war. Daraufhin wurden zwei getrennte Verwaltungseinheiten gebildet, so daß Peri zwei *kukerais*, zwei *tultuls* und zwei *doctor boys* besitzt. Diese eingeborenen Beamten werden mit Polizeihelmen ausgestattet und sind von der Steuer in Höhe von zehn Schilling befreit. Gewöhnlich werden Männer gewählt, die eine gewisse Persönlichkeit aufweisen, und ihre Bestallung durch die Regierung erhöht noch ihren Einfluß im Dorf. Das Leben im Dorf wird durch diese Dienststelle nicht wesentlich verändert, doch können diese Männer, wenn sie schlaue Politiker sind, aus ihren Ämtern oft Gewinn schlagen. Die Theorien der Eingeborenen über Krankheit und ihre Heilung werden von den *doctor boys* mit der gleichen Überzeugung unterschrieben wie von allen anderen Gemeindemitgliedern. Die Helmträger haben der gesellschaftlichen Szenerie nur einen Anflug von Verfeinerung verliehen. Stirbt einer von ihnen, trauern alle übrigen Helmträger um ihn, indem sie irgendein Tabu beachten – sie verpflichten sich zum Beispiel, keinen Capstan-Tabak zu rauchen, bis das große Totenfest, das die Verwandten für ihn veranstalten, vorüber ist. Wichtige *kukerais* geben Feste, die *kan pati yab*, das »Fest, das dem fremden Mann gehört«, genannt werden; hierfür werden Tische aus Brettern gemacht und auf Holzklötze gelegt; Kaliko-Stücke dienen als Tischtücher, und alle Emailwaren und Bestecke des Dorfes werden aufgerufen; geboten wird hauptsächlich Reis und gepökeltes Ochsenfleisch, das sogenannte *bullamoocow*. Diese Feste ereignen sich jedoch nur selten; sie bilden die äußerste zeremonielle Bemühung der Eingeborenen, die Bande zwischen den eingeborenen Beamten und der erhabenen Verwaltung des weißen Mannes symbolisch darzustellen. Die Neigung der Eingeborenen von Neuguinea, die weiße Kultur durch Tischtücher und Blumenschmuck zu symbolisieren (man findet dies auch bei den Papua), ist das Resultat häufigen Zusammentreffens von Eingeborenen aus dem Busch mit zivilisierten Hausgebräuchen, die sie als Boys kennenlernen.

Die Ausschmückung der Position der Helmträger, ihre Neigung, sich als eine Bruderschaft mit gemeinsamem Interesse und Ehrgeiz zu betrachten, ihr Stolz auf die Helme und der Wunsch, sich mit einer Aura politischer Ehrfurcht und Feierlichkeit zu umgeben – das alles ergibt einen fruchtbaren Boden, auf dem administrative Arbeit gedeihen kann. In den Manus lebt der Begriff des Rangs, des erblichen Führertums im Krieg, des Blutes, der mit bestimmten Vorrechten in Kleidung verbunden ist. Leider hat diese überlieferte Rangordnung nichts mit der gewöhnlichen alltäglichen Dorfverwaltung zu tun. Das Leben im Dorf ist daher anarchisch und wird nur durch den Fluß der wirtschaftlichen Tauschgeschäfte zusammengehalten, die alle Familien lose miteinander verbinden. Dieses System eignet sich nicht zu irgendwelchen gemeinschaftlichen Unternehmungen. Aber die von der Regierung eingepflanzte Idee des Beamtentums fällt auf fruchtbaren Boden. Die alten Ideen von Rang, Führertum und Krieg, von der Achtung, die bestimmten Familien gezollt werden muß, können unter diesem neuen System leicht wieder geweckt werden; damit würde bei nur geringer Störung des Eingeborenenlebens ein konsequentes und wirkungsvolleres örtliches Verwaltungssystem geschaffen werden.

Bei wichtigen Anlässen sprechen prominente Eingeborene feierlich von der Abschaffung des Krieges, von Frieden und Wohlstand im Lande seit dem Einzug des »Helms«. Händler vom Scheitel bis zur Sohle, haben die Manus das neue Regime freudig begrüßt, das den Handel zwischen den Stämmen ungefährlicher gestaltet hat; streitfreudig und rechthaberisch, wie sie sind, genießen sie die Gelegenheit, ihre Auseinandersetzungen dem Gerichtsbeamten vorzutragen. Ihr umständliches Pidgin-Englisch, die Kompliziertheit ihrer geschäftlichen Affären führen jedoch oft zu bedauerlichen Mißverständnissen vor Gericht. Ein Streit wegen eines Schweines, für das der Kläger angeblich keinen Ausgleich erhalten hat, wird dem Gerichtsbeamten vorgetragen. Besagtes Schwein, das A dem B als Teil eines Heiratstausches überlassen hatte, hatte seitdem etwa dreißigmal den Besitzer gewechselt, da jede an dem Tausch beteiligte Partei die Verpflichtung weitergab, statt das Schwein zu essen und es im Umlaufsystem ersetzen zu müssen. Denn bis das Schwein verzehrt ist, wird es als Zahlungsmittel angesehen. Der Beklagte B versucht zu erklären, er warte darauf, daß ihm der Wert des Schweines über die Kette der dreißig Gläubiger zurückerstattet wird, die alle vorübergehend Besitzer des Schweines gewesen sind: »Ich gab das Schwein einem Mann, dem Ehemann meiner Schwester. Dieser Mann gab es einem Mann in Patusi, der seine Tochter heiraten wollte. Sie war nicht seine eigene Tochter, sondern er hat die Stellung ihres Vaters geerbt. Das Schwein wurde daher diesem Mann gegeben. Der Mann aß das Schwein nicht, sondern gab es dem Bruder seiner Frau. Dieser Mann hat nun einen Bruder, einen jüngeren Bruder, der auf einer Plantage arbeitet, die einem Malayen gehört. Sein Vertrag läuft bald ab. Wenn er fertig ist, bekommt er viel Geld, er bekommt drei Pfund und viele andere Sachen. Dieser Bruder von der Frau von dem Verlobten von der Tochter vom Bruder meiner Frau . . .« An dieser Stelle wird der gequälte Gerichtsbeamte dann wohl unterbrechen und fragen, wem denn nun eigentlich das Schwein gehört. Wenn die Bedeutung von Schweinen als Zahlungsmittel, das wie eine Banknote von Hand zu Hand geht, den Beamten geläufiger wäre, würden sie wohl keinen solchen Zorn über die endlose Wanderschaft dieses Tieres empfinden. Bei einem anderen Fall, der dem Gericht vorgelegt wurde, handelte es sich um einen Mann, der ein hohes Brautgeld für seine geplante Heirat geleistet hatte und nun, nachdem diese Heirat aus irgendeinem Grund nicht zustande gekommen war, seinen Brautpreis zurückhaben wollte. Normalerweise wäre diese Schuld von der Familie der Braut im Laufe einiger Jahre abgetragen worden, wobei die Hundezähne und das Muschelgeld des Brautpreises gewissenhaft in Form von Schweinen, Öl und Sago zurückerstattet worden wären. Der enttäuschte Bräutigam ist jedoch mit einer langsamen Abgeltung nicht zufrieden, da er ja dadurch nicht wegen einer neuen Braut verhandeln kann; also will er seine Vorleistung sofort wiederhaben. Wenn der Distriktsbeamte noch nicht lang in dem Gebiet arbeitet und keine anthropologische Ausbildung genossen hat, so wird er vielleicht bei dem Versuch, der Zahlung auf ihrer Reise nach Mok, Rambutchon und zurück nach Peri usw. zu folgen, ausrufen: »Ihr zahlt hier zuviel für eure Frauen. Ihr macht das ganz falsch. Es wäre gescheiter, ihr würdet so heiraten, wie der weiße Mann es macht.« Intime Kenntnis der Eingeborenengebräuche würde erkennen lassen, daß es gar keinen Brautkauf gibt, daß jedem einzelnen Posten des Brautpreises feste Werte in Form von Lebensmitteln gegenüberstehen und auf diesem ständigen Austausch von

Werten die gesamte Struktur der zwischen- und innerdörflichen Beziehungen aufgebaut ist. Unter dem Anreiz der ständigen spektakulären Täusche werden Nahrungsmittel aufgebracht, Schweine gekauft, Töpfe und Grasröcke in großen Mengen angefertigt, wodurch den Menschen ein hoher Lebensstandard und eine sichere wirtschaftliche Basis gewährleistet wird. Einmischungen in dieses System würden schwerwiegende Wirkungen haben: Zerfall und Demoralisierung des Eingeborenenlebens wären die Folge. Vielleicht wären einige Kenntnisse in Arithmetik und Buchführung jedoch eine große Wohltat für die Manus-Kultur. Aufzeichnungen über alle Tauschgeschäfte würden Streitigkeiten verhüten und könnten das gegenwärtige Durcheinander des dörflichen Lebens mildern. Zur Zeit werden nur die bei Gericht geltend gemachten Streitfälle amtlich registriert; würden alle Fälle von den Eingeborenen irgendwie aufgezeichnet, so wären weniger Klagen bei Gericht anhängig. Denn die Manus sind ausnahmslos ehrliche Menschen, die bei dem Gedanken an Schulden Angstneurosen entwickeln. Wir stellten fest, daß wir viel zuverlässiger regelmäßige Fischlieferungen erhielten, wenn wir unsere Gegenleistung in Form von Tabak im voraus entrichteten. Die Eingeborenen zahlten die Vorschüsse immer zurück; hatten sie einmal weniger gefangen, so brachten sie uns Geld zurück, weil sie ihr Gewissen nicht mit Schulden belasten wollten. Könnte diese Angst vor Schulden mit einer brauchbaren Kontenführung verbunden werden, so würde ein vorzügliches Wirtschaftssystem entstehen.

Zu dem Muschelgeld und der Hundezähne-Währung der Eingeborenen waren als weitere Zahlungsmittel englisches Geld und Tabak gekommen. Das Verhältnis ihres Wertes zu dem des alten Geldes und der Waren steht vollkommen fest. Altes Geld dient zur Bezahlung kleiner zeremonieller Verpflichtungen wie der Entlohnung kleiner Zauberdienste oder zur Abwicklung der gewöhnlichen Handelsbeziehungen zwischen den Angehörigen der verschiedenen Stämme. Tabak hat von den zeremoniellen Zahlungsmitteln eine strenger umrissene Funktion, er darf nämlich nicht bei der Durchführung von Trauerriten fehlen. Bei dem Fest, das die Trauerfeierlichkeiten abschließt, wird jeder Teilnehmer, der im Haus des Todes geschlafen hat, mit Tabak bezahlt. (Dies waren die Feste, für die die Eingeborenen von uns Tabak borgen wollten. Mit peinlicher Vorsorge bereiten sie zwar große wirtschaftliche Ereignisse monatelang vor, aber Todesfälle können sie nicht voraussehen, den erforderlichen Tabak für die Zeremonie, die unmittelbar auf den Tod folgt, auch nicht rechtzeitig genug bereitstellen.) Männer, die bei einem Hausbau helfen, werden jetzt auch, zusätzlich zu den Betelnüssen und Pfefferblättern, die ihnen auf die Speiseschale gelegt werden, mit einer Stange Tabak entlohnt. Tabak tritt bei zeremoniellen Anlässen anscheinend mehr und mehr an die Stelle der Betelnuß und wird im Falle kleiner Transaktionen so wie einzelne Hundezähne verwendet.

Dagegen verdrängt offenbar der Schilling das Muschelgeld bei zeremoniellen Leistungen. Weder Tabak noch Geld haben bis jetzt bei den großen verwandtschaftlichen Tauschgeschäften viel Bedeutung erlangt, bei denen Tausende von Hundezähnen auf einmal von einer Hand in die andere wandern. Für kleineres Geld als Schillinge haben die Eingeborenen keine Verwendung. Die kleinen Sixpence-Stücke gleiten ihnen zu leicht aus den Fingern. Diese Verachtung der kleinen Münzen verführt die Eingeborenen leicht dazu, höhere Preise zu zahlen, als nötig wäre. Gegenstände, die den weißen Mann 1½ sh. kosten, werden an den Eingeborenen glatt für 2 sh. verkauft. Geld erhalten die Eingeborenen durch Verkauf von Stroh und Sago an Händler, durch gelegentliche Verkäufe von Schildpatt und Perlmutt für die Knopfindustrie. Junge Männer, die von ihrem Arbeitsjahr zurückkommen, bringen sowohl Bargeld als auch Waren nach Hause. Teilweise geben sie ihre Einnahmen in Läden aus, die fünf oder sechs Kanu-Stunden entfernt liegen; teilweise sparen sie für ihre Steuerzahlungen (10 sh. für einen arbeitsfähigen Mann), von denen nur beamtete Personen ausgenommen sind. Im Gegensatz zu vielen anderen Gemeinden der Eingeborenen nehmen die Manus diese Auflage nicht übel, sondern prahlen sogar mit der Höhe ihres jährlichen Beitrages – so etwa, wie bei uns ein erfolgreicher Geschäftsmann auf seine Einkommensteuer als Zeichen von Wohlstand und Gedeihen verweist. Für eine vermögende Gruppe wie die Manus bedeutet die Steuer keine Härte; die Befreiung vom Krieg, die sie der Regierung verdanken, gewährt ihnen vollen Ersatz. Für die ärmeren Usiai stellt sie manchmal eine schwere Last dar, und viele müssen sie durch eine Art Fronarbeit abdienen.

Der Kontakt mit den Weißen hat die materielle Kultur der Manus am stärksten durch die Einführung von Stahl und Stoffen beeinflußt. Messer, eisenbeschlagene Äxte, Bohrer und Sägen haben die unhandlichen alten Werkzeuge aus Stein, Muscheln und Obsidian völlig verdrängt. Jedoch wurde kein Handwerkszweig dadurch geschädigt. Häuser und Kanus werden weiterhin auf die alte Weise hergestellt. Die Kunst der zarten Schildpatt-Filigranarbeiten, die an einer runden Muschelscheibe getragen werden, ist so gut wie untergegangen. Die Einführung von Messern hat nicht zur Herstellung feinerer Schnitzereien geführt; die großen Schüsseln, in denen sich die Kunst der Admiralitätsinseln am stärksten ausdrückte, werden nicht mehr angefertigt, und die kleineren Schalen werden meist nicht sorgfältig ausgearbeitet. Emailwaren haben sich zwar in geringen Mengen in die Dörfer eingeschlichen, konnten aber in keiner Weise die großen schwarzen Steinguttöpfe, in denen Öl und Wasser aufbewahrt wird, und die flachen Kochtöpfe verdrängen. Da solche Töpfe bei Heiraten als Tauschobjekte verwendet werden, müssen sie weiterhin hergestellt werden. Baststoffe finden sich kaum mehr bei den Manus, während die Leute auf dem Festland, die mehr Bastrinde, aber weniger Geld haben, sie immer noch für tägliche und zeremonielle Zwecke verwenden. Diese Gewebe aus der Rinde des Brotfruchtbaums taugten nie viel; sie sind wasserempfindlich, weshalb gerade die in der Lagune wohnenden Manus froh waren, besseres Material zu bekommen. Der Lendenschurz der Männer aus Baststoff wurde nun durch einen Schurz oder ein ganzes Lendentuch – auf Pidgin-Englisch *laplap* genannt – aus richtigem Stoff ersetzt. Die Frauen sind bei ihren gekräuselten Grasröcken geblieben; jedoch sind Stoffmäntel an die Stelle der schwerfälligen Tabu-Gewänder getreten, die aus einer steifen rechteckigen Regenmatte bestanden und, an der Schmalseite zusammengenäht, Kopf und Rücken bedeckten. (Sie werden noch als Regenumhänge verwendet, wodurch glücklicherweise die Einführung von Regenschirmen vermieden wurde, die bei den Zeremonien der Eingeborenen sehr stören würden.) Der Kalikomantel besteht aus zwei Stofflängen, die an der Kante einfach zusammengenäht sind; die Frau schnürt den Stoff über dem Kopf zusammen. Die Nähte sind ganz grob, und der Stoff wird meist nicht gesäumt. Ist er ein paarmal mit dem Wasser in Berührung gekommen, so wird aus dem schönen Rot und Purpur ein tristes Farbengemisch, so daß nur an Festtagen ausländische Farben die braune Monotonie der Dorfszenerie aufhellen. Auch Wolldecken, von denen jedes Haus eine oder zwei besitzt, werden von den Frauen manchmal als Tabu-Umhänge benutzt.

Spiegel, Messer, Gabeln und Stahlkämme sind in das Dorf eingedrungen und werden zu einem Bestandteil des Brautgewandes. Sie werden nie benutzt, sondern nur in die Armbänder der Braut gesteckt oder von ihr bei zeremoniellen Anlässen im Arm gehalten. Kampferholzkisten werden von diesen Menschen mit ihrem starkentwickelten Sinn für Bewahrung von Besitz wie ein Segen angesehen. An mancher nackten Brust baumelt jetzt ein Bund schwerer Eisenschlüssel. Die Schlösser sind so beschaffen, daß man den Schlüssel mehrmals herumdrehen muß; bei jeder Umdrehung ertönt eine kleine Melodie, die den Dieb verrät. Kisten und Äxte gehören zu den Dingen, die die vom Arbeitsjahr zurückkehrenden jungen Leute gewöhnlich mitbringen. Manche bringen auch Laternen mit, die aber wegen Petroleummangels bald weggehängt werden und außer Gebrauch geraten – wenn es auch meist in einem der Häuser des Dorfes Petroleum gibt –, oder Taschenlampen, die natürlich unbenutzt herumliegen, sobald die erste Batterie ausgebrannt ist. Zerbrochene Uhren dienen manchmal als Dekoration.

Der größte wirkliche Umschwung – größer als der bloße Ersatz von Stein durch Metall, von Baststoff durch richtigen Stoff – entstand wohl durch die Einführung von Glasperlen. Die Manus besitzen eine Tradition des Aufreihens von Muschelgeldscheiben an einer feinen Bastschnur. Auf diese Weise werden ganze Schürzen aus Muschelgeld gemacht, und die Ränder der Arm- und Beinringe werden mit Muschelgeld und schwarzen Samenkörnern verziert. Die neuen Glasperlen fanden eine bereits fertige Technik vor, und die Manus –

in geringerem Maße auch die anderen Stämme der Admiralitätsinseln, die schon von ihren eigenen Kunstfertigkeiten in Anspruch genommen waren – nahmen diese Perlenarbeiten mit großer Begeisterung auf. Die dekorativen Aufgaben, die früher von Muschelgeld und Samenkörnern erfüllt wurden, sind jetzt den Glasperlen zugefallen, mit denen viele Ornamente entworfen werden. Die Haare eines Toten werden in eine flache perlenbestickte Tasche, die von der Schulter der Witwe herabhängt, eingenäht. Der Trauerhut der Witwe, die Basttücher der Toten, Armspangen zum Halten des ebenfalls mit Perlen verzierten Brustbeinbehangs, dies alles lädt zu kunstvoller Verzierung ein. Die Muster sind geometrisch, nicht symbolisch, und halten sich entweder direkt an von Europa importierte Muster oder werden von Textilien kopiert. Solange sie neu sind, können sie keinen Anspruch auf künstlerische Distinktion erheben; erst wenn das Salzwasser die Farben ausgebleicht und gedämpft hat, wirken sie anziehend und verleihen dem Zusammensein der Dorfbewohner einen festlichen Anstrich. Die Glasperlen werden hauptsächlich bei der Ausschmückung des Trauergewandes und der Braut, gelegentlich auch des Bräutigams, verwandt und haben zur Komplizierung des Zahlungssystems geführt. Perlengürtel, die einfach aus einer Anzahl von miteinander verbundenen Perlenschnüren verschiedener Farbe bestehen, haben unter den Tauschobjekten zwischen den verschwägerten Familien einen festen Platz. Sie sind von geringem Wert und bedingen keine Gegenleistung in Form von Schweinen oder Öl, wie es bei Hundezähnen und Muschelgeld der Fall ist; es genügt hier roher Sago oder eine gekochte Speise. Dieses neue Gepräge des Heiratssystems zeigt deutlich den unmittelbaren Einfluß des ausländischen Handels auf die Binnenwirtschaft der Manus. Die Manus kaufen Perlen und machen neue Gürtel; diese gelangen in den Austausch zwischen den verschwägerten Familien und vergrößern so die Leistungen seitens der Sippe des Mannes. Um diese Perlengürtel kompensieren zu können, muß mehr Sago produziert werden. Dieser Überschuß an Sago wird von einem Händler aufgekauft, der ungefähr einmal im Monat den Distrikt bereist. Mit einem Teil des Erlöses aus dem Sago kaufen die Manus wieder Glasperlen; diese werden wieder zu Gürteln verarbeitet, in das Tauschsystem eingebracht und vermehren von neuem die Sagoproduktion. Ohne etwas am Lebensstandard zu ändern, verändern diese Handelsbedingungen Form und Pracht der Schaustellung einer Familie bei einer Zeremonie.

Während der deutschen Verwaltung wurden aus China und der Türkei in großen Mengen Hundezähne eingeführt, die eine acht- bis neunhundertprozentige Geldentwertung bewirkten. Die Warenpreise stiegen durch diese Inflation beträchtlich; in anderen Fällen wurden bei den Heirats-Tauschgeschäften die alten Preise beibehalten, was zu Ungleichheiten zwischen den Vertragspartnern führte; manchmal erhöhte sich auch nur der Wert des Besitzes, der von einer Hand in die andere überging. Wenn ein Mann sonst tausend Hundezähne an den Vater der Frau seines Sohnes zahlte, so zahlte er jetzt zehntausend. Durch die wachsende Zahl junger Männer, die für den weißen Mann arbeiten, und das entsprechende Ansteigen der Einnahmen, mit denen Schweine gekauft werden konnten, stieg natürlich die Zahl der Schweine in der Gemeinde, so daß diesen hohen Hundezahnbeträgen auf der weiblichen Seite die entsprechenden Leistungen gegenübergestellt werden können.

Eine entscheidende Änderung hat die weiße Kultur durch das Verbot von Krieg und Kriegsgefangenen herbeigeführt. Diese Abschaffung der üblichen Betätigung der unverheirateten jungen Männer einer Gesellschaft, die ihren jungen Mädchen und unverheirateten Frauen keine Liebesabenteuer gestattet, hätte vielleicht schwerwiegende Folgen gehabt, wenn nicht der Krieg durch die Verpflichtung zur Arbeit ersetzt worden wäre. Die jungen Männer werden in dem Alter, in dem das Gemeinwesen sich nicht mit ihnen befassen kann, aus den Dörfern geholt. Sie werden zu wirtschaftlichen Aktivposten statt zu militärischen von zweifelhaftem Wert. In einigen Eingeborenengesellschaften, die einen seltenen Schatz an Zauberkunde und esoterischem Wissen besitzen, der von den Alten an die Jungen weitergegeben wird, bedeutet es einen einschneidenden Vorgang, wenn alle jungen Leute aus dem Dorf geholt werden. Die jungen Männer kommen zurück, wenn die Väter tot sind, und sehen sich unwiederbringlich um ihr Erbe betrogen. In dieser Sache wurden noch keine eingehenden Untersuchungen angestellt, aber es besteht Grund zur Annahme, daß diese Situation bei den Ackerbau treibenden und mehr von Zauberei abhängigen Usiai auf der Großen Admiralitätsinsel gegeben ist. Ein Ackerbau treibendes Volk leidet manchmal auch unter einer Verringerung der Saatvorräte, weil die jungen Männer abwesend sind und die Pflanzungen nicht bearbeiten können. Es leiden auch alle Gemeinwesen, die Wert darauf legen, daß ihre Söhne früh in das kultische und werktägige Leben der Gruppe eingeführt werden, wenn die Jungen plötzlich aus der normalen Bahn ihrer Erziehung gerissen werden. Wenn dieser Eingriff in die gewohnte Ordnung mit Versuchen der Missionare zusammenfällt, die Eingeborenenkultur aufzuspalten, so wirken diese beiden Faktoren zusammen und erzeugen gesellschaftliche Desorganisation und Anpassungsmängel. Glücklicherweise hat bei den Lagunen-Manus das derzeitige System der Arbeiteraushebung keine dieser beklagenswerten Folgen hervorgerufen. Wenn die Zeit des Weggehens gekommen ist, haben die Jungen schon alle Ausbildung erhalten, die das Gemeinwesen seinen jungen Männern vor der Heirat gibt – außer natürlich jene, die mit Krieg und Prostitution zusammenhängt. Wenn sie zu Hause blieben, würden sie nur die Moral und die wirtschaftlichen Vereinbarungen stören. Da dem System der Manus die Zauberei fremd ist, die langes und geduldiges Auswendiglernen erfordert, verlieren die Manus-Jungen kein Zaubererbe und damit

Macht über ackerbauliche, wirtschaftliche oder gesellschaftliche Erfolge, wie das bei Jungen aus Gesellschaften der Fall ist, in denen Zauberei und Ritual eine große Rolle spielen. Die jungen Manus kehren reich in ihre Dörfer zurück und sind daher in der Lage, von den Älteren weit mehr Respekt zu fordern, als wenn sie zu Hause geblieben wären. Sie fangen sofort an, eine ihrer Verpflichtungen abzuzahlen: die Verpflichtung gegenüber den Verwandten, die für die Trauerfeiern ihrer Väter oder anderer naher Verwandter gezahlt haben. Wenn auch die für die Heirat eingegangene Schuld sie viele Jahre lang belasten wird, so stimmt doch das gegenwärtige System, mit dessen Hilfe der angesammelte Verdienst für eine große erste Zahlung an die Gläubiger verwendet wird, vollkommen mit dem Finanzsystem der Manus überein. Außerdem bringt es erwünschte ausländische Güter wie neue Werkzeuge und Stoffe, die man nicht mehr entbehren kann, ins Dorf.

Sollten jemals orientalische Arbeitskräfte in die Mandatsgebiete gebracht werden und die weit weniger brauchbaren melanesischen Arbeiter verdrängen, so daß die jungen Manus von der Pubertät bis zur Heirat in ihren Dörfern blieben, so müßten die Eingeborenen ihre Gewohnheiten wieder ändern. Das Keuschheitsgebot für die Manus-Frauen könnte nicht neben dem Verbot der Prostitution und der Sitte der späten Eheschließung aufrechterhalten werden. Eine wenn auch versteckte Wiedereinführung der Prostitution ist unwahrscheinlich, weil der Respekt der Manus vor der Tugend ihrer eigenen Frauen nur die Möglichkeit läßt, daß die Prostituierte eine im Krieg erbeutete Frau ist; Krieg aber kann nicht geführt werden, ohne daß die Regierung sofort davon erfährt. Als Alternative würde sich anbieten, daß entweder das Heiratsalter für Frauen und Männer, speziell jedoch für Männer, wesentlich herabgesetzt wird, die gegenwärtig geltenden Sittengesetze gelockert werden. Die benachbarten Usiai, bei denen die Kriegsprostituierte nur vereinzelt vorkam, hatten das Problem durch sorgfältig überwachte Ungebundenheit gelöst: den jungen Menschen wurde ein Jahr lang mit Gefährten und Gefährtinnen eigener Wahl in einem großen Haus, das ein reicher Häuptling für seine Tochter und deren Altersgruppe führte, Freiheit gewährt. In dem Haus war immer Aufsicht vorhanden, damit keine Übergriffe gegenüber Widerwilligen vorkommen konnten und gutes Benehmen gewährleistet war. Dieses Jahr diente zugleich als eine Art Schulung für gute Manieren und soziales Verhalten. Am Ende des Jahres kehrten die Mädchen in ihre Dörfer zurück, um ältere Männer zu heiraten, die mit ihren Zahlungen für sie fertig geworden waren; die jungen Männer heirateten die Witwen von verstorbenen älteren Verwandten. Die Lösung der Usiai war vollkommen würdig und ernst und fügte sich vorzüglich in die ganze Ordnung ein. Leider wurde sie verboten. Die Missionare sprachen bei der Regierung wegen »Unmoral« vor und tragen damit die Schuld an dem Verbot, das gleichzeitig mit dem des Prostituiertenhauses der Manus, das unglücklicherweise ebenfalls *house bomak* hieß, erfolgte.

Die stärkste Auswirkung der weißen Kultur auf das Leben der Manus lag, wie wir gesehen haben, auf wirtschaftlichem Gebiet. Von der Religion der Weißen wurden die Manus nicht wesentlich berührt; nur bei den Eingeborenen von Papitalai an der Nordküste und vor kurzem in Mbunei sind durch einen Katecheten Gottesdienste eingeführt worden. Papitalai liegt zu weit entfernt, um Einfluß auf die Dörfer der Südküste auszuüben; die Anfänge des Missionswerkes in Mbunei durch einen eingeborenen Katecheten fielen in die Zeit unseres Aufenthalts in Peri. Einige junge Leute kamen als »Anhänger« irgendeines Glaubens von ihrem Arbeitsjahr zurück; ihre Vorstellungen waren jedoch zu vage, als daß sie den Leuten zu Hause den neuen Glauben hätten lehren können. Ein paar vereinzelte Pidgin-Sätze wie »Jesus wird euch in der Hölle braten« geben den Eingeborenen einen sonderbaren Begriff vom Sinn der christlichen Lehre. Sie kennen die beiden großen Missionen im Norden des Gebiets: die römisch-katholische *(lotu popi)* und die methodistische *(talatalas)*, und haben auf Grund der ihnen berichteten Einzelheiten endgültig ihre Mission gewählt. Für *talatalas* haben sie keine Verwendung, weil deren Vertreter die Abgabe eines »Zehnten« fordern und sündige Kirchenmitglieder der öffentlichen Kritik und Sündenbekenntnis aussetzen. Der Ankunft der *lotu popi* sehen sie mit Wohlwollen entgegen, weil diese keinen »Zehnten« verlangen. Die Katholiken haben den Umfang der Aufgabe erkannt, die in der Bekehrung von hundert verschiedenen Stämmen auf Neuguinea liegt und sicher mehrere Generationen hindurch andauern wird. Zu ihrer Bewältigung haben sie große, ertragfähige Siedlungen angelegt, z. B. The Sacred Heart of Jesus Ltd., um die Brüder und Schwestern zu unterstützen, während sie sie missionieren. Auch von der Ohrenbeichte der Katholiken ist den Eingeborenen berichtet worden, und in ihr erblicken sie eine willkommene Befreiung von der gegenwärtigen Sitte, Sünder öffentlich bekanntzugeben. Sie glauben auch, daß sie von den Missionaren lesen und schreiben lernen werden. Die katholische Mission hat in Peri eine Insel erworben, so daß anzunehmen ist, daß die Eingeborenen jene Mission bekommen werden, die ihnen der Klatsch als die erstrebenswerte geschildert hat.

Kontakt mit der christlichen Lehre wird hier und da erkennbar, wie z. B. in der Meinung der Leute von Mbuke, der weiße Mann betet die Sonne an, weil er beim Beten immer in die Höhe blickt. Aber abgesehen von solchen Verdrehungen auf Grund von Zufallsbeobachtungen bleibt ihr religiöses Leben unberührt, wenn auch der Gedanke für sie etwas Erhebendes hat, daß sie mit Hilfe des schließlich angenommenen neuen Glaubens ihre launenhaften Geister ins Meer werfen können. Bis dahin bleibt deren Macht unangetastet.

Das Verbot der Regierung, Leichen zwanzig Tage lang im Hause zu behalten (in dieser Zeit werden sie täglich ins Meer getaucht), konnte ohne Schwierigkeit wegen der Fehden durchgesetzt werden, die zwischen den einzelnen Personen und zwischen den Dörfern bestehen und bei Übertretungen zweifellos zu Denunziationen geführt hätten. Die Frist wurde auf drei Tage herabgesetzt. Früher war es Vorschrift, daß zur Beendigung der Trauerzeit ein Mann getötet oder wenigstens ein Gefangener gemacht werden mußte, mit dessen Lösegeld die anfallenden Zahlungen geleistet wurden; jetzt braucht nur noch eine große Schildkröte getötet zu werden. Die Toten werden auf den weiter entfernt liegenden kleinen Inseln ausgesetzt, wo sie liegen, bis die Knochen von allen Weichteilen befreit sind; darauf werden der Schädel und bestimmte Knochen zurückgeholt und feierlich in der dafür vorgesehenen Schädelschale untergebracht. Die Trauerbräuche und wirtschaftlichen Vereinbarungen sind zu diesem Zweck etwas umgestaltet worden.

Alles in allem war das Zusammentreffen mit den Weißen für die Manus bis jetzt einigermaßen glücklich. Krieg, Kopfjägerei und Prostitution wurden abgeschafft. Durch die Arbeitsverpflichtung wurden neue soziale Probleme verhütet, die aus diesen Verboten hätten entstehen können; die Dauer der Verpflichtung und die Entlohnung wurden in das sozialwirtschaftliche Schema eingebaut; der Handel mit den Weißen brachte den Eingeborenen die Glasperlen; diese führten zu einer neuen dekorativen Kunst und gaben neuen Anreiz zu Erzeugung von Nahrungsmitteln; der krieglose Zustand schuf günstigere Bedingungen für den Handel zwischen den Stämmen. Die heutigen Manus sind friedliebende, fleißige Menschen, die großartig mit ihrer Umwelt auskommen und nur selten von vermeidbaren Krankheiten befallen werden. Ihr ethisches System ist eng mit ihren übernatürlichen Vorstellungen verknüpft – aus beidem beziehen sie Kraft und Intensität. Sie unternehmen nichts, um ihre Bevölkerungszahl zu verringern – abtreibende Mittel sind ihnen offenbar unbekannt (wie sie überhaupt infolge ihres Lebens in der Lagune nichts über Kräutereigenschaften wissen), und zu mechanischen Mitteln greifen sie nur selten. Vom Standpunkt der Regierung gesehen, erfüllen sie in vorbildlicher Weise die wenigen Forderungen, die der Kontakt mit den Weißen ihnen auferlegt. (Dies hat nichts mit dem Wesenstypus zu tun, der durch ihre Erziehungsmethoden und ihre Einstellung gegenüber Familie und Ehe entwickelt wird. Das sind subtilere Dinge, um die sich zu kümmern die Regierung keine Zeit hat.)

4. Schwangerschaft, Geburt und Versorgung der Kinder

Es ist charakteristisch für die Manus-Gesellschaft, die allen ihren wichtigen Riten eine wirtschaftliche Form gibt, daß Schwangerschaft, Geburt und Pubertät zwar mit augenfälligem Gepränge begangen werden, aber den Beteiligten doch nur wenig Tabus auferlegen. Tabus, die auf Nachahmungsmagie beruhen und der Frau während der Schwangerschaft z. B. verbieten, zwei ein Paar bildende Bananen zu essen, damit sie keine Zwillinge zur Welt bringt, beschränken sich bei den Manus darauf, daß Schwangere Fische nicht mit einem Messer und Holz nicht mit der Axt zerkleinern dürfen, weil sie damit ein Glied des Kindes abschneiden könnten. Alle übrigen Mißbildungen – Blindheit, Taubheit, Klumpfüße usw. – werden leichtsinniger Nichtbeachtung von Besitz schützenden Tabus durch Vater oder Mutter zugeschrieben. Tabus dieser Kategorie werden *sorosol* genannt. Hat jemand einen Baum, so wird er ihn mit einem *sorosol* belegen, sofern er eines besitzt, andernfalls läßt er es von jemand anderem gegen Entgelt tun. Der *sorosol* bewirkt durch Zauber verschiedene Strafen für einen Missetäter. Einige *sorosols* rufen Fehlgeburten oder Totgeburten hervor. Totgeburten werden manchmal auch bösartigen Geistern zur Last gelegt. Stirbt eine Frau im Kindbett und das Neugeborene bald nach ihr, so heißt es, daß die Mutter »das Kind genommen hat«.

Über die Natur der physischen Vaterschaft ist man sich im klaren; das Kind wird als eine Verbindung von Samen und Menstruationsblut betrachtet. Die Männer glauben, daß sie die Menstruation in ihren Frauen hervorrufen und dann das Blut durch die Zeugung zum Gerinnen bringen. Bei den Frauen besteht eine dumpfe Vorstellung, daß ihre Fruchtbarkeit von den Geistern der Familie des Mannes abhängt. Wünschen die Geister Nachkommen, so veranlassen sie die Schwangerschaft. Sie üben diese Macht in der gleichen Weise wie bei dem Ertrag eines Fischfangs aus, nämlich in Verbindung mit den Naturkräften. Ein Fischer erwartet nichts weiter, als daß sein Schutzgeist die schon vorhandenen Fische in die nahe Lagune treibt. Ebenso nimmt er an, daß die Geister irgendwie die Empfängnis begünstigen; er glaubt aber nicht, daß sie bei einem unverheirateten Mädchen die Empfängnis ohne vorhergehenden Beischlaf herbeiführen können. Beischlaf ist weder während der Menstruation noch während der Schwangerschaft verboten. Er darf nach der Niederkunft dreißig Tage nicht stattfinden, aber da die Frau ihren Mann während dieser Zeit überhaupt nicht sehen darf, versteht sich das von selbst.

Die Frauen rechnen für die Schwangerschaft zehn Monde, gezählt von der letzten Menstruation. Zum Zählen werden Stockbündelchen verwendet. Wegen der großen wirtschaftlichen Vorbereitungen, die zu treffen sind, behalten alle Beteiligten das Datum im Kopf. Einige Tage vor der Niederkunft weissagt der »Bruder« der

Frau den für die Niederkunft geeigneten Platz. Der »Bruder« ist in diesem Fall der männliche Verwandte, der die finanzielle Verantwortung für die Tauschgeschäfte mit dem Ehemann trägt. In Wirklichkeit kann er der Vater oder Vetter oder Onkel der Frau sein. Da jeder Einzelne seine wirtschaftlichen Unternehmen so planen muß, daß sie zueinander passen, so daß er heute Sago und Töpfe gibt und morgen Perlarbeiten erhält, kommt es nicht immer dem gleichen Verwandten gelegen, die mit einer Geburt verbundenen Tauschgeschäfte zu organisieren. Bei vielen Frauen wurden die Feste für ihre vier oder fünf Kinder jeweils von einem anderen Verwandten arrangiert; in anderen Fällen wechselten sich zwei Männer ab. Die Weissagung des Ortes der Niederkunft entscheidet darüber, ob der Ehemann aus seinem Haus ausziehen und es dem Schwager, dessen Frau und Familie überlassen muß oder ob die Schwangere in das Haus des Bruders gebracht wird. Dies richtet sich, so glaubt man, nach dem Willen der Geister; oft jedoch entspricht es unmittelbar den Plänen des Bruders.

Nur Frauen, die schon Kinder geboren haben, sind bei der Niederkunft anwesend. Männer, junge Mädchen und Kinder sind ausgeschlossen. Die Einstellung gegen die Anwesenheit einer Frau, die noch kein Kind zur Welt gebracht hat, ist so stark, daß es mir nicht möglich war, sie zu überwinden. Wäre ich dagegen angegangen, so hätte ich meiner Arbeit schwer geschadet; ich habe daher in Manus keine Niederkunft selbst miterlebt; die nachstehende Darstellung ist eine Darstellung aus zweiter Hand.

Die Frau muß sich niederhocken und sich an einem Bambusseil festhalten, das von der Decke hängt. Die Nabelschnur wird mit einem Stück Bambus abgeschnitten. Sie wird als etwas Gutes, die Nachgeburt als etwas Schlechtes, Unheilvolles angesehen. Die Nabelschnur, *katchaumbotoi*, wird in kleine Stücke geschnitten; ein Stück wird zusammen mit der Nachgeburt, *mbut*, in eine kleine Pandanusmatte gewickelt. Der Rest der Schnur wird geräuchert und als Glücksbringer aufbewahrt. Ein Brauch, so über die Nabelschnur zu verfügen, daß die Zukunft des Kindes davon beeinflußt wird, konnte nicht festgestellt werden. Die Mutter wird auf Matten, die auf einem holzumrahmten Viereck des Fußbodens liegen, gebettet; eine Matte wird aufgehängt und schirmt sie gegen das übrige Haus ab, neben ihr wird ein Feuer entzündet. Das ist ihr persönliches Feuer; sie hat auch ihre eigenen Kochtöpfe, in denen nur ihr Essen gekocht werden darf. Die kleine Matte mit der Nachgeburt und dem Stück Nabelschnur wird hinter ihr an der Wand festgemacht. Später wird sie weggeworfen.

Das Kind wird von den älteren Frauen der väterlichen und der mütterlichen Sippe gewaschen und versorgt. Die junge Mutter erhält eine Speise, die *bulukol* genannt wird und aus Kokosmilch und Taro besteht. Das Kind erhält erst nach zwanzig oder vierundzwanzig Stunden die erste Nahrung, und zwar wird es von einer anderen stillenden Frau an die Brust genommen; später bekommt es ein von der Mutter vorgekautes Stückchen Taro. Die anwesenden Frauen nähren das Neugeborene reihum und erhalten hierfür nachher eine Belohnung. Ist die Mutter krank und kann sie das Kind eine Weile nicht selbst nähren, so erwartet man, daß sie den Säuglingen dieser Ammen die Milch zurückgibt, sobald sie wieder gesund ist.

Unfruchtbarkeit wird nach Auffassung der Manus durch die übernatürliche Macht der Schwester des Vaters oder ihrer Tochter erzeugt. Diese Macht über die Fortpflanzung eines Bruders oder eines Bruders der Mutter ist im wesentlichen ein Fluch, kann aber auch von einem Ehepaar, das keine Kinder haben will, als Segnung herbeigerufen werden. Diese Verwandte väterlicherseits segnet auch die junge Mutter feierlich und bestimmt, daß sie erst dann wieder ein Kind bekommen soll, wenn das soeben geborene laufen und schwimmen kann. Eine unfruchtbare Frau wird *pilalokes* genannt; die Manus unterscheiden zwischen den Frauen, die niemals ein Kind geboren haben, und solchen, die viele Jahre hindurch kein Kind hatten. Von diesen Frauen sagt man, sie seien »abgeriegelt«. Die Menopause wird mit einem Wort bezeichnet, das »sie kann nichts mehr tun« bedeutet. Eine verheiratete Frau ist »fertig«, das heißt, sie wird nicht mehr wachsen.

Fehlgeburten, *ndranirol*, werden wie richtige Geburten behandelt; das Kind bekommt einen Namen, alle Tauschzeremonien werden durchgeführt. Wenn die Frauen die ersten Bewegungen des Kindes fühlen, sagen sie: »Es ist ein menschliches Wesen geworden. Seine Seele ist da.«

Zwillingsgeburten kommen gelegentlich vor. Von Drillingen hatte man in Peri noch nie etwas gehört. Als man einer Frau von Fünflingen erzählte, die bei uns in Amerika zur Welt gekommen waren, sagte sie in ihrem kärglichen Pidgin (die Manus-Sprache hätte für ihre Bewunderung nicht ausgereicht): »Oh, ihr seid Klasse!«

Kleine Kinder bekommen von Anfang an Taro zu essen. Bei der Ernährung der Kinder fehlen Kokosnüsse in ausreichender Menge. Auch Zuckerrohr ist nicht genügend vorhanden. Papayas sind beliebt, wenn man sie bekommen kann, aber Taro bildet die Hauptnahrung. Sago ist zu schwer, und Fisch gilt für Kinder unter drei Jahren als unverdaulich. Zigaretten und die äußere Schale der Betelnüsse bekommen sie, wenn sie zweieinhalb oder drei Jahre alt sind. Vor diesem Alter wird ein Kind selten entwöhnt, es sei denn, die Mutter ist wieder in anderen Umständen. Stirbt das zweite Kind, so fängt oft das erste wieder zu saugen an. Um die Kinder zu entwöhnen, binden die Mütter Haarbüschel an ihre Brust.

Die Sterblichkeit ist bei Neugeborenen außerordentlich groß. Familienkunde ist bestenfalls eine unverläßliche Methode, besonders, wenn die Mütter die Neigung haben, nicht zwischen Frühgeburten, Totgeburten und Tod wenige Tage nach der Geburt zu unterscheiden. Jedoch war in vielen Fällen die Auskunft, daß das Kind vor dem Dreißig-Tage-Fest starb, vermutlich richtig. Dieses Fest wird bei der Rückkehr der Frau zu ihrem Ehemann oder dessen Rückkehr zur Frau gefeiert und ist ein eindrucksvolles und feststehendes Ereignis, so daß es als Datumsangabe einigermaßen zuverlässig ist. Ich bringe eine Aufstellung von Geburten, über die mir von Frauen in einem Teil von Peri berichtet wurde; diese Angaben konnte ich mit Hilfe anderer Informanten überprüfen.

Der genealogische Augenschein läßt vermuten, daß die höchste Sterblichkeit in den ersten Monaten nach der Geburt und zwischen dem dreißigsten und vierzigsten Lebensjahr liegt. In beiden Fällen ist die Sterblichkeitsrate beim männlichen Geschlecht höher. Bei den Erwachsenen kann dies daran liegen, daß die Männer beim nächtlichen Fischen und auf dem Meer größeren Gefahren ausgesetzt sind. Bei älteren Familiengeschichten waren einige frühe Todesfälle auf Krieg zurückzuführen.

Malariafieber stellt für die Gesundheit der Eingeborenen eine ständige Bedrohung dar. In einigen Fällen bildet sich Gehirnmalaria, die zum Tode führt; manchmal tritt Lungenentzündung hinzu. Medizin ist für die Manus kein Begriff. Alle Kuren spielen sich im Bereich des Übernatürlichen ab; entweder versucht man, die Geister zu besänftigen, oder man läßt bekannte Zaubersprüche aufsagen – meist durch die Person, deren Zaubereinwirkung man die Schuld an der Krankheit beimißt. Knochenbrüche werden behandelt, indem das verletzte Glied in der natürlichen Lage gehalten und mit Wärme versorgt wird. Mit Wärme werden auch Schnittwunden, Quetschungen usw. behandelt; auch bei der ersten Menstruation und nach einer Entbindung wird sie angewendet.

Meiner Meinung nach ist die hohe Sterblichkeit bei kleinen Kindern die Folge unzureichender und unvernünftiger Ernährung (die Milch der Mutter ist nach jahrelangem Nähren der älteren Kinder erschöpft), des Mangels an Sonne und des Fehlens von Schutz gegen Temperaturunterschiede. Die aus schmalen Brettern bestehenden Böden lassen ständigen Luftzug durch, und Temperaturrückgang macht alle Anwesenden erschauern. Es fehlt an geeigneter Kleidung für die verschiedenen Witterungsbedingungen. Bei den kleinen Kindern treten auch häufig wunde Stellen schlimmer Art auf. Haben die Kinder das erste Lebensjahr überstanden, entwickeln sie sich gut. Krankheiten kommen dann verhältnismäßig selten vor, mit Ausnahme von Malariaanfällen und gelegentlichen Tropengeschwüren. Die hohe Sterblichkeitsziffer bei Neugeborenen und die zahlreichen Todesfälle im mittleren Alter lenken die Aufmerksamkeit der geängstigten Manus auf ihre Sünden. Jede leichte Erkrankung bedeutet Beichte und Sühnezahlung, und kaum eine Nacht vergeht, ohne daß man das Pfeifen des Mediums aus einem Haus dringen hört, in dem ein Kranker liegt. Malaria ist besonders gut geeignet, periodische Angstausbrüche kleiner Sünden wegen hervorzurufen; dann wird Buße getan, und der Patient erholt sich meistens wieder – ein Beweis, daß der Zorn der Geister besänftigt ist.

5. Übersicht des Dorfes, der Hauseigentümer, Clan-Mitgliedschaften und Wohnsitze

Lage-Plan von Peri

```
                        13  14  15  16  17
            6   7                              22  23  24  25  26  27  28  29  30  31
    4   5   8   9  10  11  12  18  19  20  21                  42                      36       32  33  34  35
                                               43            40  41  39  38  37
  1   2
      3   A                                         B           C
```

Haus-Nr.	Eigentümer	Clan	Vorstand des Neben-Haushalts	Clan	Verwandtschaftsverhältnis zum Hauseigentümer
1.	Pomalat	M	Polau	M	Parallel-Vetter der väterlichen Linie
2.	Topas	M			
3.	Pokenau	Po	Saot	P	Halbbruder durch Peri-Vater
4.	Luwil	M			
5.	Tchaumutchin	M			
6.	Dropal	Po			Mit der Tante väterlicherseits der Ehefrau verheiratet?
7.	Ngandiliu	Lo	Drauga	Pat	
8.	verlassen				
9.	Maku	Pat			
10.	Kampwen	Po			
11.	Ngapo	Kt			
12.	Selan	Po	Pongi	Pat	Verheiratet mit der Tochter der Witwe
13.	Ngamoto	Kt	Nganidrai	Po	Verheiratet mit der Tochter
14.	Pope	M			
15.	Pomele	Lo			
16.	Kalowin	Po			
17.	Poiyo	M			
18.	Tunu	P			
19.	Bosai	M			
20.	Pomat	M			
21.	Pwsisio	P			
22.	Paleao	P			
23.	Ngapotchalon (Witwe)	Kt			
24.	Nane	Lo			

Bedeutung der Abkürzungen bei den Clan-Namen:

M	Matchupal	Kt	Kalat
P	Peri	Lp	Lopwer
Po	Pontchal	Km	Kamatachau
Lo	Lo (Ausläufer der Tchalalo-Sippe, die weggezogen waren)	Kp	Kapet
Ko	Kalo	Pat	Angehöriger des Dorfes Patusi

25.	Banyalo	P			
26.	Pondramet	M	Pomo	M	Verheiratet mit der Tochter
27.	Ndrosal	P	Sisi	Loitcha	Verheiratet mit der Nichte
28.	Pokanas	Lp	Malean	Kp	Adoptivsohn. Mitglied einer ausgestorbenen Sippe
29.	Kea	Km			
30.	Talikawa	P	Kala	Km	Entfernter Verwandter mütterlicherseits
31.	Jungenhaus				
32.	Tchanan	Kt			
33.	Ngapolyon (Witwe)	Km	Kaloi	Kt	Sohn der Witwe
34.	Kalat Spiel-Haus				
35.	Sanau	Kt			
36.	Tuain	Ko			
37.	Poli	Lp			
38.	Ngamasue	Ko			
39.	Ndrantche (Witwe)	Lo			
40.	Kemai	Lo	Polin	Rambutchon	Adoptiv-Sohn
41.	Talikai	P			
42.	Koroton	P	Tcholai	P	Sohn
43.	Ngamel	P			

A. Pontchal-Insel – Baracke
Unser Wohnsitz seit zwei Monaten

B. Peri-Insel – unser Haus
C. Peri-Insel Nr. 2

Kommentar

Bei den Wohnsitzen der jüngeren Männer ist eine deutliche Teilung festzustellen: die jungen Männer der wohlhabenden und erfolgreichen Linien leben beim Vater, dem Adoptivvater oder einem älteren Bruder, während die Angehörigen ärmerer Familien leben, wo sie können. Bei den Armen oder den irregulär Verheirateten besteht oft eine Tendenz zum matrilokalen Wohnen (so hatte Sisi, Haus 27, seine Frau einem anderen Mann gestohlen, aber noch nicht dafür bezahlt. Mit seinem älteren Bruder war er wegen dieser Partie zerstritten und hatte nun in seinem Heimatdorf Loitcha kein Haus, in das er hätte gehen können). Dieses System macht die Stellung des Mannes schwierig, weil dem Schwiegermutter-Tabu niemals begegnet werden kann. Bei der Erörterung des Heiratssystems habe ich an den Bedingungen festgehalten, die als üblich angesehen werden; denn in diesen irregulären und ärmlich finanzierten Heiraten treten so viele verschiedene Faktoren auf, daß sie das Bild übermäßig verwirren würden.

6. Das Dorf, wie es von zwei Kindern im Alter von fünf und elf Jahren gesehen wird, und erklärende Kommentare

Weder Jungen noch Mädchen können die Clan-Mitgliedschaften jedes Hauseigentümers aufzählen. Sie können alle Häuser von Kalat bezeichnen, weil diese für sich allein stehen und Kalat als ein bestimmter Ortsname benutzt wird. Pontchal ist ihnen ebenso bekannt; der Name bezeichnet den Teil des Dorfes, wo die Häuser des Pontchal- und Matchupal-Clans stehen. Pontchal ist von der Regierung zu einer Verwaltungseinheit gemacht worden und hat eigene Beamte; in diesem Lichte sehen es also der Kinder. Sie wissen weder, wem die Häuser gehören, noch kennen sie die Clan-Mitgliedschaft der Frauen. Sie kennen keine Schutzgeister außer denen ihres eigenen Hauses, und manchmal kennen sie auch die Namen ihrer eigenen Geister nicht, wenn es in ihrem Haus mehrere gibt.

Der vorangehende Lage-Plan zeigt das Dorf, wie reife Männer oder Frauen es beschreiben können. Es ist unmöglich zu zeigen, welche Rolle Eigennutz oder Aufmerksamkeit in der Sicht eines Erwachsenen spielen, weil der Erwachsene viele Dinge berichten wird, an denen er nicht interessiert ist. Er sieht die Clan-Niederlassungen und -Mitgliedschaften seines Dorfes auf ziemlich die gleiche formale Weise, wie wir Staaten und ihre Hauptstädte zu sehen pflegen.

Ansichten des Dorfes*

Die Übersicht zeigt das Dorf Peri, wie es erstens der fünfjährigen Kawa (Haus 12) und zweitens der elfjährigen Ngasu (Haus 22) erscheint, und enthält einige zusätzliche Anmerkungen über die in Frage kommenden Haushalte.

* In beiden Fällen handelt es sich um Berichte von Mädchen, weil Jungen verständlicherweise selten solche Kommentare abgeben; da sie weniger Zeit bei den Frauen verbringen, wissen sie weniger, was vorgeht.

Haus-Nummer	Kawas Ansicht. Kawa ist die Tochter von Selan, einem Mitglied des Pontchal-Clans	Kommentar	So sieht Ngasu, ein elfjähriges Mädchen, denselben Teil des Dorfes. Sie ist die Tochter von Panau, der gestorben ist. Ihre Schwester Salikon und sie wurden von Paleao, dem Adoptivsohn von Panaus Adoptivvater, adoptiert. (Siehe Kapitel II und VI)
4.	1. Vaters Schwester lebt hier	1. Verweist auf Molung, die Ehefrau von Luwil. Molung wurde von Ngandiliu, dem älteren Bruder von Kawas Vater, adoptiert. Sie ist wirklich die Tochter von Kali, einem Onkel, der Ngandilius Heirat finanzierte. Selan, Kawas Vater, nennt sie »Schwester«, und Kawa nennt sie *patieien*, »Vaters Schwester«.	Haus von Paleaos Bruder Luwil. Luwils Teil des Hauses ist vorn. Kalowin und Piwen wohnen dort. Saot wohnt hinten. »Die Frau von Luwil« und »Die Frau von Saot« liefen von Paleao weg. Sie sind seine Tabu-Verwandten.
	2. Piwen lebt hier	2. Piwen ist ein kleines dreijähriges Mädchen, Molungs Adoptivtochter. Molungs neunjähriger Sohn Kalowin wird von Kawa nicht erwähnt.	
	3. Pwendrile lebt hier, glaube ich	3. Pwendrile ist ein zweijähriger Junge, der Sohn von Saot, Luwils jüngerem Halbbruder, der bei seiner Frau im rückwärtigen Teil des Hauses 4 wohnt. Pwendrile ist von Pokanas und seiner Frau Nyambula, der Clan-Schwester der ersten Frau von Saots Vater, adoptiert worden. Pwendrile verbringt einen großen Teil seiner Zeit bei Nyambula, die ihn für ganz aufnehmen wird, sobald er entwöhnt ist. Sie kann ihn nicht eher nehmen, weil sie unfruchtbar und also keine Mutter ist, die ihr Kind kürzlich verloren hat und ihn nun an der eigenen Brust säugen kann. Pwendrile ist Saots einziges Kind, und dieser ist sehr unterwürfig ihm gegenüber, aber Nyambula und Pokanas haben ihm geholfen, seine Heirat zu finanzie-	

		ren. Sie sind reich und können frühzeitig die Zahlungen für Pwendriles zukünftige Frau aufnehmen.	
5.	1. Itong lebt hier	1. Itong ist ein kleines Mädchen von fünf Jahren	»Großvaters« Haus. Er ist Paleaos Bruder. Yesa, Kapamalae, Pindropal, Itong und Songan wohnen dort. Ngaleap brach ihr Knie offen baumelnd, und Sain erzählt Popoli (Paleaos Adoptivsohn), daß er seines auch brechen wird, wenn er nie zu Bett geht.
	2. Ngaleap pflegte hier zu wohnen	2. Ngaleap ist die Tochter des Sohnes eines Clan-Bruders des Vaters von Mutchins Adoptivmutter. Als ihre Eltern starben, adoptierte er sie, und sie lebt in seinem Haus. Sie war ein lustiges Mädchen, und die jüngeren Kinder mochten sie gern. Nachdem sie jedoch in einen Skandal geraten war, nahm ein anderer Onkel sie zu sich, weil er glaubte, daß Mutchin für einen Erzieher zu nachgiebig war.	
	3. Mutchin brach seiner Frau den Arm	3. Mutchin brach seiner Frau den Arm bei einem Streit wegen einer Schüssel Essen, die sie zum Geburtstagsfest der Frau ihres Bruders senden wollte, während er zu einem Fest beitragen wollte, das aus Anlaß der Errichtung eines Jungenhauses für den Clan seines Halbbruders gegeben wurde. Er setzte seinen Standpunkt durch, aber am nächsten Tag hätte sie nicht gehen können. Als er ihr sagte, daß die Nachbarin die Schüssel als ihr Eigentum mitgenommen habe, antwortete sie ihm mit ungewohnter Giftigkeit, und so brach er ihr den Arm.	
	4. Pindropal lebt hier	4. Pindropal ist ein kleines Mädchen von sieben Jahren, Mutchins Tochter. (Im Haus sind auch noch drei Jungen im Alter von drei, zehn und zwölf Jahren, die Kawa nicht erwähnt.)	
1.	Weiß nichts über dieses Haus		Der Doktor-Junge von Pontchal wohnt dort. Seine Frau hat ein Baby, und Paleao machte das Fest für die Geburt. (Siehe Kapitel VII)
3.	1. Haus, zu dem	1. Selans Frau hat keine nahen Verwandten in Peri, weil sie von der	3. Dies ist das Haus vom *kukerai* von

	Mutter fort-gelaufen ist, als Vater böse auf sie war, weil sie keinen Tabak hatte	Insel Taui kommt. Pokenau, der Besitzer von Haus 2, ist ein weit-läufiger Vetter, und in seinem Haus fand Mateun, Selans Frau und Ka-was Mutter, Unterschlupf.	Pontchal. Er und Paleao kämpfen immer.
	2. Masa hat nur ein Auge. Sori auch	2. Masa ist die vierjährige Tochter von Pokenau. Das eine Auge ist durch eine bösartige Bindehautentzün-dung nur noch vernarbtes Gewebe. Sori ist Masas kleiner Bruder; er hat ebenfalls ein schlimmes Auge. Ka-wa erwähnt nicht den sechsjährigen Pomitchon, Pokenaus ältesten Sohn.	
	3. Bopau schläft dort, glaube ich	3. Bopau ist der Sohn von Pokenaus verstorbenem älterem Bruder Sori. Keiner ist sonderlich an ihm inter-essiert, so wandert er herum und ist selten in Pokenaus Haus, das dem Namen nach auch sein Haus ist. Bopaus Wesen ist ruhig und reser-viert, und Kawa mag ihn lieber als den lärmenden, selbstgefälligen Pomitchon.	
6.	Kein Kommentar		
7.	1. Großvaters Haus	1. Dies ist das Haus von Ngandiliu, Selans älterem Bruder, den er »Va-ter« und den Kawa »Großvater« nennt. Im rückwärtigen Teil des Hauses lebt die Tante mütterlicher-seits von Ngandilius Frau und ihr betagter Ehemann.	1. Haus von »Vaters Schwester«. Groß-mama wohnt dort. (Das sind die Frau von Ngandiliu und Paleaos Sippen-Schwester sowie Komatal, die Frau von Potik und Pflegemutter von Paleao und Ngasus eigenem Vater, Panau.)
	2. Topal lebt dort	2. Der siebenjährige Topal ist in Wirk-lichkeit Kawas eigener Bruder; er wurde bei seiner Geburt von dem kinderlosen Ngandiliu adoptiert.	
8.	Dort wohnt keiner	Dieses Haus ist seit dem Tod seines Besitzers verlassen. Seine Frau lief fort und heiratete wieder, ohne ihre Trauer vollendet zu haben. Es gab nur entfernte Verwandte; das Haus war alt und zerfallen. Poiyo fand hier für eine Weile Zuflucht, als der Streit zwischen seinen beiden Frau-en ihm den Aufenthalt in seinem	Hier lebt keiner. Sa-katons Frau lief weg.

eigenen Hause unmöglich machte. Er war zu arm dafür, ein neues Haus für seine zweite Frau zu bauen.

9.	1. Alupwa lebt hier	Dies ist das Haus des alten Maku, der fünf Frauen und keine Kinder gehabt hat. Seine ersten vier Frauen sind alle tot. Seine fünfte Frau, Melen, war vorher schon zweimal verheiratet. Ihrem ersten Ehemann hatte sie keine Kinder geboren. Sie war von ihm fortgelaufen und hatte Talikake von Matchupal geheiratet; diesem hatte sie sechs Töchter geboren. Eine ist in Mbunei verheiratet und hat sechs Kinder geboren; davon sind die zwei Mädchen tot, während die vier Jungen am Leben geblieben sind. Eine ist in Patusi verheiratet und hat zwei Mädchen geboren, wovon das eine lebt. Zwei von Melens Töchtern starben an Grippe (durch die Geister der Fremden), und zwei leben bei ihr. Die ältere davon, Kompon, ist die Heldin zweier unerlaubter Affären, hat von Selan, dem Vater von Kawa, ein uneheliches Kind. Das war, bevor Selan verheiratet war. Er floh in den Norden der Admiralitätsinseln, nachdem er Paleao seine Sünde gebeichtet hatte. Als Kompons Schwangerschaft offenbar wurde, kleideten sie sie wie eine Braut und brachten sie zu Ngandilius Haus; Ngandiliu war Selans älterer Bruder, und dieser lebte bei ihm. Ngandiliu war von ihrem Kommen verständigt worden und floh in den Busch, nachdem er zuerst seine Haustür verbarrikadiert hatte. Das Baby starb kurz nach der Geburt. Kompon geriet dann in eine Affäre mit Poiyo, der schon verheiratet war und mehrere Kinder hatte. Er heiratete sie unter Druck; ihr Kind ist Topal, der zeitweise hier bei seiner Mutter, öfter jedoch bei seinem Vater lebt, obwohl die andere Frau seines Vaters ihn nicht gut behandelt. Kompon hat zwei weitere Kinder: den dreijährigen	Haus, wo Poiyos Nebenfrau wohnt. Alupwa wohnt da, aber sie geht immerfort, um Mbunei zu besuchen.

243

		Kilipak und ein kleines Mädchen. Poiyo und sie haben sich zerstritten, so daß sie Sakatons ödes Haus (Haus 8), wo sie wohnte, verlassen hat und in das Haus von Maku, dem dritten Mann ihrer Mutter, zurückgegangen ist. Ihre jüngere Schwester Lompan ist geistig zerrüttet, hat Angst vor Männern und hat niemals geheiratet.	
		1. Alupwa, von der Kawa spricht, ist ein zehnjähriges kleines Mädchen, die Tochter des toten Sohnes von Melens totem Bruder.	
10.	1. Kandra lebt dort. Sie ist ein schlimmes Mädchen	Dies ist das Haus von Kampwen und seiner Frau Ngaten. Kampwen hatte in seiner Jugend Sasa aus Patusi geheiratet, die ihm vier Mädchen gebar, von denen keines das Kindesalter überlebte; auch Sasa war dann gestorben. Er heiratete dann Aluan von Mok, aber diese starb kinderlos. Dann heiratete er Ngaten, die vorher mit Talikotchi von Patusi verheiratet war. Sie hatte ihm zwei Kinder, einen Jungen und ein Mädchen, geboren; beide starben als Säuglinge. Sie verließ ihn und heiratete Kampwen, so war sie seine dritte Frau und er ihr zweiter Mann. Kampwen gebar sie zuerst einen Sohn, aber dieser starb als Säugling. Den Tod dieses Kindes schrieb sie genauso wie den ihrer zwei Kinder in der ersten Ehe dem bösen Zauber ihres Großvaters zu, der ihr nie verziehen hätte, daß sie als Mädchen seine Fischfallen ausgeraubt hatte. (2) Dann gebar sie Kampwen einen Sohn, Manuai; dieser, ein kränkliches Kind von drei Jahren, war noch am Leben.	Haus, wo Kandra wohnt. Kandra ist ein »stummes« Mädchen.
	2. Manuai lebt dort		
		1. Kandra ist die jüngere Tochter von Poiyos erster Frau und von Pampai, dem toten Bruder von Kampwen; Kampwen hat sie adoptiert. Kandra ist ein mürrisches, schlechtgeartetes Kind, die Zielscheibe manchen Spottes, auf den sie mit großer Wut reagiert. Ihr Vater starb, als sie ungefähr fünf war. Sie mag Kampwen	

nicht, tyrannisiert und schüchtert Ngaten durch ihre schlechte Laune ein und teilt ihre Zeit zwischen Kampwens Haus und dem Heim ihrer Mutter ein. Ihre Heirat mit einem Jungen aus Patusi ist schon festgelegt worden.

In diesem Haus lebt auch eine alte Frau namens Kamwet, die dreimal verheiratet gewesen ist: erst mit einem Matankor-Mann in Lombrum, dem sie eine Tochter gebar, die inzwischen tot ist; dann mit einem Manus-Mann in Papitalai, dem sie keine Kinder gebar; dann mit einem Bruder des zweiten Mannes der Mutter von Ngaten, Kampwens Frau. Sie hatte Iamet, die Tochter ihrer Schwester, mitgebracht, die mit Talikai, einem der Häuptlinge des Dorfes, verheiratet ist, aber sich weigert, mit seiner anderen Frau im selben Haus zu leben. Talikai hat geschworen, nicht nachzugeben und ihr ein anderes Haus zu bauen, so schmollt sie und teilt ihre Zeit zwischen diesem Haus, in dem die Schwester ihrer Mutter, Kamwet, lebt, und dem Haus ihrer eigenen Mutter, in dem ihr Sohn bei seiner Großmutter lebt.

| 12. | Mein Haus. Vater und Mutter und Kiap leben dort. Mutter ist schwanger | Selan ist mit Mateun von Taui verheiratet. Deren Mutter stammt von der Insel Mbuke und hat keine nahen Verwandten in Peri, so daß sie viel zu Hause ist. Wenn es Streit gibt, nimmt sie zu Pokenaus Haus Zuflucht unter dem fadenscheinigen Vorwand, daß Pokenau *lom pen* (Kind der weiblichen Linie) gegenüber einigen Leuten in Patusi ist, die wiederum *lom pen* gegenüber Taui sind und die sie *polepol*, Kreuzvettern, nennt. Selan hatte sonst niemand geheiratet; er hat jedoch zwei Geschlechtsvergehen begangen: das eine mit Kompon, der Frau von Poiyo, und das andere mit Main, der fünfmal verwitweten Sünderin aus der Sippe von Tchalalo. Selans Mutter, Pwoke von Patusi, hatte Popot von Taui geheiratet, der | Kawa wohnt da. Ihre Mutter ist schwanger. Ihr Vater hatte einen Kampf mit dem *luluai*. Vater hörte den *luluai* einen Zauber sprechen, als es noch nicht hell war. |

lapan genannt wurde und einige besondere Privilegien hatte, darunter das, Hundezähne quer über die Brust zu tragen. Pwoke gebar acht Kinder: die drei Söhne leben alle noch, während die fünf Töchter alle tot sind. Drei starben nach der Heirat, eine davon gebar einen Jungen, der leben blieb, eine starb während der Schwangerschaft, und eine gebar einen Jungen, der nicht am Leben blieb. Der älteste Bruder blieb in Taui. Aber als Popot starb, kehrte Pwoke mit den beiden anderen Söhnen, Ngandiliu und Selan, nach Patusi zurück und heiratete Kali von Tchalalo. Diesem gebar sie Molung (Haus 4). Kali finanzierte Ngandiliu, und dieser adoptierte und finanzierte später seine junge Halbschwester Molung. Selan wurde von Tchokal von Tchalalo adoptiert, der kein Verwandter von ihm war. Selans Schutzgeist ist Topal, ein Pflegebruder, der ebenfalls von Tchokal adoptiert worden war. Selan wirkt nun für Topal als Medium. Tchokal verlieh Selan auch das Recht, seine Sago-Ländereien zu bearbeiten. Aber als Tchokal starb, wurde Selans Heirat von Ngandiliu finanziert und arrangiert, dem Tchokal seinen ältesten Sohn Topal überlassen hatte.

Nach Topal kommt als Nächster Kawa, das älteste Kind im Haushalt. Dann war da ein kleines Mädchen namens Ipwen, die als kleines Kind erstickt war. Man nahm an, daß sie von dem Geist eines Taui-Mannes erwürgt worden war. (Selans Vater und Mateuns Mutter stammen beide von Taui. Dies ist die Version des Todes, wie sie die Mutter gibt. Wenn die Mutter erzählt, wird der Tod von Kindern am häufigsten der Bosheit der väterlichen Geister zugeschrieben.) Kiap, das Kleinste, ist ungefähr drei, und Mateun erwartet in einigen Wochen ein Baby.

| 18. | Haus, in dem | Dies ist Tunus Haus. Er ist der Sohn Komatals und Potiks. Alupwa | Haus von »Vaters« jüngerem Bruder |

	Alupwa stirbt. Dann wird dort etwas Tabak sein	ist seine Frau. Sie sind die Eltern von Piwen (Haus 4), die von Luwil, Tunus jüngerem Bruder, adoptiert worden war. Luwils Frau Molung hat gerade ein Kind verloren und konnte Alupwas Kind säugen, als sie zu krank war, es selbst zu tun. Alupwa hat gerade ein Kind geboren, um das sich die Mutter ihres Mannes kümmert, die im rückwärtigen Teil von Ngandilius Haus wohnt. Alupwa ist sehr krank durch eine Infektion, die auf die Geburt folgte; alle Mittel ihrer Familie sind bei dem Versuch verbraucht worden, Usiai-Träumer, Matankor-Praktiker und verärgerte Manus-Geister, die von verschiedenen Medien benannt wurden, zu bezahlen. Alupwa hat jede Sünde bekannt, die sie jemals beging, einschließlich eines körperlichen Kontakts mit Panau, als ein Boot kenterte. Panau war zwei Jahre zuvor gestorben. Pwasa, die neunjährige Schwester von Alupwa, lebt ebenfalls hier. Sie nennt ihre ältere Schwester »Mutter« und ihre alte Mutter Ndrantche »Großmutter«.	Tunu. Tunu ist auch der Bruder von Luwil. Die »Frau von Tunu« liegt im Sterben. Der Usiai sagte, sie hätte eine Schlange in den Bauch gekriegt, als sie auf einen Betelnuß-Baum kletterte. Pwasa wohnt hier. Pwasa ging mit Talipotchalon zur See und wäre fast ertrunken. Sie verloren alle ihre Nahrung. Pwasa schrie.
43.	Haus, in dem Ponkob und Nauna leben	Dies ist das Haus von Ngamel, einem der Ältesten von Peri, der mit seiner Frau Ngatchumu zusammenlebt. Siehe Kapitel II.	Haus, wo Ponkob und Nauna wohnen. Nauna heiratet Sapa, der zu Kalo gehört.
42.	Haus des *luluai*. Er kämpft mit Vater	Der blinde alte *luluai* aus dem Dorf benutzt seine überlegene Zauberei und seine Blindheit, die ihn dagegen immun macht, von der Regierung eingesperrt zu werden, dazu, seine Schulden nicht zu zahlen. Selan und er haben einen wütenden Streit wegen eines Schweines gehabt, das Selan ihm gezahlt und das er gegessen hat, aber niemals zurückzahlte. Der *luluai* hat Selan mit dem Tode gedroht, und Selan hat Pataliyan angeworben, dessen starke Zauberkraft ihn gegen den Zauber des *luluai* immun machen soll. Beim *luluai* lebt sein Sohn Tcholai, der früh verheiratet wurde, damit er bei seiner schnell nachlassenden	Haus des *luluai*. Er ißt alle seine Schweine und bezahlt nie seine Schulden. Er hat nicht für Tcholais Heirat gezahlt.

Sehkraft seine Heirat noch sehend erleben würde; weiter lebt hier Tcholais Frau, die von Taui kommt, und ihre beiden Kinder, die dreijährige Salieyao und ein kleiner Junge. Tcholai ist sehr verlegen, weil sein Vater seine Schulden nicht bezahlt und auch für Tcholais Frau noch keine richtige Zahlung geleistet hat. Dann lebt noch Taliye, die Tochter der toten Frau des *luluai*, der Schwester von Main, beim *luluai*. Taliye geleitet ihren Vater, wohin er auch immer geht. Ihre ältere Schwester Ngakakes ist von Nyambula, der Frau von Pokanas, adoptiert worden.

| 40. | Haus von Popitch. Trauerhaus | Dies ist das Haus von Kemai und Isali. Popitch, der mittlere Sohn von Nane, dem Sohn des Sohnes von dem Bruder des Vaters von Kemais Vater, ist gestorben, und die Trauer wird im Hause von Nanes älterem »Bruder« abgehalten, den er Vater nennt. Bei allen Séancen um Popitchs Krankheit und Tod hat Isali als Medium gedient; sein Gesprächspartner in der Geisterwelt war Tchaumilo, der wegen Mains, der Tochter des Bruders von Kemais Vater, Liebeshändeln mit Selan, Kawas Vater, gestorben war. Im Hause von Kemai wohnt Kisapwi, die Tochter von Iamet aus deren dritter Ehe. Kisapwi ist fünfzehn, wurde einige Male verlobt, wonach jedesmal die Verhandlungen wieder abgebrochen wurden. Ihr Vater gehörte zu Tchalalo, dem Clan von Kemai, so hatte dieser sie adoptiert. Auch Lauwiyan, die Tochter von Kemai und Isali (siehe Kapitel VIII), und Pomat (Kapitel VI), der Sohn von Isalis toter Schwester, leben hier.
Weiter sind hier Main, Nane und seine Frau und ihre Söhne Kutan, Posuman, Tchaumilo und Mwe, die alle gekommen sind, um an der Trauer für Popitch teilzunehmen, und Kalowin, der Sohn einer Tchalalo-Mutter. Vor Popitchs Tod war | Haus von Popitch. Das Trauerhaus. Wir gingen dort zum Schlafen und Isali hielt eine Séance, und sie sagte, Tchaumilo sagte, daß Vater Popitch auf den Rücken des Halses mit einem Beil schlug. Dann gingen Mutter und ich weg. Isali sagte, da wäre Blut auf dem Fußboden, aber das war nicht Popitchs Blut, es kam von Naunas Fuß, als er ihn an einer Muschelschale schnitt.

Lauwiyan wohnt da. Noan machte sich mit ihr aus dem Staube. Nun hat sie ihren Kopf geschoren. Weil Popitch starb. Isali mag Paleao nicht. Alle Leute von Lo taugen nichts. |

Posuman, der Sohn von Nane, krank geworden, und die Geister hatten Kalowin durch Isali befohlen, Posuman zurück zu Nane zu nehmen und dort selbst mit seiner Frau Tchomole und ihren beiden kleinen Kindern Selemon und Inong zu wohnen. (Kalowin hatte Anfälle, wenn er zu dem Riff hinausging und es nach der Art der Frauen, die die kleinen Inseln errichten, mit Steinen bebaute.) Nur der alte Kali, der Vater von Nane und Molung und zweite Ehemann von Selans Mutter, wurde im Hause von Nane zurückgelassen, wo Popitch gestorben war und Nanes Schutzgeist das Haus verraten hatte, indem er Popitch sterben ließ; das Haus sollte abgerissen und nahe dem alten Inselchen von Tchalalo wieder aufgebaut werden; Popitch sollte der Schutzgeist werden, nachdem sein Kopf getrocknet und anständig eingesetzt war.

Für Popitchs Tod wurden viele Gründe vorgebracht; einer von ihnen lautete, daß er von Panau niedergeschlagen wurde, der auf Nane eifersüchtig war, weil er seine *metcha* (siehe Kapitel III) machte; diese Version wurde nach seinem Tode von Isali in einer Séance im Trauerhause vorgebracht, als sie dachte, daß die Witwe von Panau und Salikon und Ngasu schlafen würden.

19. Bosais Haus. Das ist auch unser Haus. Bosais Frau kommt von Mbuke.

20. Haus des *tultuls* von Pontchal. Er ist nicht viel. Seine Frau ist albern. Ihr Baby (Pope) redet nicht viel (siehe Kapitel VI).

21. Pwsisios Haus. Er hatte einen Kampf mit seiner Frau, weil Noan dort schlief und sie sah, als sie ihren Grasrock nicht anhatte.

13. Hier lebt Polam. Er ist ein lustiger Junge, der nicht mit jedem spielen mag. Seine Mutter ist Talikais andere Frau (siehe Haus 10). Es gibt in dem Haus eine alte Frau, die niemals ausgeht. (Das ist die Mutter von Iamet, der Frau von Talikai.)

14. Hier lebt Tchokal. Er kämpft viel und ist älter, als er aussieht. Noan wohnt hier. Er ist ein schlimmer Junge. Er sagte, er habe Salikon (ihre Schwester) verführt, aber das stimmt nicht. Dafür hat er Lauwiyan verführt. Darum hat sie ihr Haar abgeschnitten.

15. Hier wohnt Melin, Sains Schwester. Ihr Mann wird »Sohn von Lalinge« genannt. (Lalinge ist Paleo, Ngasus Adoptivvater.) Lalinge zahlte für Melin. Ihr Haus ist nicht stark. Der Fußboden könnte durchbrechen, wenn zu viele Leute dort sind.

16. Hier wohnt Kalowin. Er pflegte in Nanes Haus zu leben, nach Popitchs Tod ging er dann in Kemais Haus, aber dies ist sein richtiges Haus. Seine Tochter Inong wird Pokus heiraten. Aber sie ist zu klein, um das schon zu verstehen.

17. Hier wohnt Ponyama, Poiyos erste Frau. Sie schlägt sich dauernd mit Kompon. Kisapwi und Kandra sind ihre Kinder, aber Kandra lebt im Hause von Kampwen. Kandra ist verlobt.

22. Das ist Paleaos Haus. Wir leben jetzt hier. Vorher war das Vaters Haus. Vaters Kopf ist da oben in der Höhlung. Popoli (Paleaos Adoptivsohn) werden bald die Haare geschnitten. Paleo hat Berge von Kokosnüssen im rückwärtigen Teil des Hauses für Salikons *kekanbwot* (erste Menstruation) aufgeschichtet. Das Haus hat einen starken Fußboden. Als der Mann von Mbunei starb, trugen sie die Leiche hier hinein, weil der Fußboden von Melins Haus nicht stark ist.

23. Hier wohnt Sains Mutter Ngapotchalon. Man darf ihren Namen nicht zu Paleo sagen. Es ist verboten. Sie bleibt die ganze Zeit im Haus. Popoli geht immer dahin, um nach Essen zu schreien. Als Banyalo krank war, blieb er, weil Popolis Schutzgeist sagte, daß er das soll. Banyalo nahm seinen Kasten auch dorthin. Paleo wollte das Haus nicht bauen.

24. Nanes Haus. Er wird es niederreißen, weil Popitch starb. Er tötete gestern eine Schildkröte.

25. Das Haus von Paleaos Bruder. Er hat vier Kinder. Er hat ein neues Baby. Es ist ein garstiges kleines Haus. Niemals spielen sie, immer fahren sie im Kanu von ihrem Vater herum.

26. Pondramets Haus. Seine Frau ist sehr krank. Paleao sagt, es ist, weil sie eine Schnur um den Bauch binden wollte. (Versuchte Abtreibung, an der sie später starb.)

27. Ndrosals Frau hat entzündete Augen, weil Ndrosal ihr Limonenpuder hineingestreut hat, als das Baby schrie. Das Baby schreit immer. Sisi und Pwondret wohnen hier. (Siehe Kapitel IV und IX.) Paleao stahl Pwondret für Sisi; Pwondrets Ehemann hatte irgendwie eine andere Frau.

28. Pokanas Haus. Wir wohnen manchmal da. Seine Frau weiß viel mehr als Pokanas. Sie ist ein Medium. Sie hat keine Kinder. Pomalat ist Pokanas Tochter. Sie wird bald heiraten. Sie kann nicht Sains Namen sagen, weil sie einen Jungen in Kalat heiraten will. Letzte Woche schlug Pokanas Nyambula, und sie rief Ndrosal, er ist ihr Bruder, und er kam und schlug Pokanas Mutter, und dann hat er mit Pokanas gerungen, und sie sind beide ins Wasser gefallen. Die Taui-Braut wohnt hinten im Haus. Sie war böse auf mich. Sie mag mich nicht.

29. Keas Tochter Mentun ist eine Diebin. Ich spiele nur manchmal mit ihr. Sie hebt Sachen auf, die unter den Häusern liegen. Keas Frau ist gebrechlich. Sie streitet sich mit jedem und hält jeden für einen Lügner.

30. Talikawa ist Doktor-Junge von Peri. Mein Vater war der Doktor-Junge von Peri. Seine neue Frau hat gerade ein Baby bekommen. Er hatte zwei andere Frauen, aber er hat sie weggejagt. Sein kleines Mädchen ist gerade von Mok zurückgekommen.

31. Dies ist das Jungen-Haus. Wir können dort hingehen, wenn keiner der Jungen dort ist. Als Sains Bruder von Rabaul zurückkam, brachte er Stöße von Schachteln, und sie tanzten die ganze Nacht.

32. Dies ist Kalat. Sain gehört zu Kalat. Mein Bruder (der immer zur Arbeit fort ist) heiratet ein Mädchen, das gerade menstruiert hat. Sie ist meine Schwägerin. Wir können nicht gegenseitig unsere Namen sagen. Taumapwe wohnt auch hier. Er heiratet ein Mädchen in Pamatchau.

33. Dies Haus gehört der Witwe von Polyon. Als »Wird-meines-Bruders-Frau-sein« ihr Menstruationsfest hatte, schliefen wir dort jede Nacht und zogen mit Fackeln und Sago durch das Dorf.

34. Das ist das kleine Haus, wo alle Kinder von Kalat spielen, weil sie keine kleine Insel haben.

35. Sanau wohnt hier. Seine Fraut hat keine Kinder. Sie hat Brüste wie ein junges Mädchen.

36. Dies ist Kalo. Das Haus gehört Tuain. Er ist der Bruder meiner Mutter. Er wird gehen und in Kemais Haus leben, wenn Kemai nach Tchalalo zum Fischen geht.

37. Dies Haus gehört auch zu Kalo. Meine Mutter gehört zu Kalo. Sain auch, aber sie gehört auch zu Kalat.

38. Dies ist, wo Sapa wohnt. Sie heiratet Nauna. Sie weiß es, darum kann sie nicht kommen und auf unserem Inselchen spielen.
39. Kapelis Mutter wohnt hier. Kapeli auch.

7. Beispiel einer Legende

Die Geschichte vom Vogel »Ndrame«

Ndrame heiratete Kasomu*. Er wollte gehen und Sago arbeiten. Er sagte: »Kasomu, ein bißchen Sago zu dem Mund, gib ihn mir, daß ich essen kann.« Kasomu sagte: »Ndrame, ich bin krank geworden.« Ndrame steckte das Essen in seinen Mund. Er aß. Er nahm Sagoschneider, Sagosieb, Seiltasche für Sago. Er ging Sago arbeiten. Die Sonne ging unter. Er kam hier ins Dorf. Er sagte: »Kasomu, ein bißchen Sago zu dem Mund, ich will essen.« Kasomu log, daß sie krank war. Sie bemalte sich mit Asche. Ndrame, er steckte Essen in seinen Mund. Er aß. Er ging Sago arbeiten. Kasomu stand auf. Sie legte einen guten Grasrock an. Sie nahm ihre Schultertasche. Sie nahm Limone, Betelnuß, Pfefferblatt. Sie ging zu dem Mangrovensumpf. Sie rief Karipo**. »Kailo Fisch macht nichts! Mwasi Fisch macht nichts! Mwasi Fisch macht nichts! Paitcha Fisch macht nichts! Ndrame ist gegangen. Komm her, wir zwei wollen bleiben zusammen.« Karipo, er kam her. Sie zwei blieben zusammen. Sie zwei zusammen. Sie zwei zusammen. Kasomu, sie sagte: »Dies ist die Zeit, daß Ndrame hier zu dem Dorf zurückkehren wird. Du fliegst weg, und ich will gehen zu dem Dorf.« Sie kam her zu dem Dorf. Sie band ihre Stirn fest. Sie band ihren Bauch fest. Sie band ihre Handgelenke fest. Sie bemalte sich mit Asche. Sie schlief im Männer-Haus. Ndrame, er kam hierher. Er sagte: »Kasomu, ein bißchen Sago zu dem Mund, ich will essen.« Kasomu, sie sagte: »Ndrame, ich bin krank geworden. Wer ist es, der wünscht zu arbeiten ein bißchen Sago für den Mund, um gegessen zu werden?« Ndrame, er steckte Essen in seinen Mund. Er aß. Er schläft. In der Dämmerung er nahm Sagoschneider, er ging Sago arbeiten. Kasomu bricht das Seil weg. Sie wusch. Sie legt einen Grasrock an. Sie nimmt Schulterkorb, Betel, Pfefferblatt und Limone. Sie geht zum Mangrovensumpf runter. »Karipo, kailo Fisch macht nichts! Mwasi Fisch macht nichts. Paitcha Fisch macht nichts! Ndrame ist fortgegangen. Komm her zu mir.« Die zwei bleiben. Ndrame, er kehrt zurück hier. Er nahm seinen Sagoschneider. Er nahm die Schale der ausgehöhlten Sagopalme. Er kam her zu dem Dorf. Er schaute hier nach Kasomu. Sie war nicht da. Er ging zu dem Mangrovensumpf hinunter.

---

* Eine Frischwasser-Venusmuschel
** Ein Vogel

Er sah dort unten Kasomu und Karipo, sie zwei zusammen. Er nahm ein Mangrovenseil. Er schlug Karipo auf den Hals. Karipo wurde langhalsig. Er brach Kasomu. Nun sind dort Venusmuscheln in Fülle entlang dem Mangrovenufer.

Diese Art Mythen teilen die Manus mit vielen anderen melanesischen Völkern; sie messen ihnen wenig Bedeutung bei. Solche Mythen werden in Erörterungen von Naturphänomenen nicht beschworen. Die Eigenart der Hauptpersonen als Vögel und Venusmuschel ist praktisch verlorengegangen, weil es üblich ist, Menschen so zu nennen. Kinder, die von solchen Geschichten einige Brocken aufgeschnappt haben, neigen dazu, die Personen als Menschen, die einst gelebt haben, anzusehen. Die monotone Wiederholung des Ehebruchs in den Geschichten interessiert die Kinder nicht. Wenn die Erwachsenen jemals ihr Interesse geweckt hätten, indem sie eine Geschichte mit »Weißt du, warum der Karipo solch einen langen Hals hat?« oder »Weißt du, warum im Mangrovensumpf so viele Muscheln sind?« eingeleitet und dann den Kindern die Geschichte erzählt hätten, wäre das Ergebnis, was das Interesse der Kinder an Geschichten betrifft, vermutlich ganz anders.

8. Wie sich die Bevölkerung von Peri zusammensetzt

210 Personen
 44 Ehepaare
 87 Kinder vor Erreichung oder gerade in der Pubertät
  9 unverheiratete junge Leute, die die Pubertät hinter sich haben
 20 Witwen
  6 Witwer

1,9 Kinder pro Ehepaar
53 Haushalte
1,6 Kinder pro Haushalt
Von den 87 Kindern sind 24 oder 27% adoptiert

Geschlechterverhältnis für Personen unter 40: 100%
Geschlechterverhältnis für die gesamte Bevölkerung: 86,92%
(entsprechend dem Überschuß an betagten Witwen)

Frau	Ehen	Geburten	Geschlecht	Kinder Sterbealter	Kinder Alter der lebenden
Ngasaseu	1.	0			
	2.	1	weibl.		
		2	männl.	unt. 1 Monat	
		3	weibl.		3 Jahre
		4	weibl.		2 Monate
Ilan	1.	1	männl.		3 Jahre
		2	weibl.		6 Monate
Pwailep	1.	0			
Indalo	1.	1	weibl.	unt. 1 Monat	
		2	männl.	unt. 1 Monat	
		3	weibl.	unt. 1 Monat	
		4	männl.	unt. 1 Monat	
	2.	5	männl.	bei d. Geburt	
		6	weibl.	bei d. Geburt	
		7	weibl.		4 Jahre
		8	männl.		1 Jahr
Indolo	1.	1	männl.		12 Jahre
		2	männl.		10 Jahre
		3	weibl.		7 Jahre
		4	weibl.		5 Jahre
		5	männl.		5 Jahre
Ngalen	1.	1	männl.	unt. 1 Monat	
		2	männl.		3 Jahre
	2.	3	männl.	unt. 1 Monat	
		4	weibl.	unt. 1 Monat	
Mateun	1.	1	männl.		7 Jahre
		2	weibl.		5 Jahre
		3	weibl.	bei d. Geburt	
		4	männl.		2½ Jahre
		5	männl.		Säugling
Iamet	1.	1	männl.	Totgeburt	
	2.	1	männl.	Totgeburt	
		2	männl.	unt. 1 Jahr	
		3	männl.	unt. 1 Jahr	
		4	männl.	unt. 1 Jahr	
		5	männl.	unt. 1 Jahr	
		6	männl.	unt. 1 Jahr	
Melen	1.	1	weibl.	unt. 1 Monat	
		2	weibl.		3 Jahre
Patali	1.	1	weibl.		8 Jahre
	2.	2	männl.	unt. 1 Monat	
		3	weibl.		3 Jahre

* Von mir so umfassend überprüft, daß es als zuverlässig gelten kann.

Frau	Ehen	Geburten	Geschlecht	Kinder Sterbealter	Kinder Alter der lebenden
Sain	1.	1	weibl.	1 Monat	
Main	1.	1	weibl.	1 Monat	
	2.				
	3.				
	4.				
	5.				
Ngakam	1.	0			
	2.	1	weibl.		13 Jahre
		2	weibl.		11 Jahre
		3	männl.	unt. 1 Monat	
		4	weibl.	unt. 1 Monat	
		5	weibl.	unt. 1 Monat	
	3.	6	weibl.		6 Jahre
		7	männl.	unt. 3 Monaten	
		8	männl.		2½ Jahre
		9	weibl.		3 Monate
Ngakume	1.	1	männl.	Fehlgeburt	
	2.	2	männl.	unt. 3 Monaten	
	3.	3	männl.	unt. 1 Jahr	
		4	männl.		2½ Jahre
Ngatchumu	1.	1	männl.	unt. 3 Monaten	
		2	männl.	unt. 3 Monaten	
		3	männl.	unt. 3 Monaten	
		4	männl.	unt. 3 Monaten	
		5	männl.	unt. 3 Monaten	
		6	männl.		8 Jahre
		7	weibl.		5 Jahre
		8	männl.		3 Jahre
		9	weibl.		1½ Jahre

Zusammenfassung

15 Frauen im gebärfähigen Alter
28 Ehen
64 Geburten
34 Kinder starben, bevor sie drei Jahre, 28 Kinder starben, bevor sie drei Monate alt waren.
37 Kinder waren männlich, davon starben 24; 27 waren weiblich, davon starben 10.
Ergebnis: 13 Jungen, 17 Mädchen.

9. Berichts-Bögen, die zur Sammlung des Materials benutzt wurden

Haushalt

Hauseigentümer	Clan	Familiengeschichte
Heiraten		Gründe der Scheidung
Kinder aus jeder Ehe		Wenn gestorben, woran
Augenblicklicher Aufenthalt dieser Kinder		
Verwandtschaftsgrad der ersten Frau ihm gegenüber		
Heirat finanziert von		
Sein Hausgeist ist		
Kann er wahrsagen		
Hat er Sago-Ländereien oder das Recht, irgendwo Sago zu bearbeiten		
Welche Geburts-Austäusche hat er finanziert		
Welche Heiraten hat er finanziert		
Ehefrau des Hauseigentümers	Clan	Familiengeschichte
Heiraten		Gründe der Scheidung
Kinder aus jeder Ehe		Wenn tot, Alter und Ursachen
Verwandtschaftsgrad gegenüber ihrem ersten Ehemann		
Wer finanzierte ihre Heirat		
Wer finanzierte ihre Geburtsfeste		
Ist sie ein Medium		
Wer ist ihre Aufsicht		
Hat sie Sago-Land oder das Recht, Sago zu bearbeiten		
Eigene Kinder aus dieser Ehe	Alter, Geschlecht, verlobt	Irgendwo adoptiert von wem
Adoptierte Kinder	Alter, Geschlecht, verlobt	Verwandte, die sie zur Adoption gegeben haben

Andere Personen, die in dem Haushalt leben, Alter, Geschlecht, ehelicher Verwandtschaftsgrad

Falls Schwiegervater-Schwiegertochter-Situation: ist Tabu aufgehoben?

Wenn Ehemann seinen Weissagungs-Knochen weggeschmissen hat: warum?

Wenn Ehefrau ihrer Medium-Rolle entsagt hat: warum?

Kinder

Name				Nummer des Haushalts
Name des Vaters		Hausnummer		Clan
Name der Mutter		Hausnummer		Clan
Adoptiert?				
Verlobt?				
Gesäugt		Wann entwöhnt		Wann Speise gegessen
Kaut	Betel	Nuß	Pfefferblatt	Raucht Pfeife	Zigarette
Trägt Kleidung		Uriniert öffentlich		Tanzt
Schwimmt		Schwimmt unter Wasser		Stakt kleines Kanu
		Stakt großes Kanu		Paddelt

Besitzt ein Kanu

Besitzt Armspangen	Gürtel	Perlen
Fängt kleine Fische	Benutzt Speer	Bogen

Vertraut mit Haushalt

Geographischer Bereich des Spiels

Bevorzugter Elternteil

Welche Kameraden gewählt

Spielt welche Spiele: 1   2   3   4

1. Schatten-Spiel. Man muß raten, wem der Schatten gehört, der von einem Kind geworfen wird.
2. *Cockero.* Abart von »Laß das Taschentuch fallen«, in dem derjenige, der »es« ist, einem Mitspieler im Kreis etwas anheftet.
3. *Caleboosh.* Ein Spiel mit Gefangenen.
4. *Muli-Ball.* Eine Art Fußball, mit einer wilden Limone gespielt.
(2, 3 und 4 sind sicher eingeführt)

10. Karte über die Lage der Manus-Dörfer

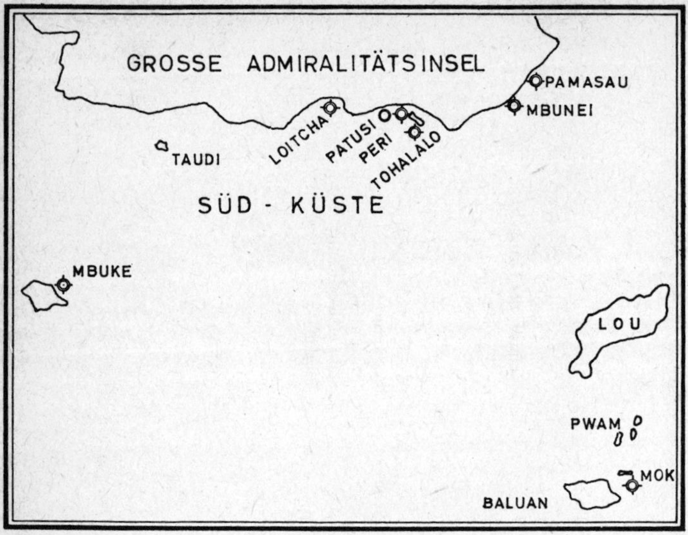

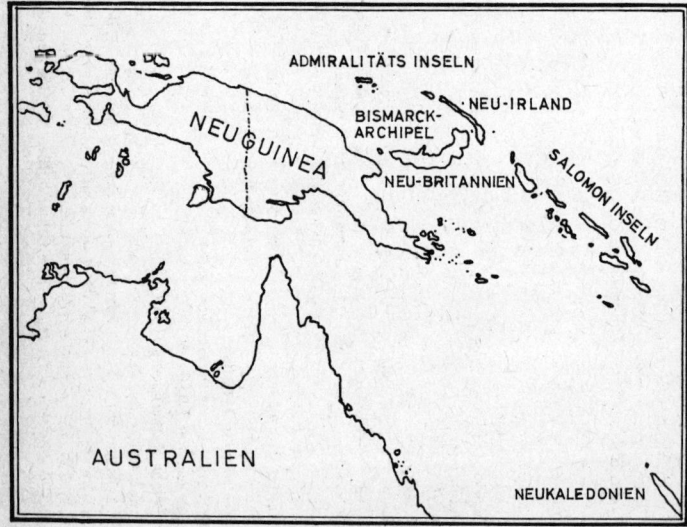

GROSSE ADMIRALITÄTSINSEL

PAMASAU

MBUNEI

LOITCHA

PATUSI

PERI

TOHALALO

TAUDI

SÜD - KÜSTE

MBUKE

LOU

PWAM

MOK

BALUAN

11. Karte über die Lage der Admiralitätsinseln

ADMIRALITÄTS INSELN

NEU-IRLAND

BISMARCK-ARCHIPEL

NEUGUINEA

SALOMON INSELN

NEU-BRITANNIEN

AUSTRALIEN

NEUKALEDONIEN

Anmerkungen

[1] Siehe Anhang 2 ›Ethnographische Anmerkungen . . . ‹

[2] Siehe Anhang 1 ›Das Verhältnis von Ethnologie und Sozialpsychologie‹.

[3] So wie wir in Fabriken, Geschäften oder Exportfirmen investieren, so investieren die Finanziers der Manus in Heiraten, oder genauer gesagt: in die zu einer Heirat gehörenden Tauschgeschäfte. In die erste Zahlung für die Verlobung eines Sohnes investiert eine große Zahl von Angehörigen Hundezähne und Muschelgeld; die Empfänger auf der Seite der Braut zahlen diese Einlagen später in Form von Schweinen und Öl zurück. An jedem neuen Tauschgeschäft, das sich aus einer Verlobung oder Heirat ergibt, können sich neue Investitoren beteiligen, sofern sie Partner auf der andern Seite finden. Oftmals findet man solche Investitionsanwärter am Rande einer Zeremonie nach Partnern Ausschau haltend. Und ebenso wie unsere Finanzleute zögern, einen Mann zu stützen, der Bankrott gemacht hat, oder einen Laden zu subventionieren, der ständig den Ort wechselt, so sind die Manus vorsichtig gegenüber einem Mann, der sich schon mehrmals von seinen Frauen getrennt hat. Sie konzentrieren ihre Investitionen auf erprobte, haltbare Ehen; diese wiederum gewinnen durch die hohen Einlagen der Gesellschaft an Ansehen; ihre Kurse steigen sozusagen.

[4] Die Kinder des Bruders einer Mutter oder der Schwester eines Vaters, d. h. Vettern (Kusinen) ersten Grades, deren verschwisterte Eltern verschiedenen Geschlechts sind.

[5] Kalat ist eine örtlich gebundene Sippengruppe väterlicherseits; die Häuser der zu ihr gehörenden Familien stehen nahe beieinander in einem Teil des Dorfes.

[6] Unter 30000 Zeichnungen befand sich keine einzige, die eine Personifizierung von Naturerscheinungen oder unbelebten Dingen ausdrückte.

[7] Es ist interessant, diese Differenzierung innerhalb der Sexualität dieser primitiven Welt, in der die Vernunftehe das Rückgrat der Gesellschaftsordnung bildet, mit den Verhältnissen in Europa zu vergleichen, wo solche Beziehungen wie Prostitution, Homosexualität und Ehebruch mit der Ehe nicht zu vereinbaren sind. Eine lebendige Analyse der europäischen Verhältnisse findet sich in ›Love in the Machine Age‹ von Floyd Dell.

[8] Traditionelle Phrase, die bedeutet, daß er das Haus nicht verstohlen betreten soll mit dem Versuch, eine der darin wohnenden Frauen im geheimen zu besitzen – eine Bezeichnung für alle heimlichen Vorhaben.

[9] Der Mann, der die Zeremonie in den beiden beobachteten Fällen vornahm, war blind. Dies ist wahrscheinlich eine individuelle Wendung.

[10] Soziologische Analyse, die auf den Verhältnissen einer mittelgroßen Stadt beruht; daher die Bezeichnung »Middletown«. (Anm. d. Übers.)

[11] Über die theoretische Entwicklung dieses Standpunkts vergleiche Ruth Benedict ›Psychological Types in the Culture of the South West‹, Proc. XXIII, International Congress of Americanists.

Register

Neudrucke älterer Werke, Standardwerke der modernen Wissenschaft,

Friedrich Nietzsche:
Umwertung aller Werte
Band 1

dtv
Wissenschaftliche
Reihe

Denis Diderot:
Enzyklopädie
4026

Friedrich Nietzsche:
Umwertung aller Werte. Zwei Bände
4027/4028

Jules Marouzeau:
Das Latein
4029

Leopold Hirschberg:
Der Taschengoedeke. Zwei Bände
4030/4031

Margaret Mead:
Jugend und Sexualität in
primitiven Gesellschaften. Drei Bände
4032/4033
4034

Arnold J. Toynbee:
Der Gang der Weltgeschichte. Vier Bände
4035–4038

Louis Fischer:
Das Leben Lenins. Zwei Bände
4045/4046

Friedrich Waismann:
Einführung in das mathematische
Denken
4050

Wissenschaftliche Reihe

Der Gang der Weltgeschichte

»Der unübersehbare Stoff geschichtlichen Wissens, den die Forschung eines Jahrhunderts bereitgestellt hatte, wird hier in durchdachter Form und transparenter Verknüpfung dargeboten ... Dies geschieht nicht durch Simplifikation, die den Tatsachen Gewalt antut oder sie übersieht; nicht durch subjektive Synthese. Das Gegenteil ist der Fall ...« (Ernst R. Curtius)

Arnold J. Toynbee:
Der Gang der
Weltgeschichte

Erster Band
Aufstieg und Verfall
der Kulturen
In zwei Teilen
Kunststoffeinband

Zweiter Band
Kulturen im Übergang
In zwei Teilen
Kunststoffeinband

Arnold J. Toynbee:
Der Gang der
Weltgeschichte

Erster Band
Aufstieg und Verfall
der Kulturen 1

dtv
Wissenschaftliche
Reihe

Arnold J. Toynbee:
Der Gang der
Weltgeschichte

Erster Band
Aufstieg und Verfall
der Kulturen 2

dtv
Wissenschaftliche
Reihe

Arnold J. Toynbee:
Der Gang der
Weltgeschichte

Zweiter Band
Kulturen
im Übergang 1

Wissenschaftliche
Reihe

Arnold J. Toynbee:
Der Gang der
Weltgeschichte

Zweiter Band
Kulturen
im Übergang 2

dtv
Wissenschaftliche
Reihe

Wissenschaftliche Reihe

Eine Enzyklopädie der Alten Welt

dtv-Lexikon der Antike

I: Philosophie, Literatur, Wissenschaft
In vier Bänden

II: Religion, Mythologie
In zwei Bänden

III: Kunst
In zwei Bänden

In Vorbereitung:
IV: Geschichte
V: Kulturgeschichte

Zusammengestellt aus dem ›Lexikon der Alten Welt‹ des Artemis Verlages.
Das Nachschlagewerk gibt Auskunft über Kultur und Geistesgeschichte der griechisch-römischen Antike, des Alten Orients und des frühen Christentums. Mit ausführlichen Literaturangaben.

dtv-Lexikon der Antike

Philosophie
Literatur
Wissenschaft
Band 1

A-Din

dtv-Lexikon der Antike

Philosophie
Literatur
Wissenschaft
Band 2

Dio-Kor

dtv-Lexikon der Antike

Philosophie
Literatur
Wissenschaft
Band 3

Kos-Plo

dtv-Lexikon der Antike

Philosophie
Literatur
Wissenschaft
Band 4

Plu-Z

dtv-Lexikon der Antike

Mensch und Tier

Konrad Lorenz:
**Er redete mit dem Vieh,
den Vögeln und den
Fischen**

Konrad Lorenz:
**So kam der Mensch auf
den Hund**

Konrad Lorenz:
**Vom Weltbild des
Verhaltensforschers**

Mensch und Tier
Mit Beiträgen von
Autrum, Frisch,
Grzimek, Lorenz u. a.

Otto Koenig:
**Kultur und Verhaltens-
forschung**
Mit einem Vorwort von
Konrad Lorenz

Antony Alpers:
**Delphine. Wunderkinder
des Meeres**

Allgemeine Reihe dtv

**»Ein Meisterwerk. Es wird Generationen hervorragende Dienste leisten.«
Süddeutsche Zeitung**

**Hermann Kinder/
Werner Hilgemann:
dtv-Atlas
zur Weltgeschichte
Karten und
chronologischer Abriß
Graphische Gestaltung
der Karten:
Harald und Ruth Bukor
Kunststoffeinband**

**Band 1:
Von den Anfängen
bis zur Französischen
Revolution
Im 420. Tausend**

**Band 2:
Von der Französischen
Revolution bis zur
Gegenwart
Im 370. Tausend**

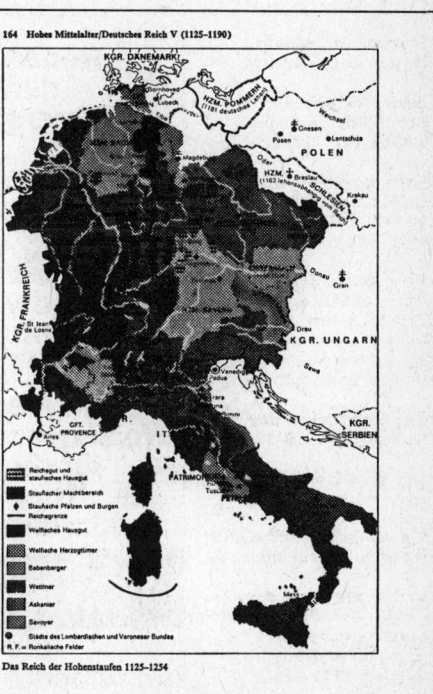

164 Hohes Mittelalter/Deutsches Reich V (1125–1190)

Das Reich der Hohenstaufen 1125–1254

dtv-Atlas zur Weltgeschichte

Geschichte in Dokumenten

Ferdinand Lassalle:
Reden und Schriften

Bismarck und die
preußisch-deutsche
Politik 1871–1890

Lebenszeichen aus Piaski
Briefe Deportierter
aus dem Distrikt Lublin
1940–1943

Kirche und Staat
Von der Mitte
des 15. Jahrhunderts
bis zur Gegenwart

Utopie und Mythos
der Weltrevolution
Zur Geschichte der
Komintern 1920–1940

Das politische Tagebuch
Alfred Rosenbergs

Katholische Kirche und
Nationalsozialismus

Meldungen aus dem
Reich. Aus den geheimen
Lageberichten des
Sicherheitsdienstes
der SS 1939–1944

Reden des Führers

Politik und Propaganda Adolf Hitlers
1922–1945
Herausgegeben von Erhard Klöss

dtv dokumente

Von El Alamein bis Stalingrad

Aus dem Kriegstagebuch
des Oberkommandos der Wehrmacht
Herausgegeben von Andreas Hillgruber

dtv dokumente

1939–1945
Hitlers Weisungen für die Kriegführung

Dokumente des
Oberkommandos
der Wehrmacht
Herausgegeben
von
Walther
Hubatsch

dtv dokumente

Deutscher Widerstand 1938–1944

Fortschritt
oder
Reaktion?

Herausgegeben von Bodo Scheurig

dtv dokumente

dtv-dokumente

dtv